H. P. LOVECRAFTs DAS GRAUEN VON DUNWICH 1

Adaptiert und gezeichnet von GOU TANABE

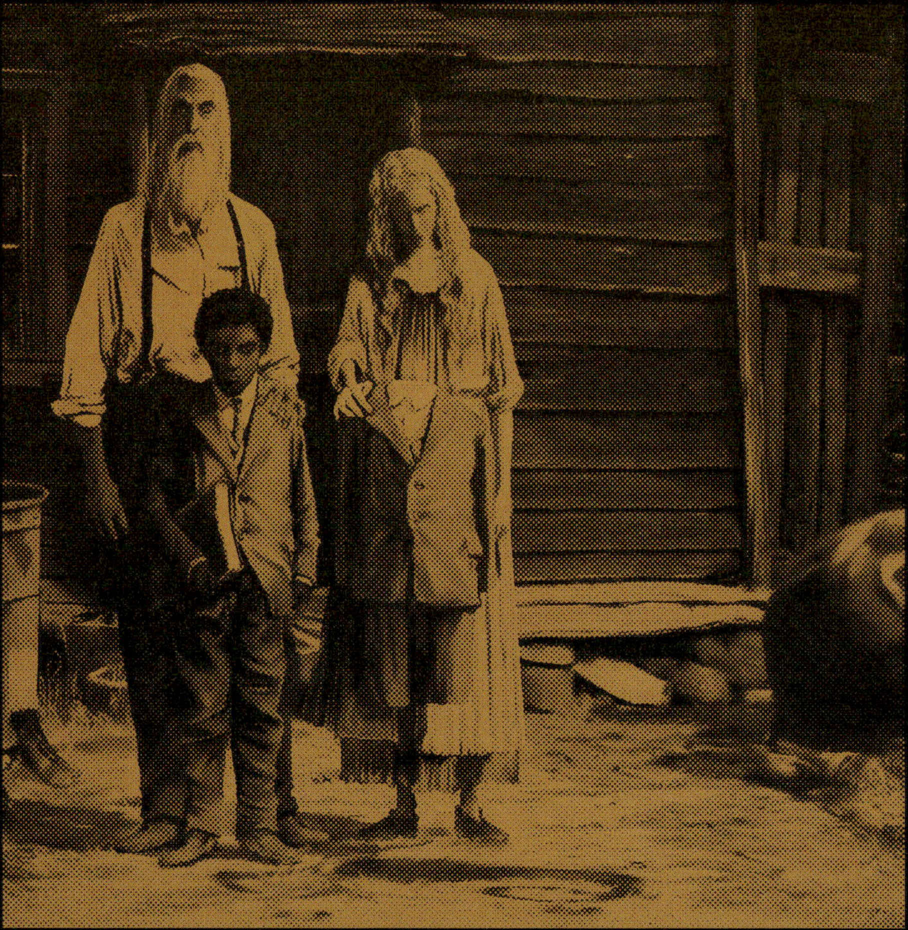

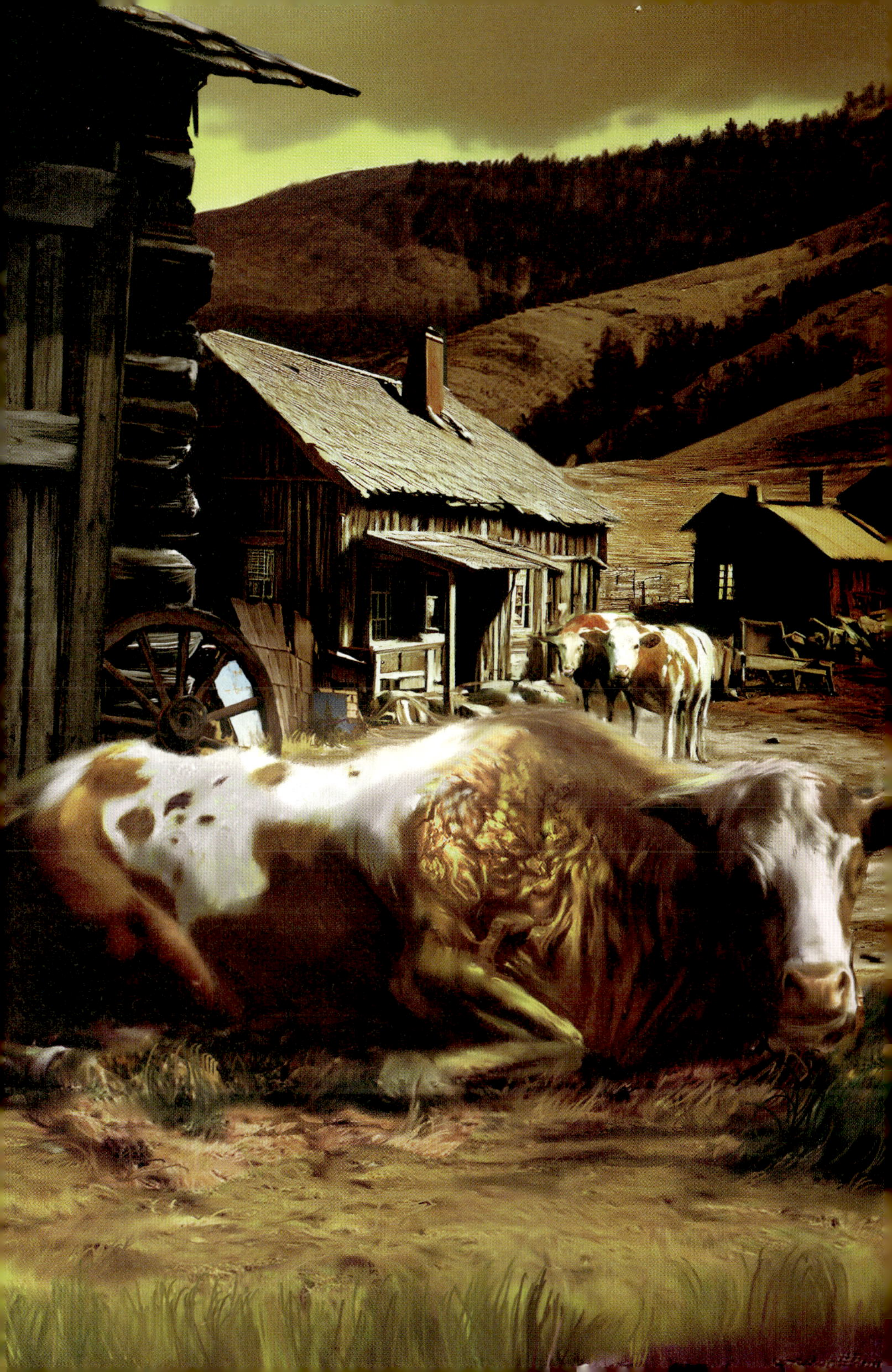

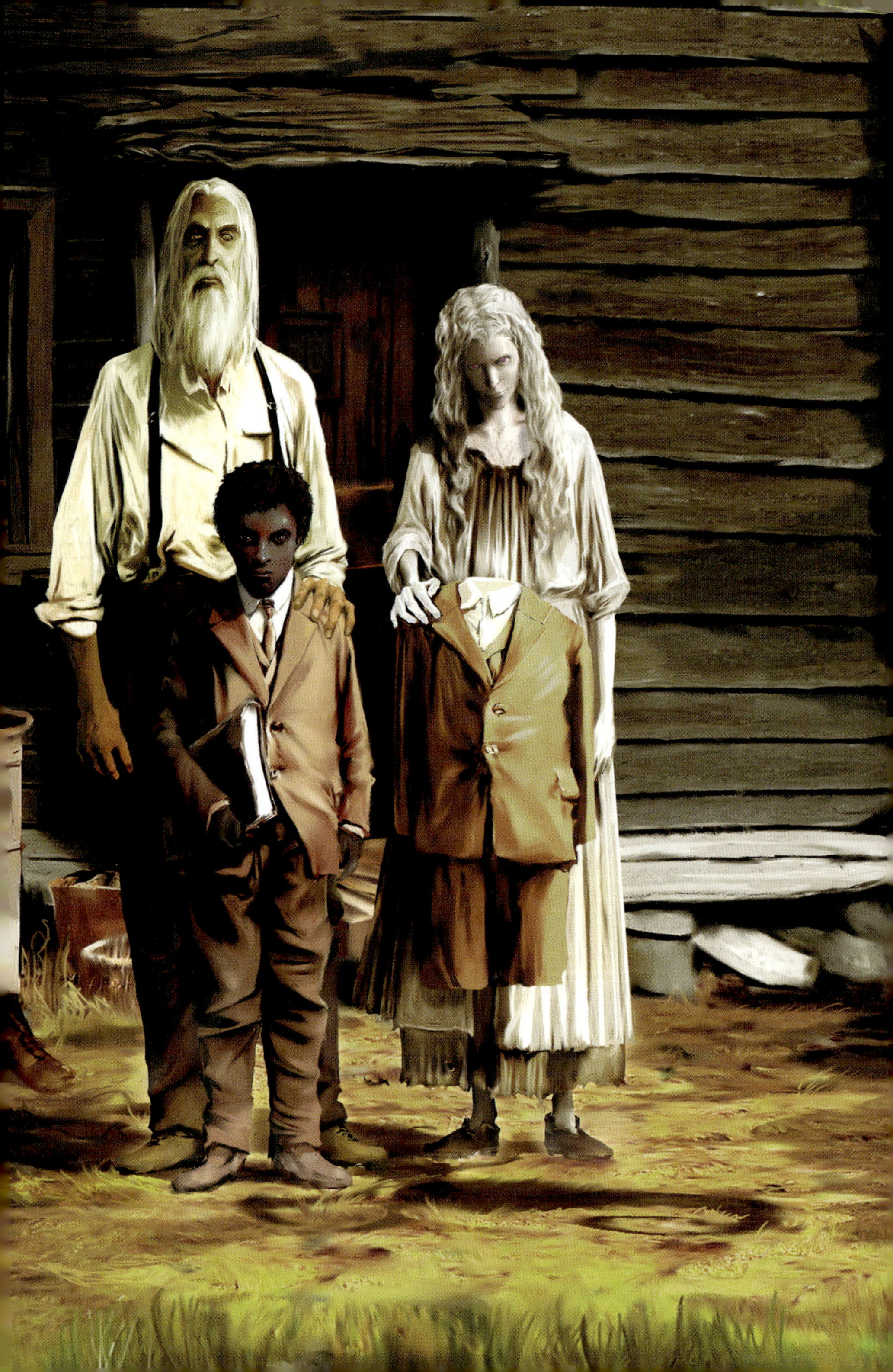

1 EIN VORWORT

A Foreword

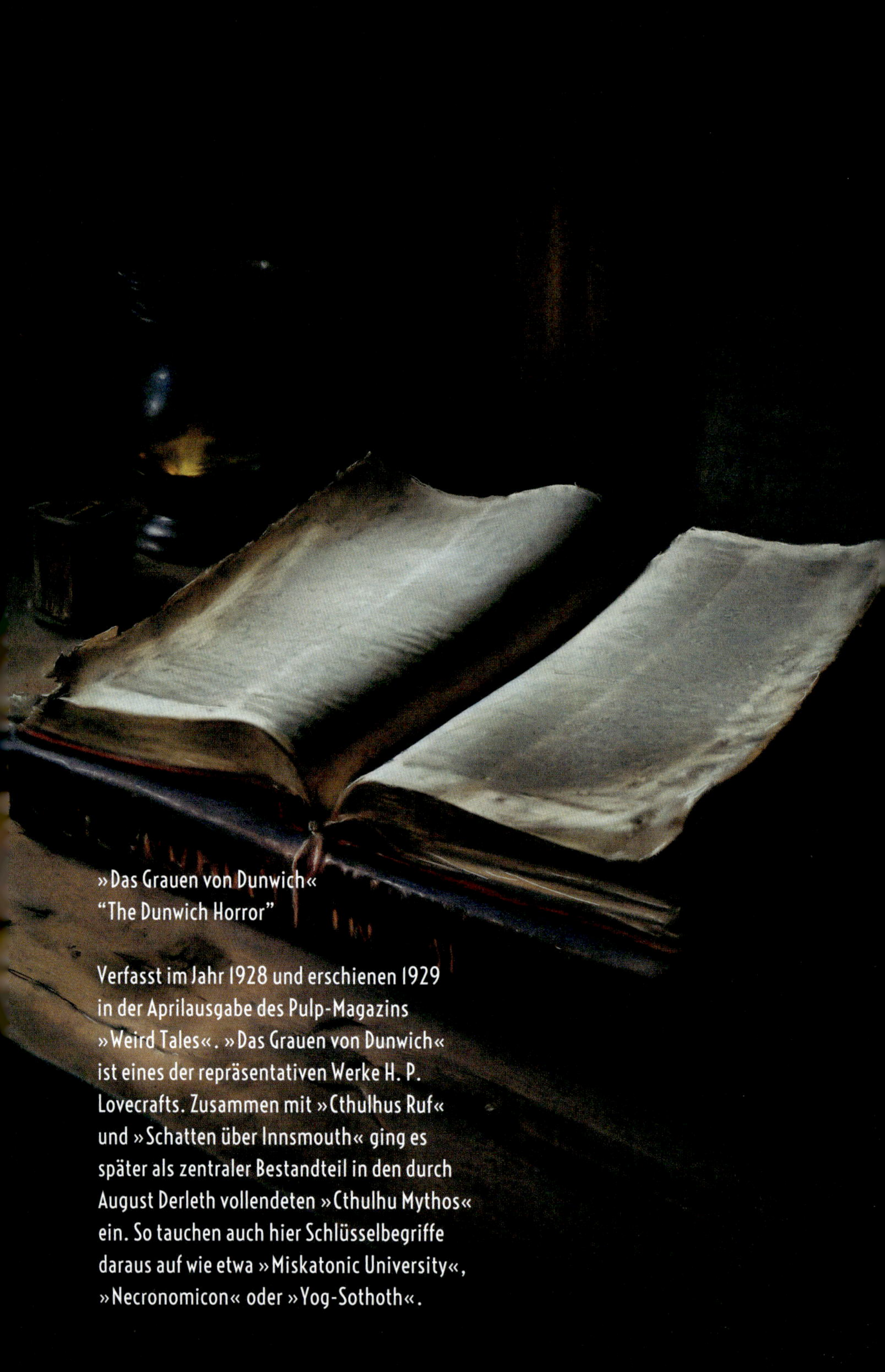

»Das Grauen von Dunwich«
“The Dunwich Horror”

Verfasst im Jahr 1928 und erschienen 1929 in der Aprilausgabe des Pulp-Magazins »Weird Tales«. »Das Grauen von Dunwich« ist eines der repräsentativen Werke H. P. Lovecrafts. Zusammen mit »Cthulhus Ruf« und »Schatten über Innsmouth« ging es später als zentraler Bestandteil in den durch August Derleth vollendeten »Cthulhu Mythos« ein. So tauchen auch hier Schlüsselbegriffe daraus auf wie etwa »Miskatonic University«, »Necronomicon« oder »Yog-Sothoth«.

"Gorgons, and Hydras, and Chimaeras – dire stories of Celaeno and the Harpies - may reproduce themselves in the brain of superstition – but they were there before. They are transcripts, types – the archetypes are in us, and eternal. How else should the recital of that which we know in a waking sense to be false come to affect us at all? Is it that we naturally conceive terror from such objects, considered in their capacity of being able to inflict upon us bodily injury?"

Gorgonen, Hydren, Chimären und düstere Geschichten von Calaeno oder Harpyen mögen in den Köpfen abergläubischer Menschen Gestalt angenommen haben. Aber sie existierten bereits lange vorher. Die Überlieferungen beruhen auf Bildern aus dem Gedächtnis, Archetypen, die bis in alle Ewigkeit in uns wohnen. Warum sonst sollten die Erzählungen, die für den klaren Verstand nichts als Fantasien sind, derart an unser Herz rühren? Vielleicht, weil wir naturgemäß fürchten, dass uns die Kreaturen wirklich körperlichen Schaden zufügen könnten?

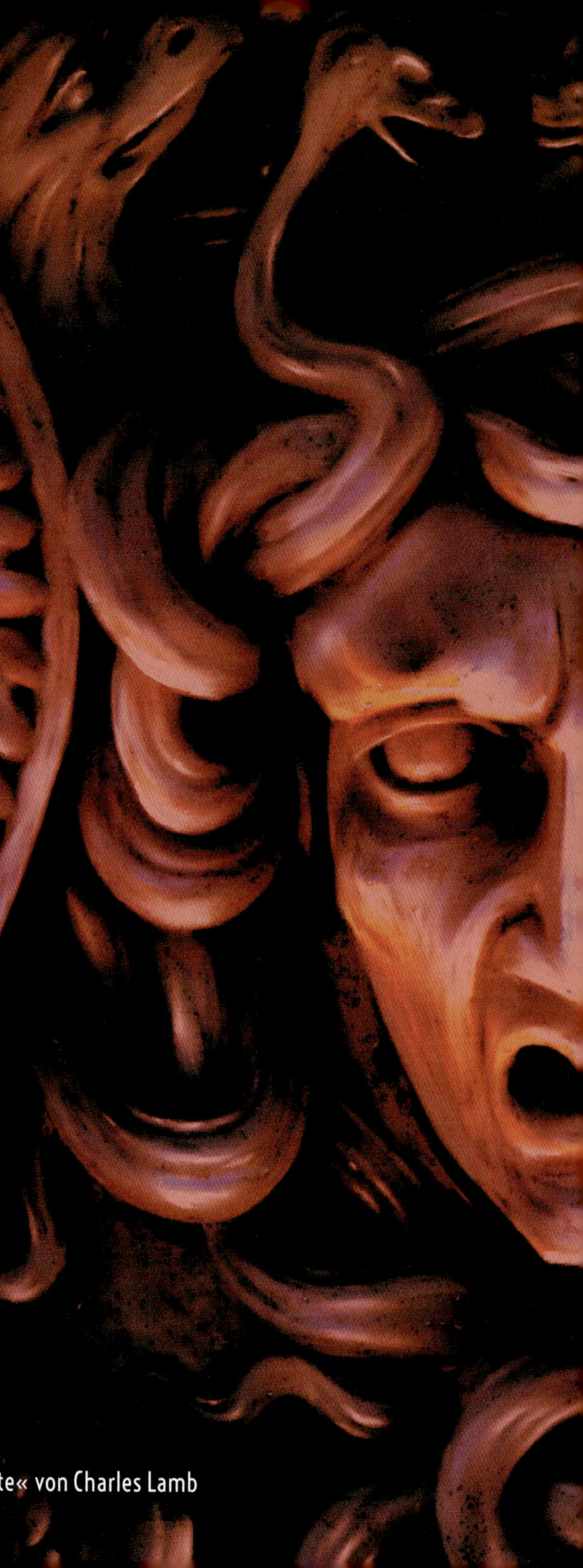

"O, least of all!
These terrors are older standing. They date beyond body – or without the body, they would have been the same ... That the kind of fear here treated is purely spiritual – that it is strong in porportion as it is objectless on earth, that it predominates in the period of our sinless infancy – are difficulties the solution of which afford some probable insight into our ante-mundane condition, and a peep at least into the shadowland of pre-existence."

Auf keinen Fall! Diese Furcht stammt aus uralter Zeit und liegt jenseits des Körperlichen. Oder besser: Sie stammt aus einer Zeit, in der wir noch keine Körper besaßen. Die Furcht, um die es hier geht, ist rein geistiger Natur. Wir spüren den Schrecken umso stärker, da wir ihn nicht sehen, glauben an ihn umso leichter in unschuldiger Kindheit. Das ist schwer zu verstehen. Aber wenn wir die Furcht ergründen könnten, wüssten wir vielleicht, wie es vor der Schöpfung von Himmel und Erde aussah. Und möglicherweise gäbe es uns einen Einblick in die vorzeitliche Schattenwelt.

Aus »Hexen und andere Nachtängste« von Charles Lamb

"Only them from beyont kin make it multiply an' work
... Only them, the old uns as wants to come back..."
"The Dunwich Horror" by H. P. Lovecraft

Die Einzigen, die ihn stärken und ihm zunutze sein können,
sind die aus jener Welt, die Alten, die dorthin zurückkehren wollen...
Aus »Das Grauen von Dunwich« von H. P. Lovecraft

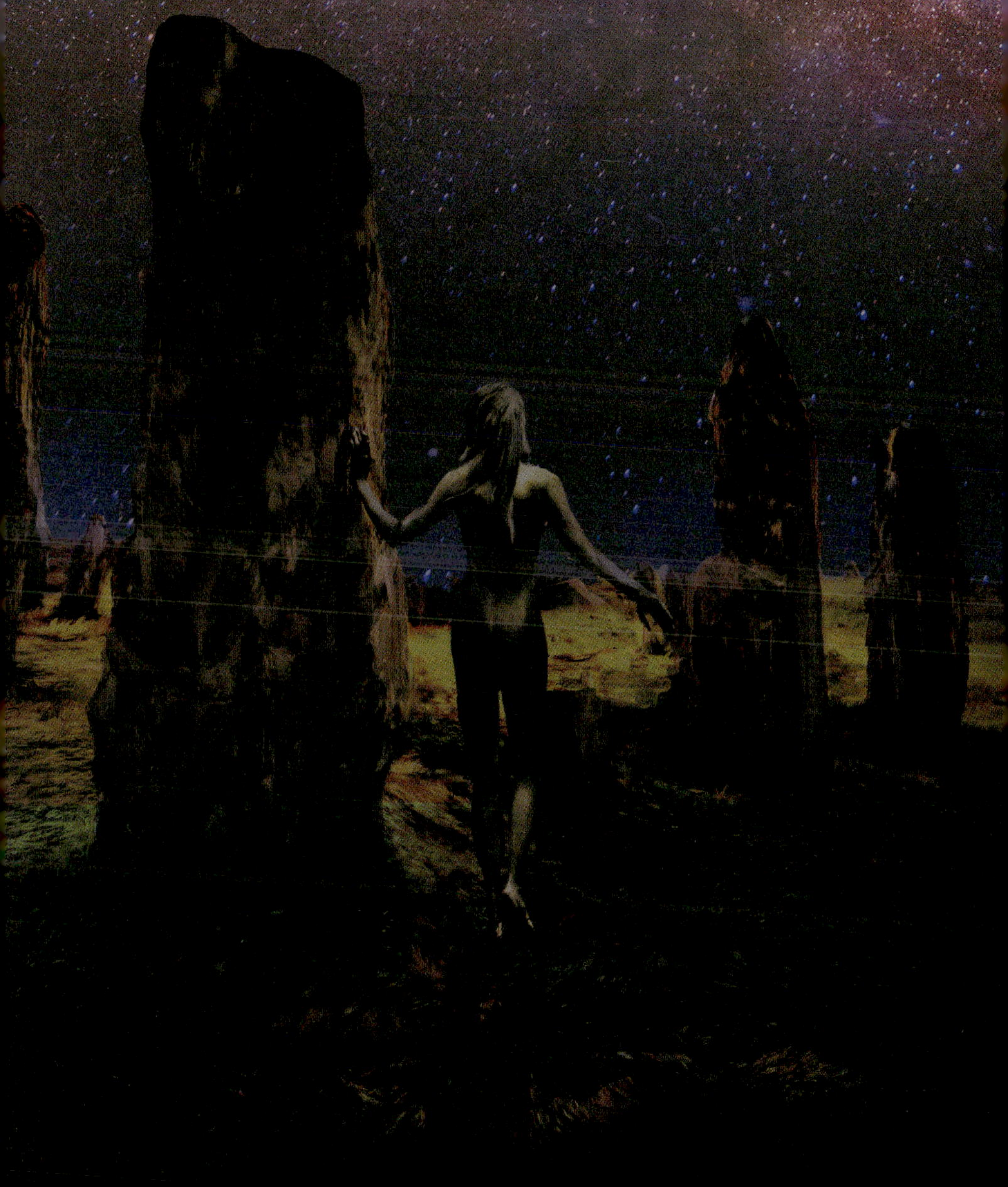

H. P. Lovecrafts »Das Grauen von Dunwich«

Verfasst 1928, veröffentlicht im April 1929
in »Weird Tales«

Nach einer Geschichte von
Howard Phillips Lovecraft

INHALT

2 IN DUNWICH

In Dunwich

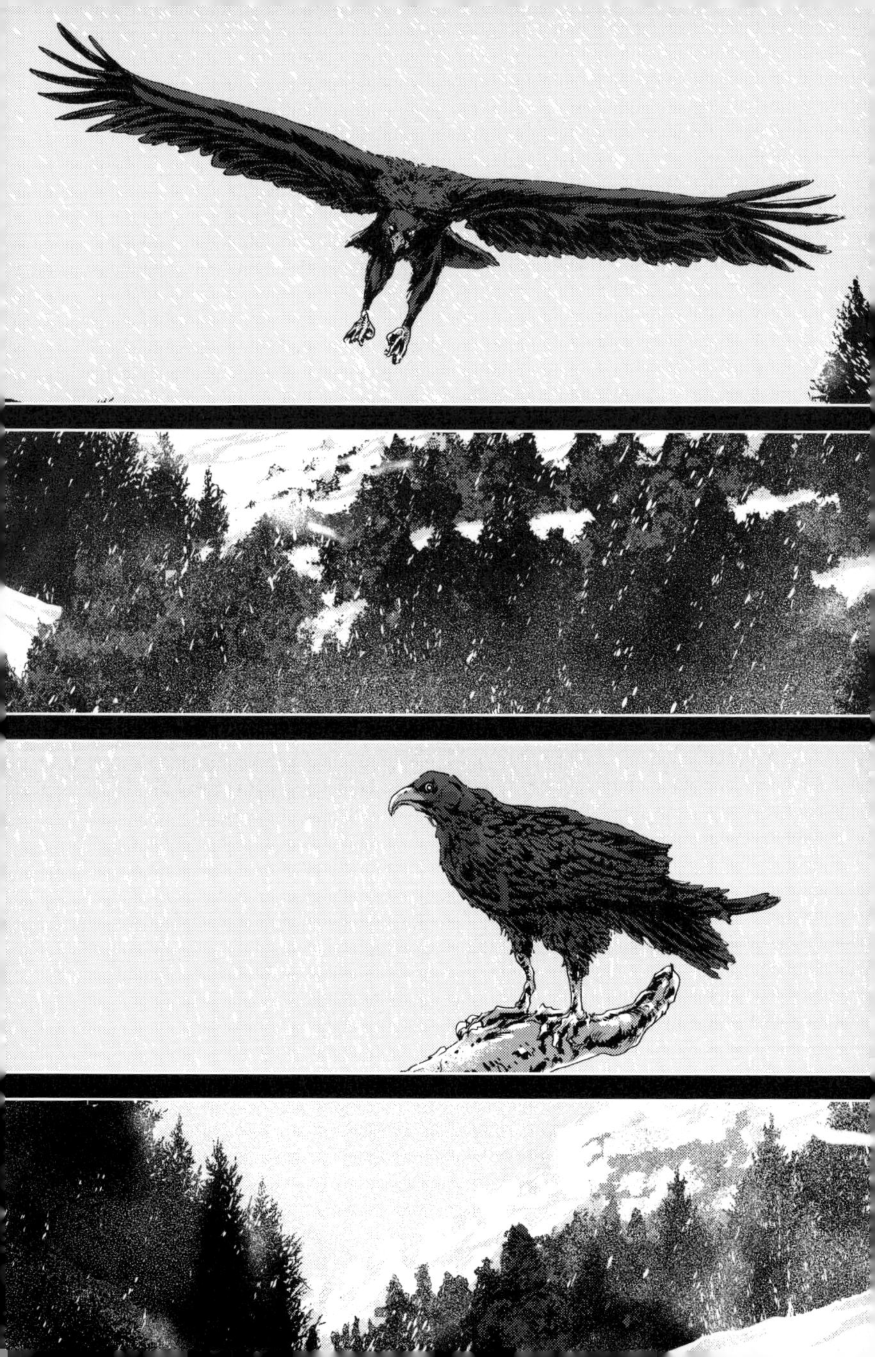

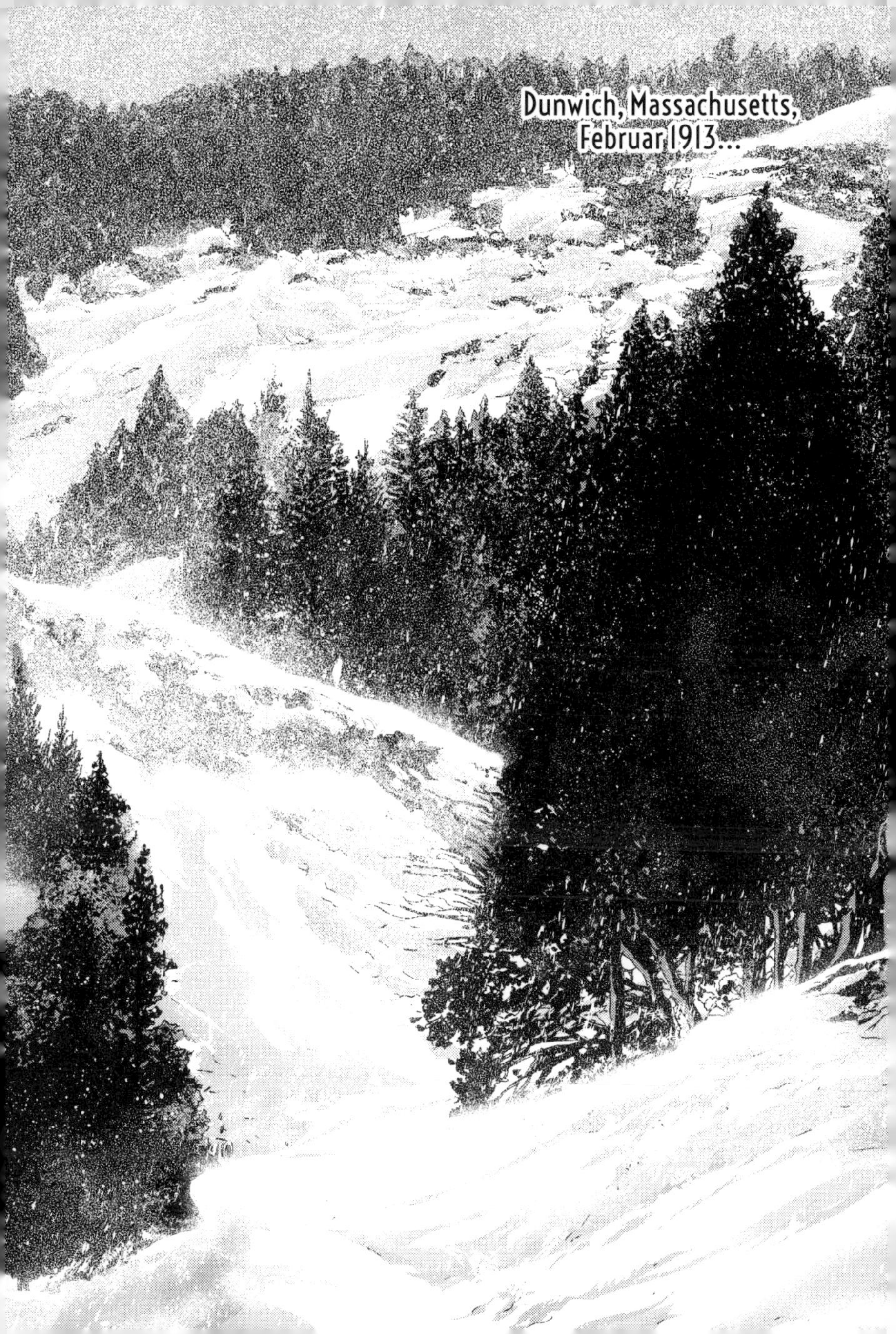
Dunwich, Massachusetts,
Februar 1913...

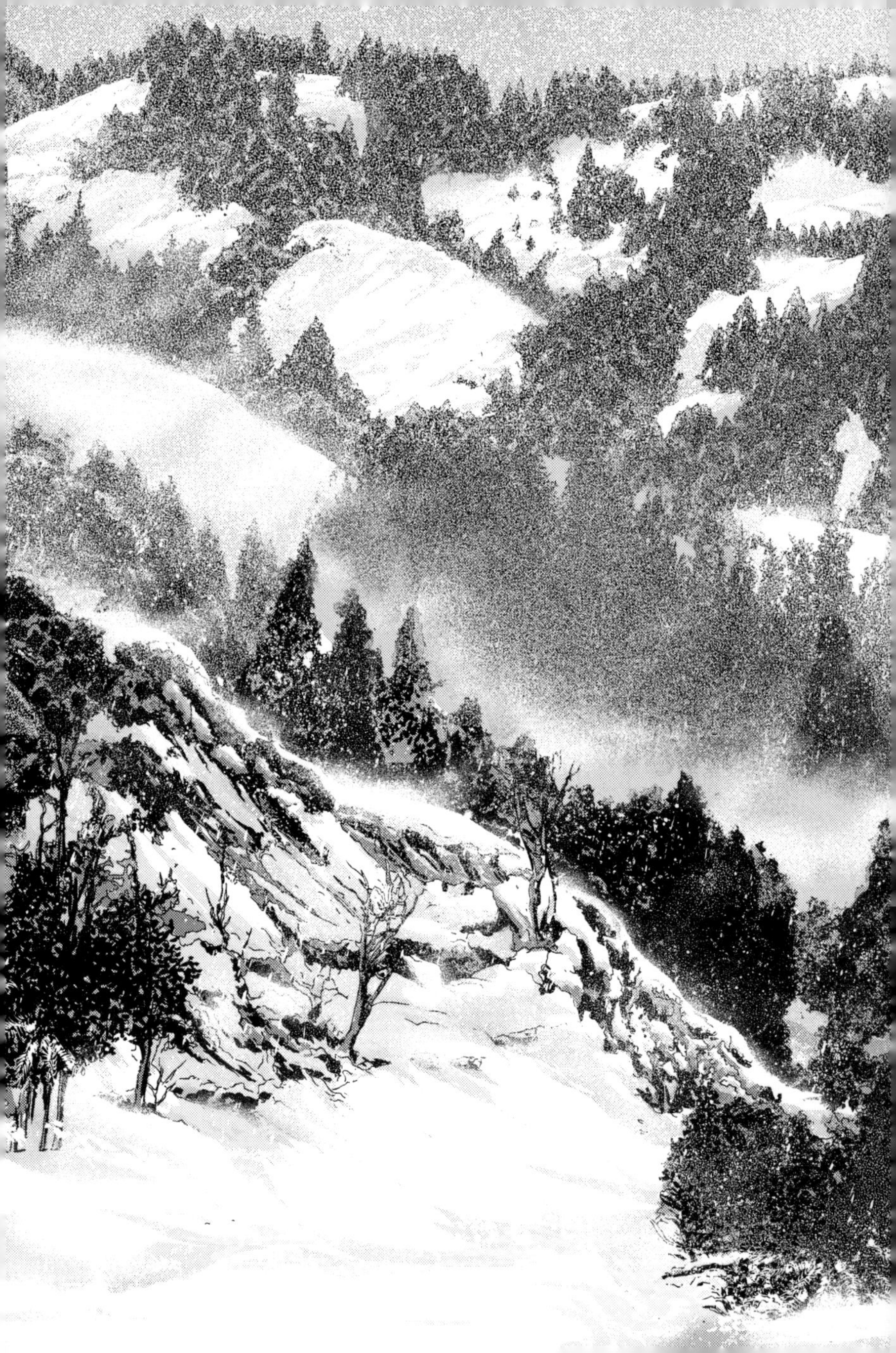

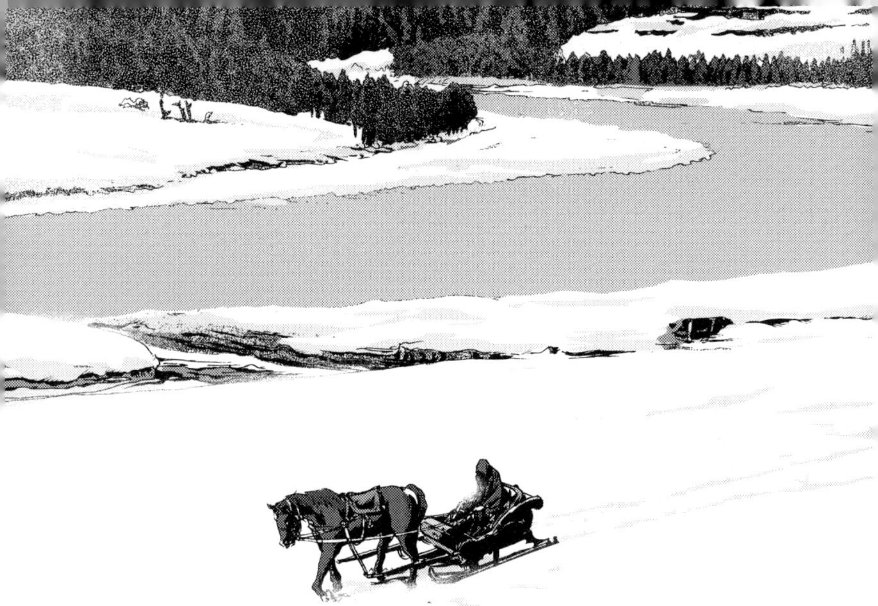

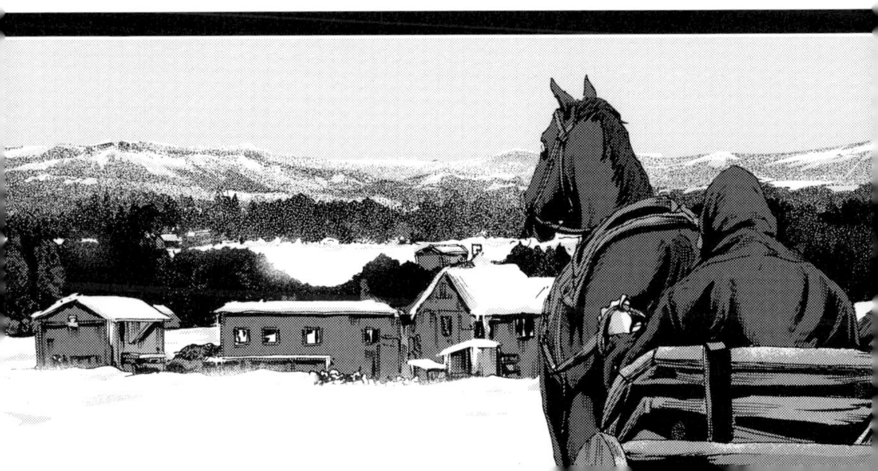

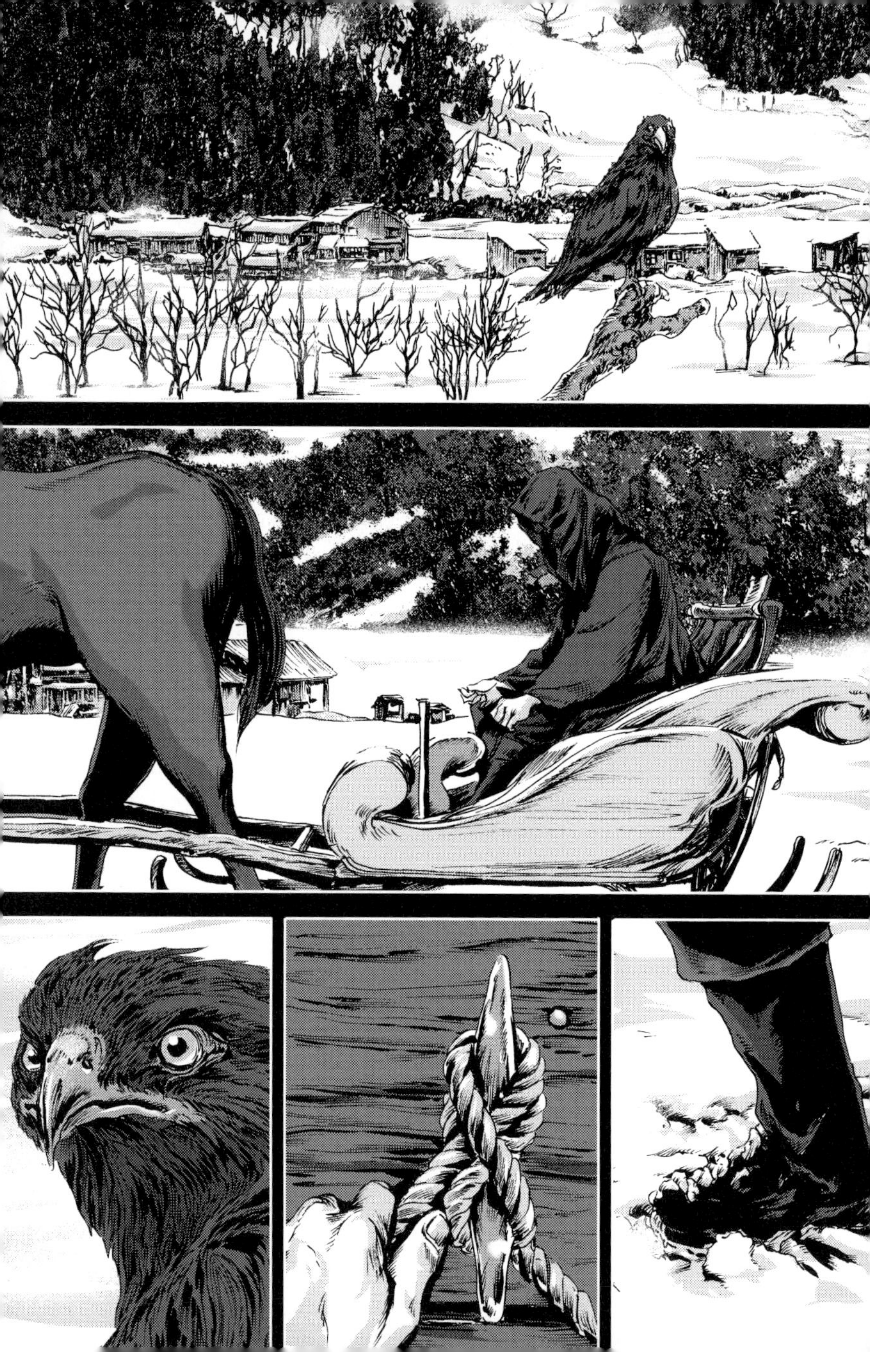

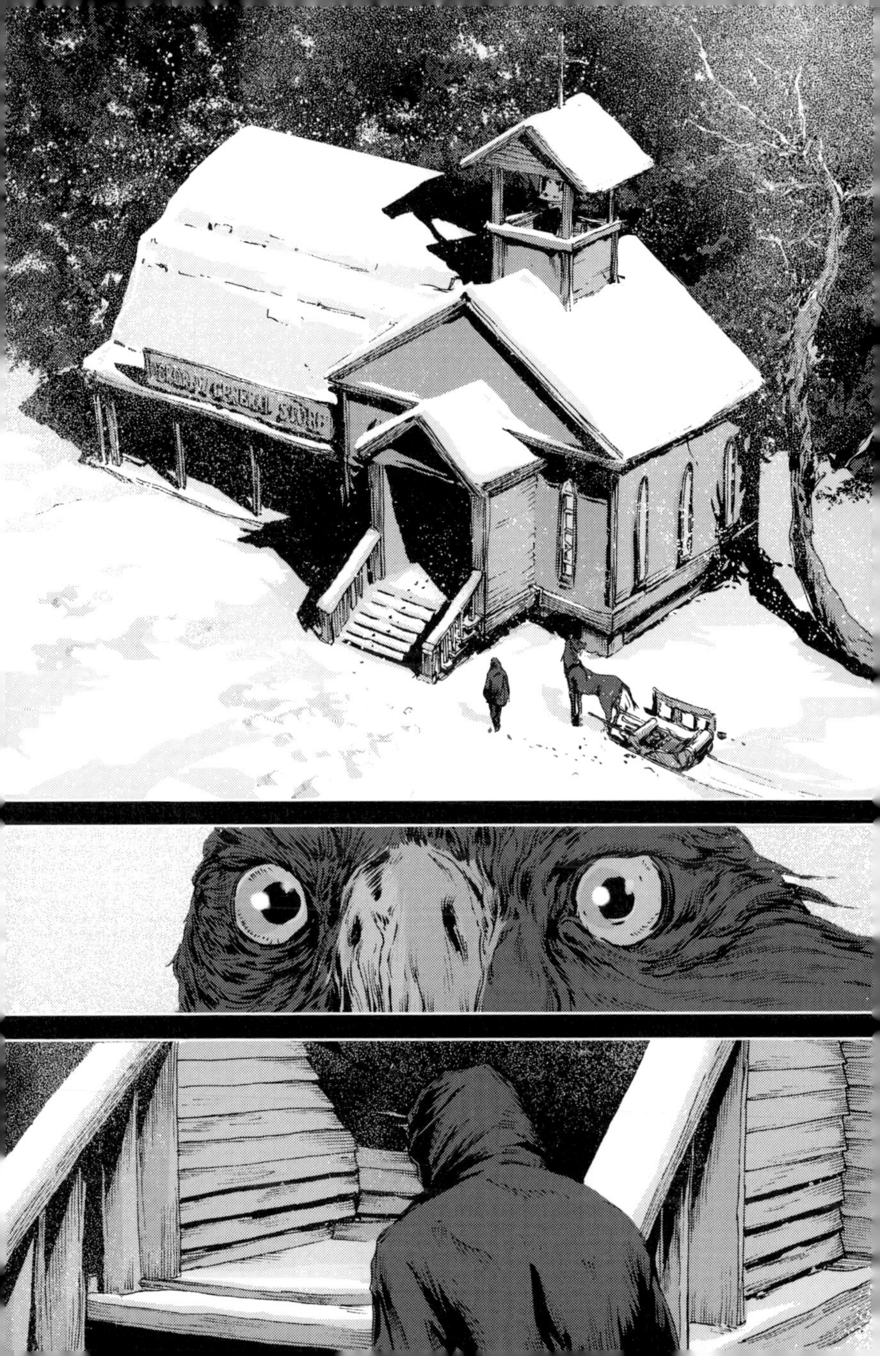

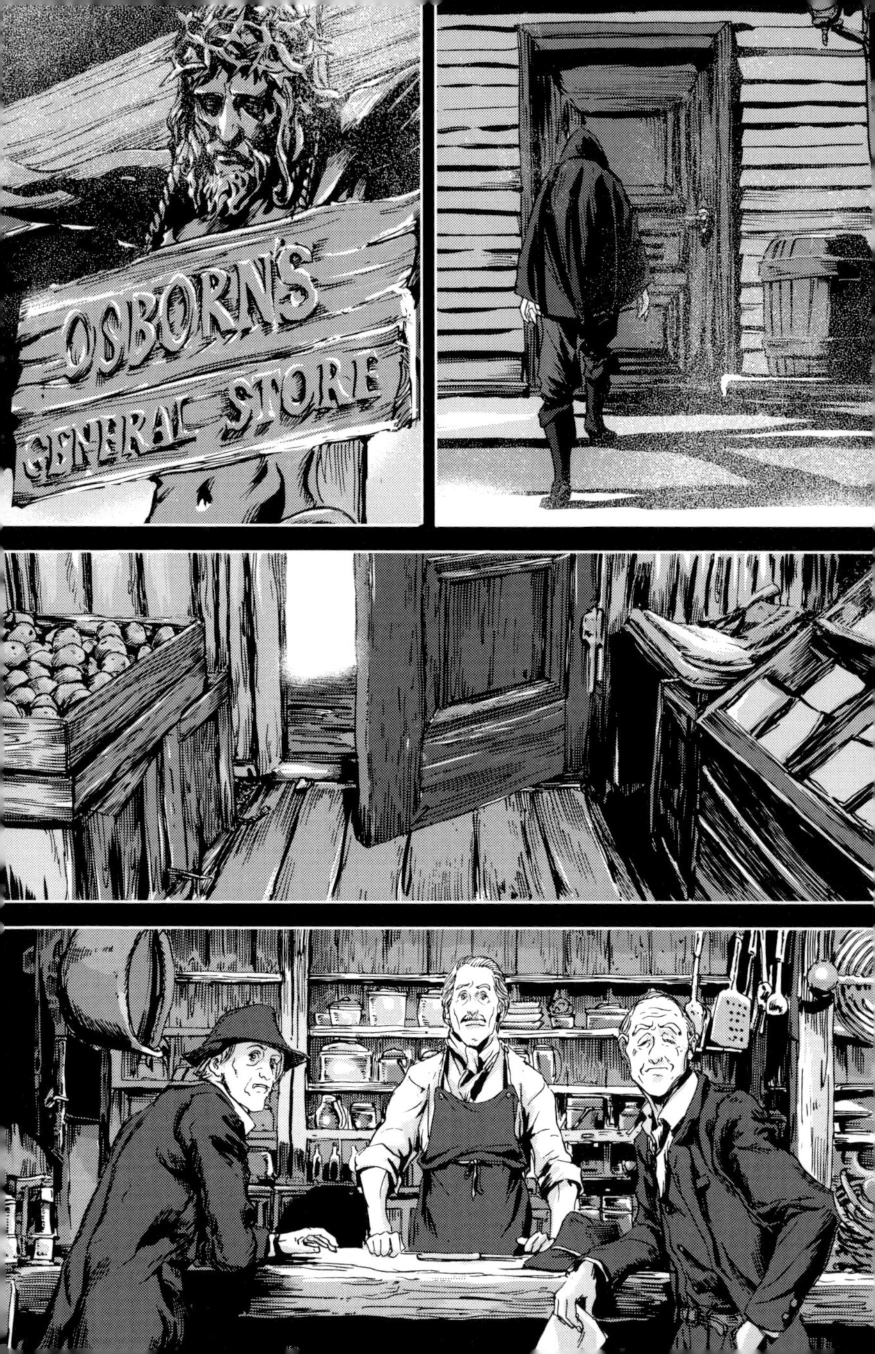
OSBORN'S
GENERAL STORE

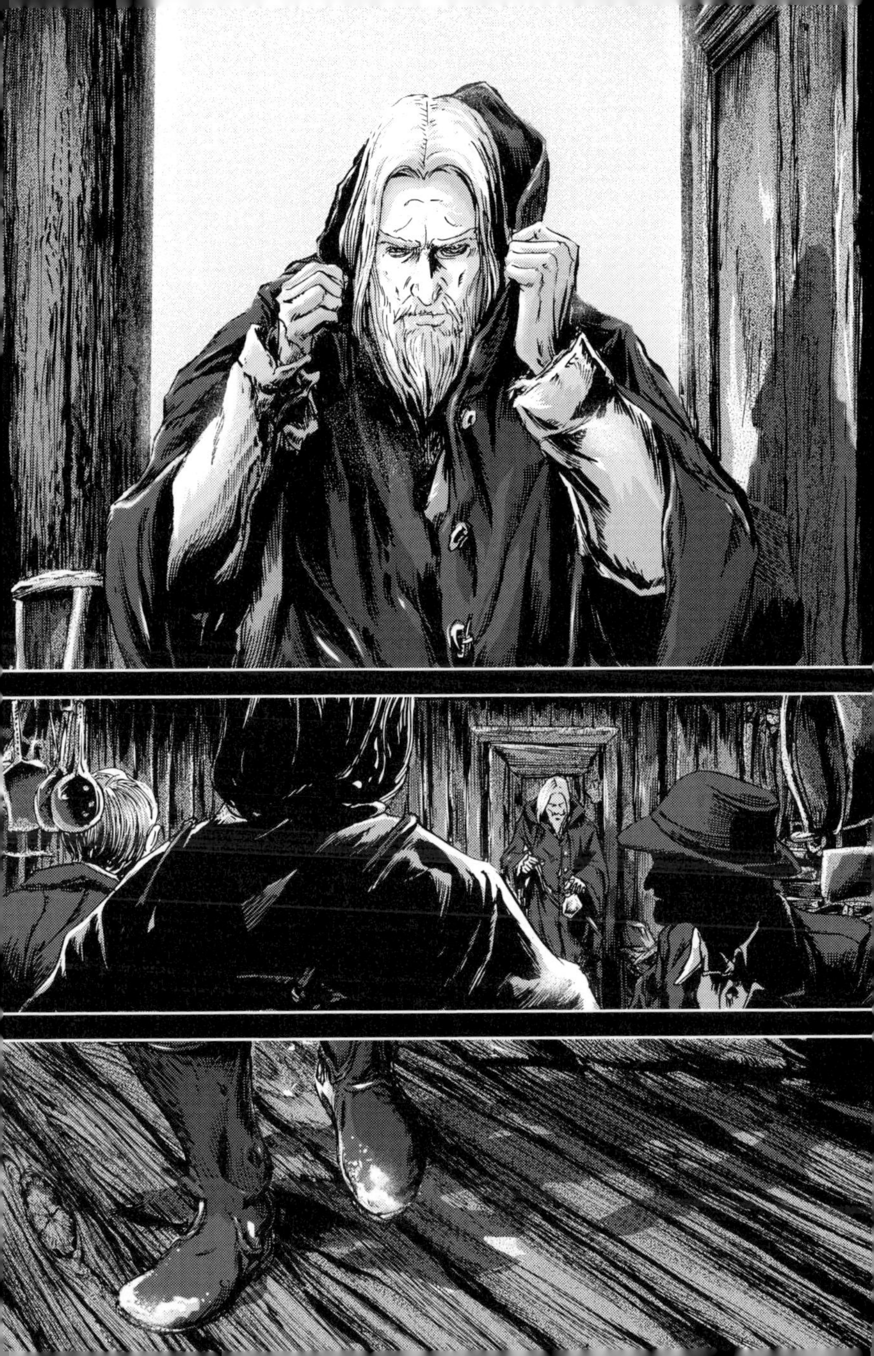

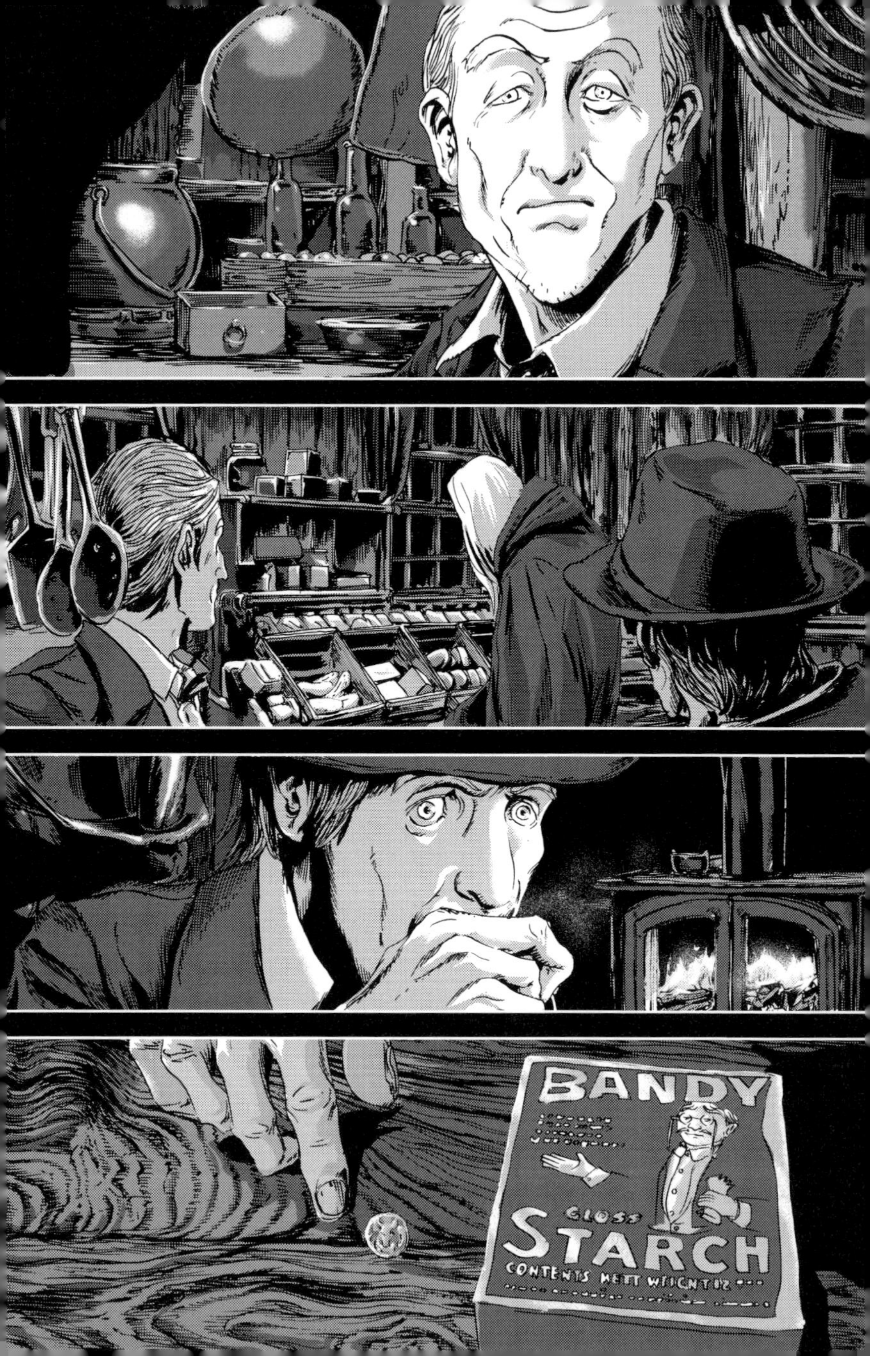
BANDY
GLOSS
STARCH

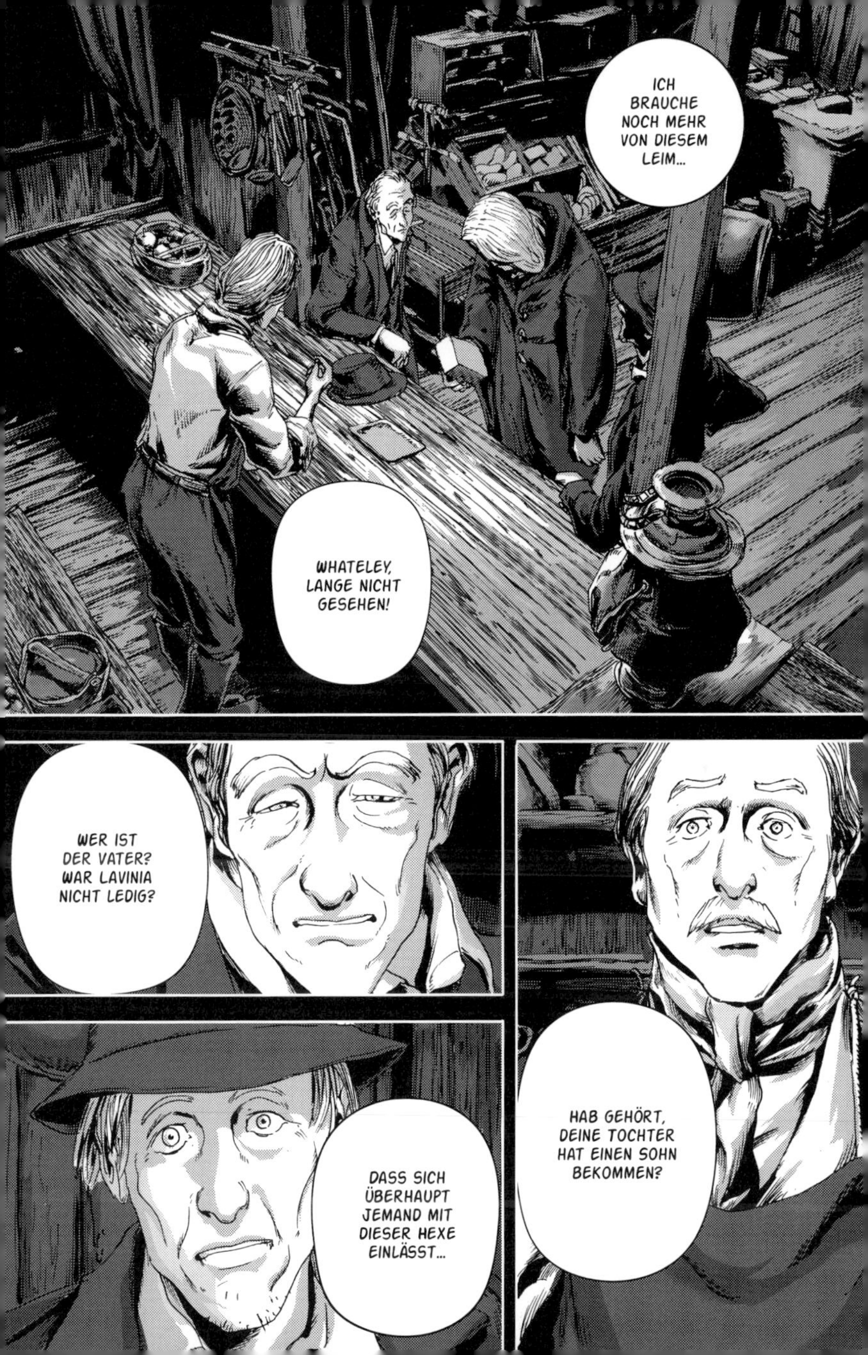
ICH BRAUCHE NOCH MEHR VON DIESEM LEIM...
WHATELEY, LANGE NICHT GESEHEN!
HAB GEHÖRT, DEINE TOCHTER HAT EINEN SOHN BEKOMMEN?
WER IST DER VATER? WAR LAVINIA NICHT LEDIG?
DASS SICH ÜBERHAUPT JEMAND MIT DIESER HEXE EINLÄSST...

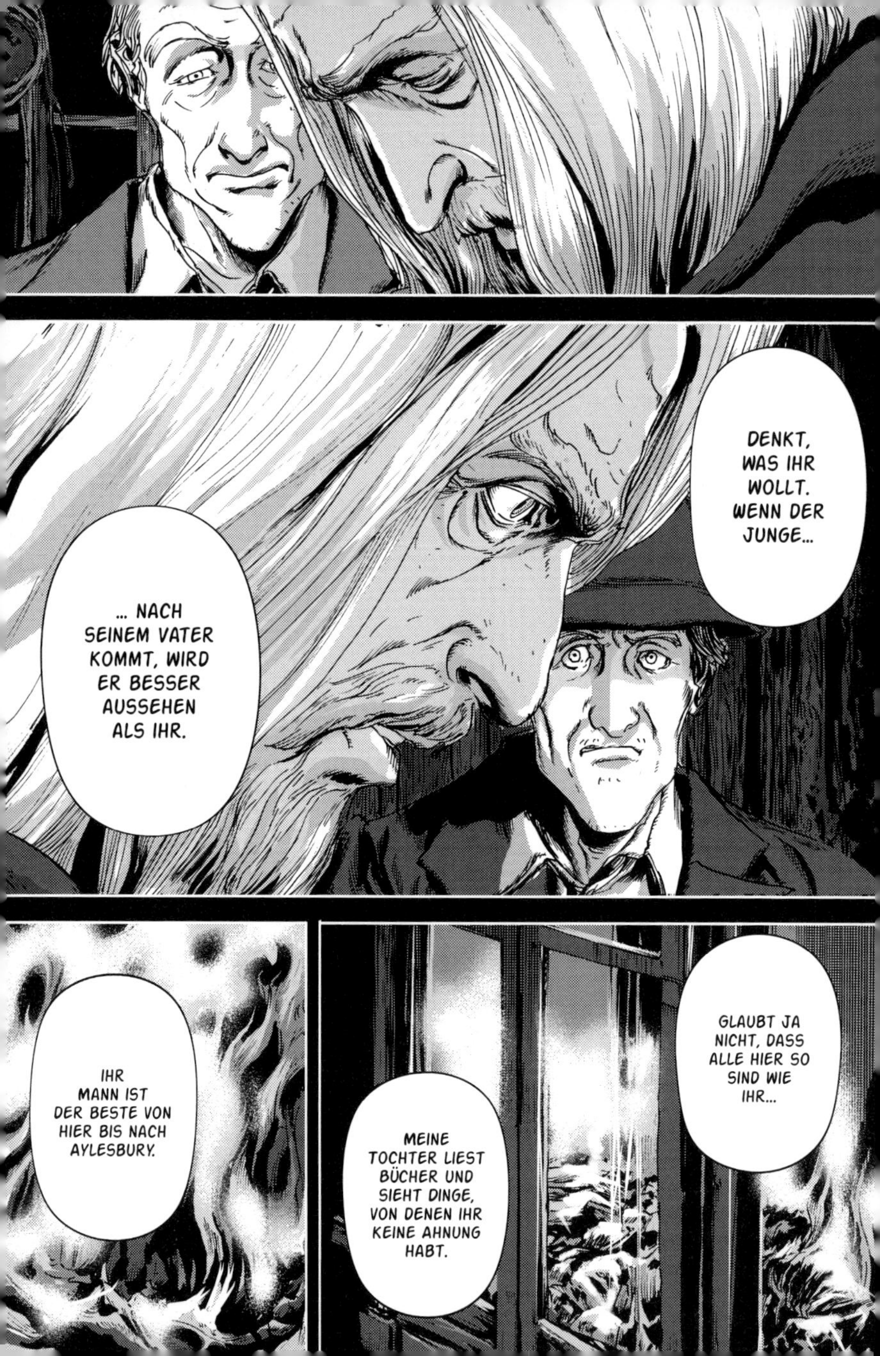
DENKT, WAS IHR WOLLT. WENN DER JUNGE...
... NACH SEINEM VATER KOMMT, WIRD ER BESSER AUSSEHEN ALS IHR.
IHR MANN IST DER BESTE VON HIER BIS NACH AYLESBURY.
GLAUBT JA NICHT, DASS ALLE HIER SO SIND WIE IHR...
MEINE TOCHTER LIEST BÜCHER UND SIEHT DINGE, VON DENEN IHR KEINE AHNUNG HABT.

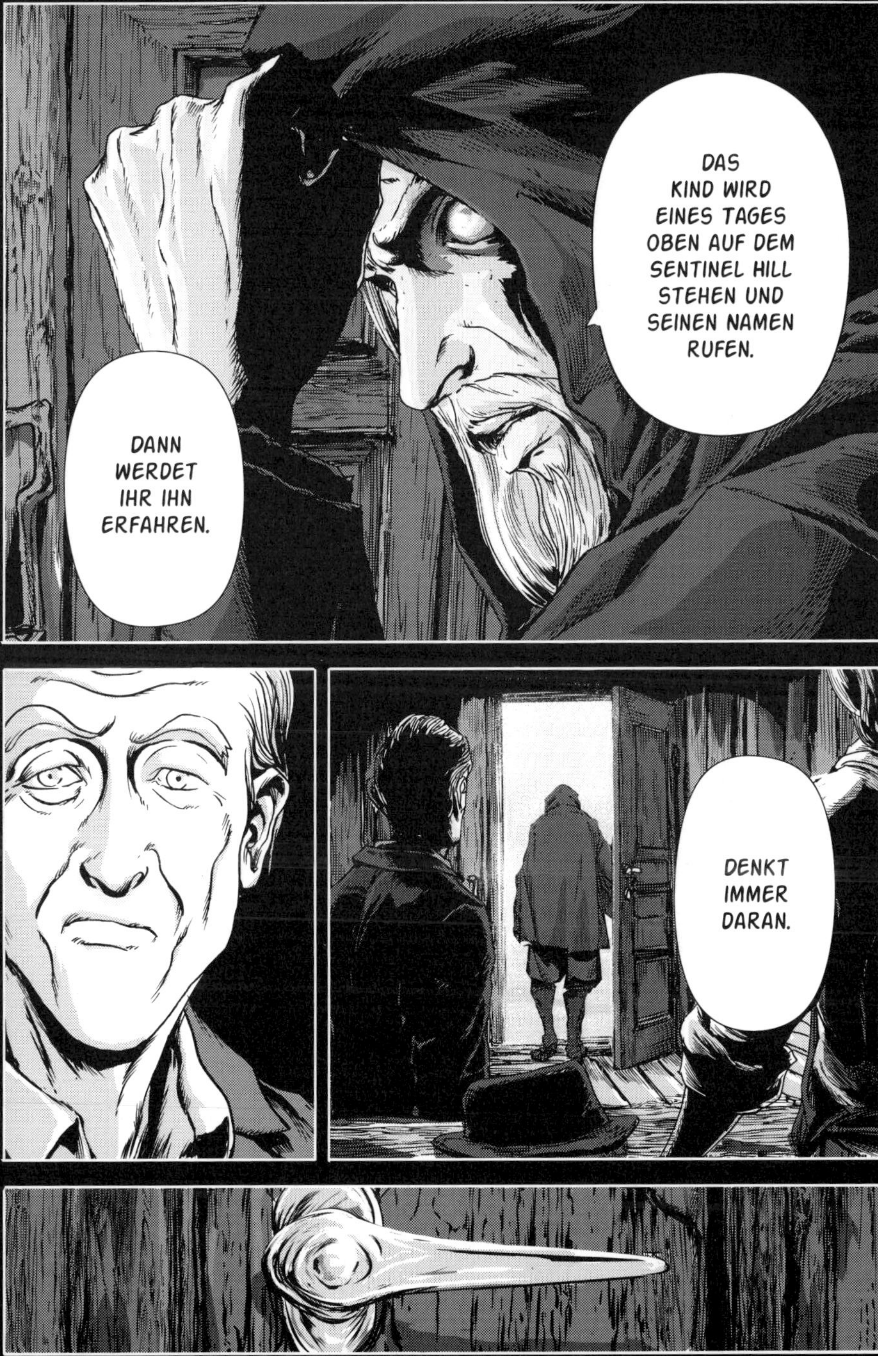
DAS KIND WIRD EINES TAGES OBEN AUF DEM SENTINEL HILL STEHEN UND SEINEN NAMEN RUFEN.
DANN WERDET IHR IHN ERFAHREN.
DENKT IMMER DARAN.

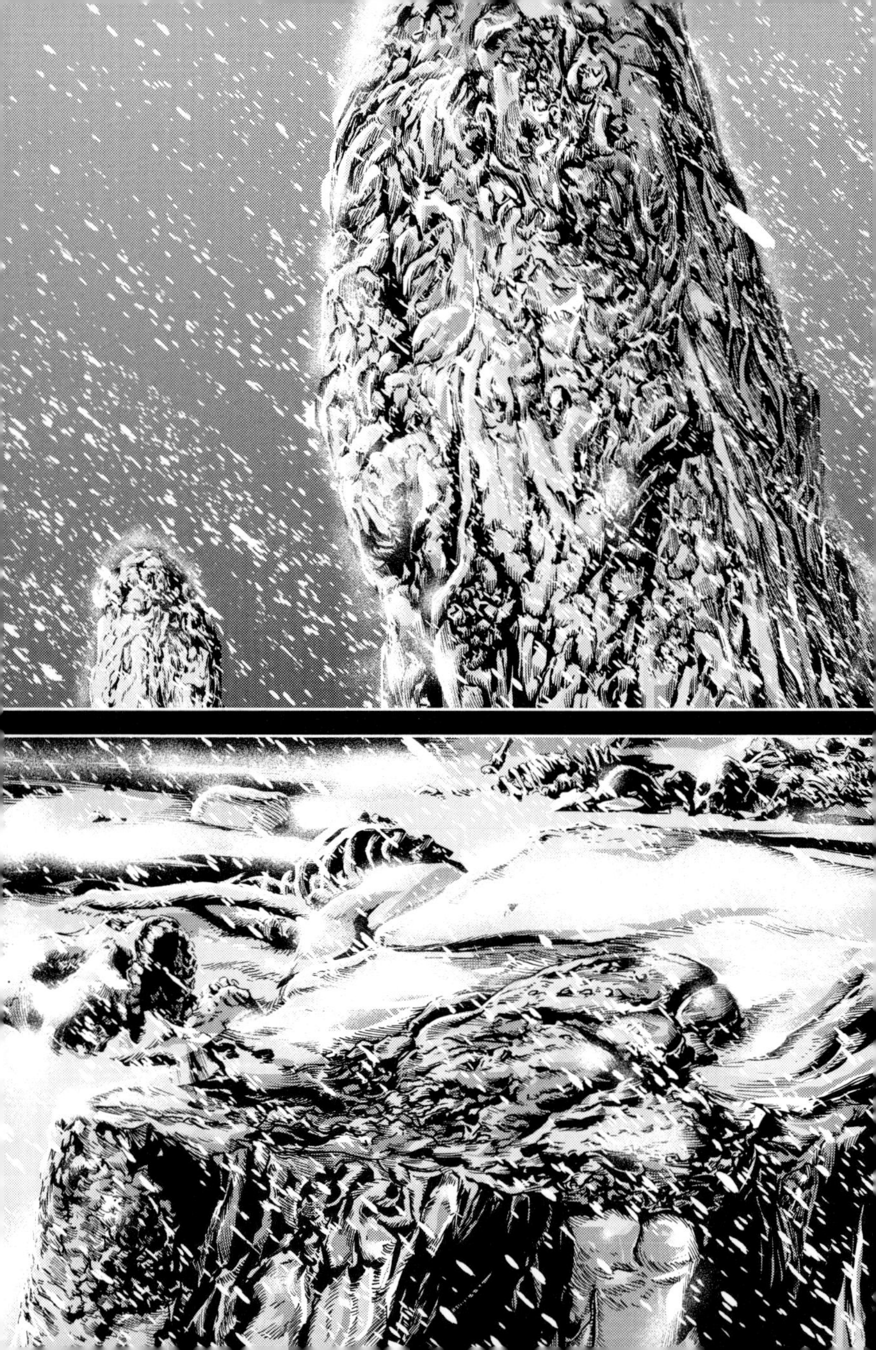

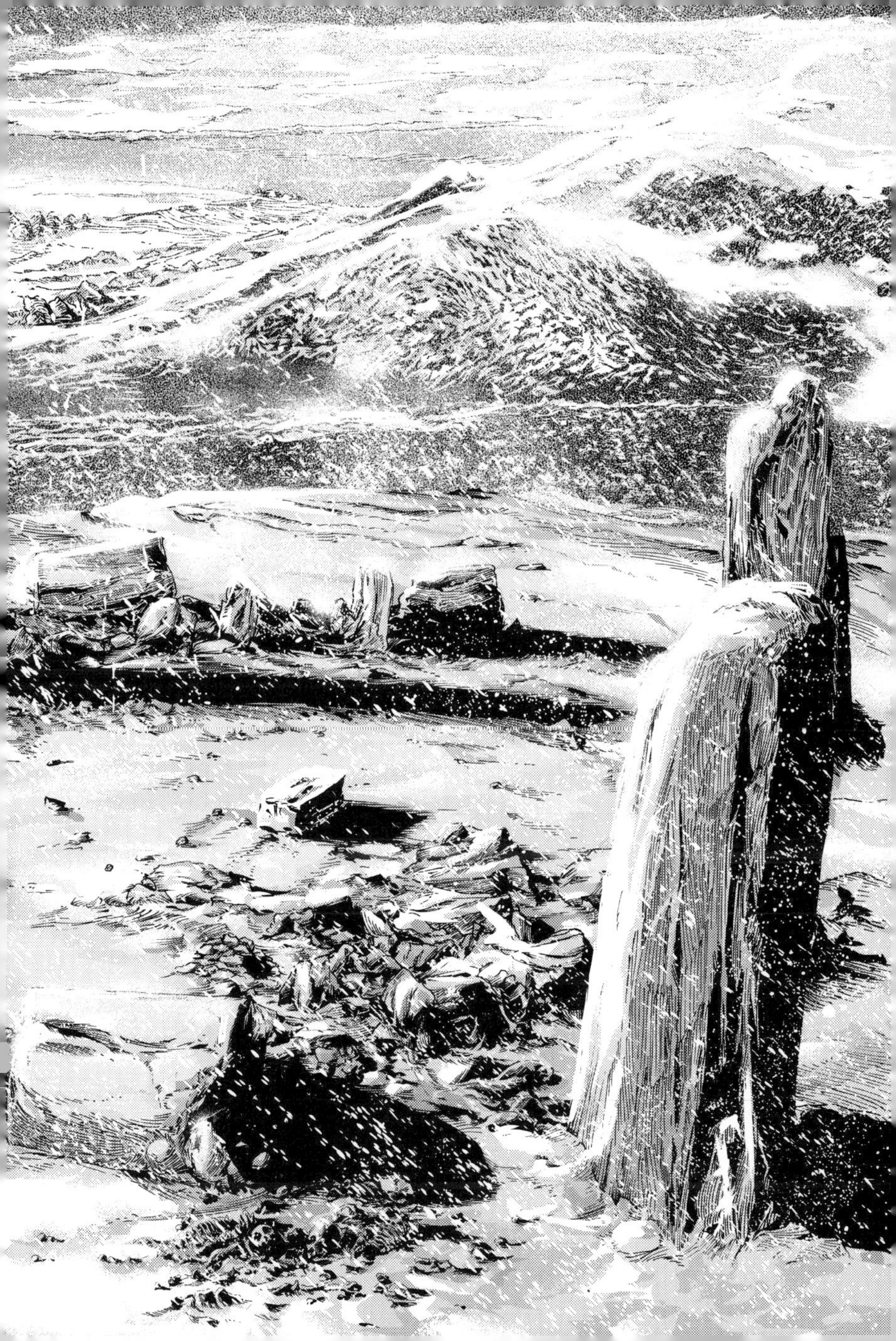

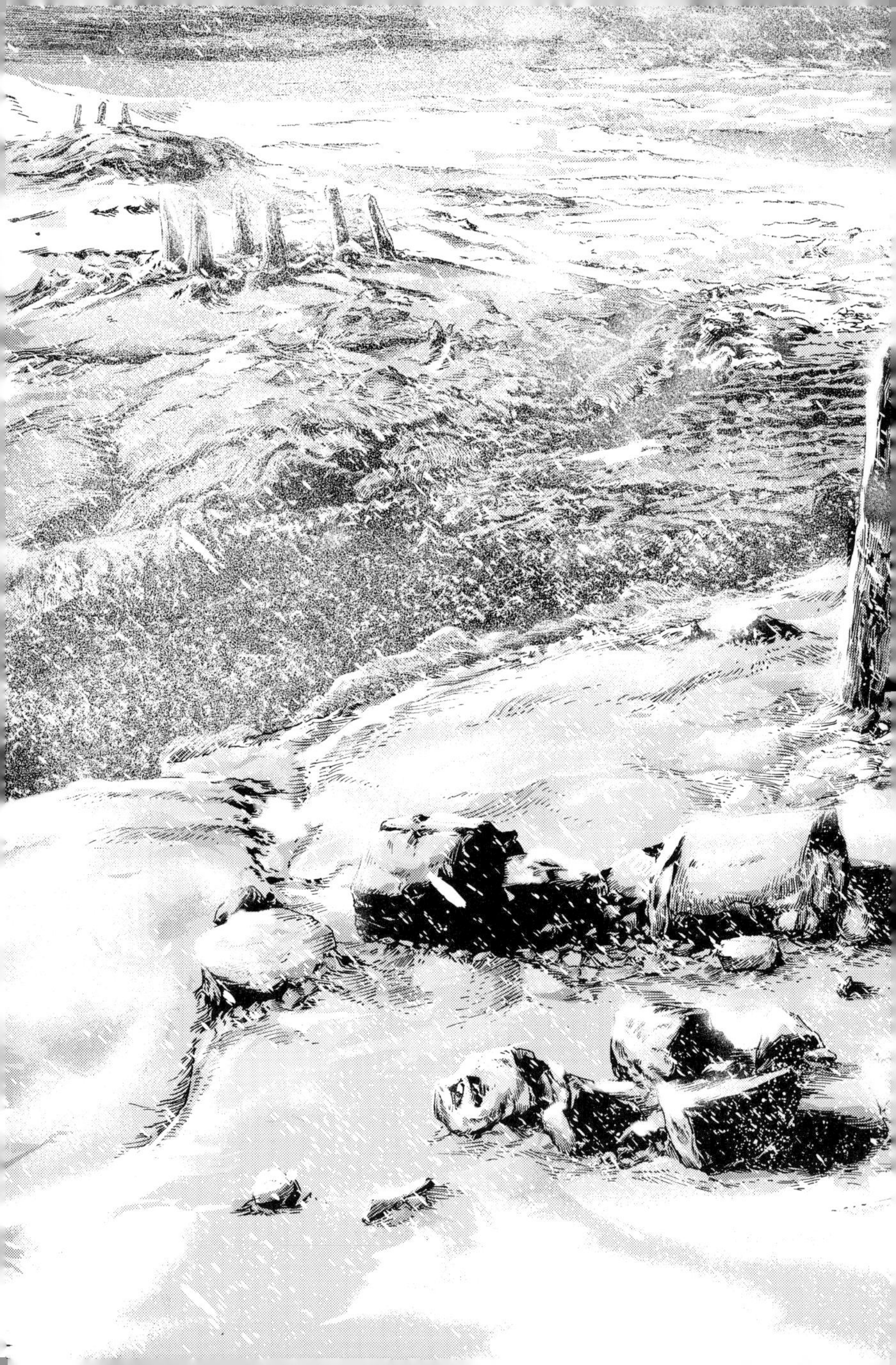

Horror

The Dunwich

Im Norden von Massachusetts, abseits der Straße nach Aylesbury, lag die Gemeinde Dunwich.

Es war eine einsame wie seltsame Gegend. Die Hügel ringsherum waren von außergewöhnlich runder Form und muteten unnatürlich an. Steinerne Säulen, in Kreisen geordnet, ragten auf ihnen empor, während sich an ihrem Fuße der Oberlauf des Miskatonic entlangschlängelte.

Dunwich selbst war ein geradezu töricht alter Ort.

Die Bewohner: im Niedergang begriffen, verdorben und degeneriert wie in den meisten entlegenen Gefilden Neuenglands. Sie bildeten eine geschlossene Sippe, Inzucht war gang und gäbe und ihre Intelligenz auf erschreckend niedrigem Stand. So wunderte es nicht, dass Gewalt die Geschichte des Ortes prägte. Andererseits lebte in Dunwich auch eine feinere Gesellschaft. Sie bestand aus wenigen wappentragenden Familien, deren Vorfahren 1692 aus Salem gekommen waren und denen Gerüchte von Hexerei und Teufelsanbetung anhafteten. Ihr Niveau überstieg das der Alteingesessenen ein wenig. Manche immerhin, etwa die Whateleys oder Bishops, hatten ihre Söhne nach Harvard oder an die Miskatonic University schicken können.

Die meisten indessen – Zweigfamilien – waren in den elendigen Bräuchen des Dorfes gefangen und ebenso rückständig wie der große Rest. Einzig ihre Namen erinnerten noch an den Stand, dem sie nun Schande bereiteten.

Dunwich war reich an schauerlichen Legenden.

Einer dieser zufolge soll die amerikanische Urbevölkerung auf den runden Hügeln in grausigen Ritualen üble Gestalten aus dem Dunkel herbeigerufen haben. In einer anderen hieß es, Mitte des 18. Jahrhunderts sei ein Pfarrer auf mysteriöse Weise erschwunden, nachdem er in seiner Predigt von der Anwesenheit des Teufels in der Gegend gesprochen habe. Und schließlich gab es die Geschichte von dem körperlosen Wesen, dessen Schritte bisweilen zu hören waren.

Fremde verirrten sich nur selten nach Dunwich, wo die Nachtschwalben rufend auf die Seelen Verstorbener warteten und unzählige Glühwürmchen zum Quaken der Ochsenfrösche tanzten.

Dieser Ort war verflucht.

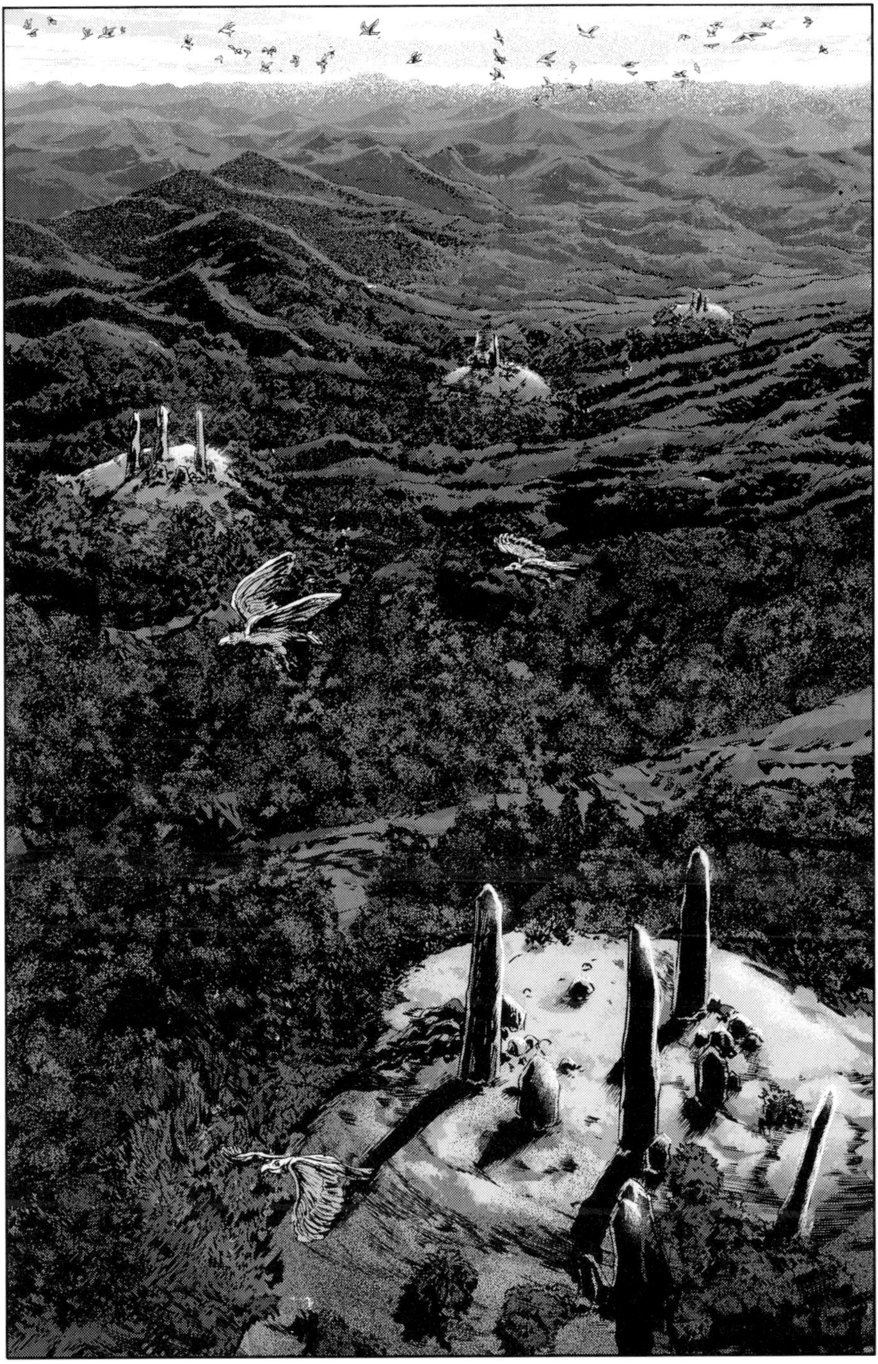

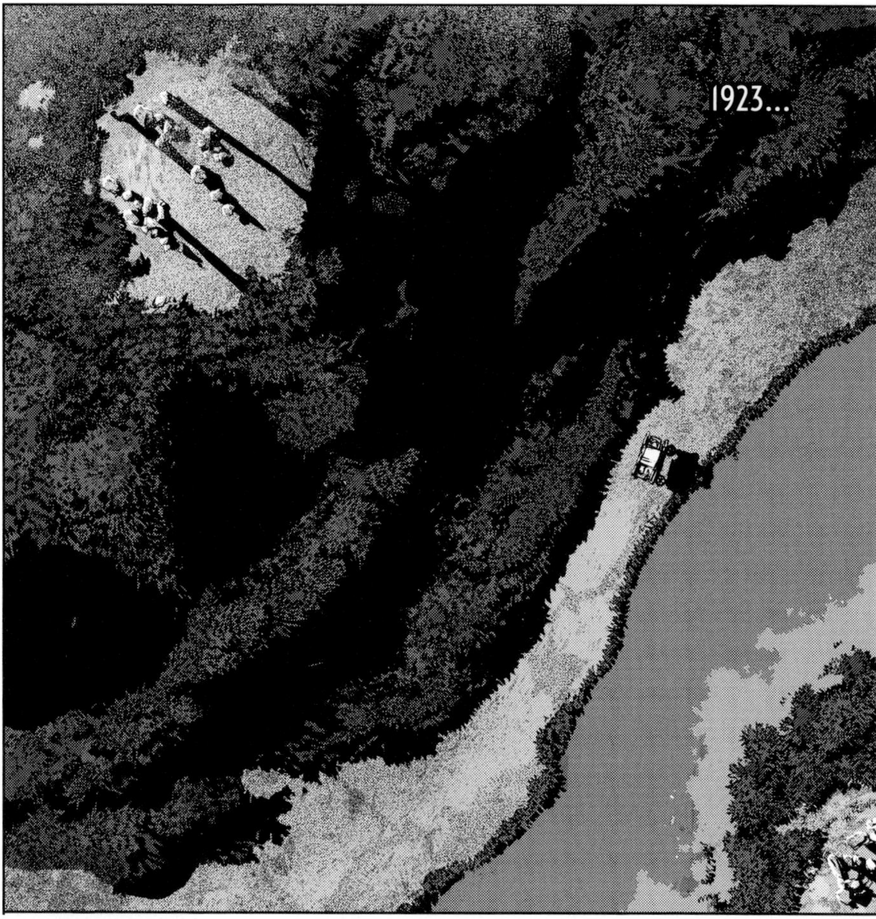
1923...

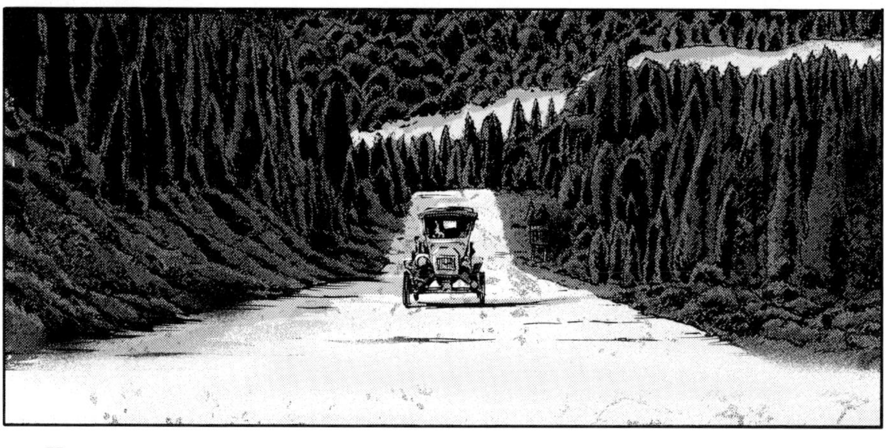

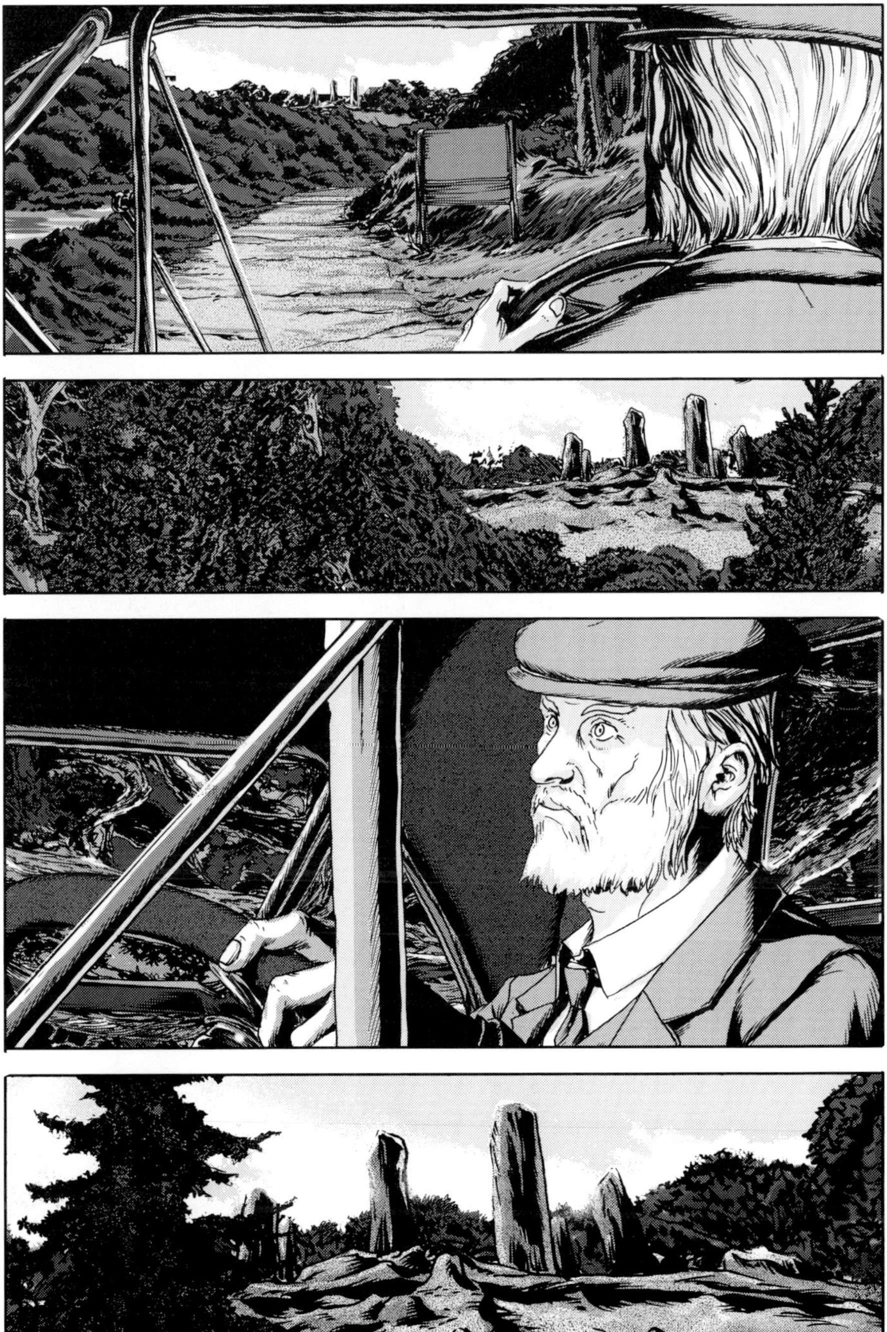

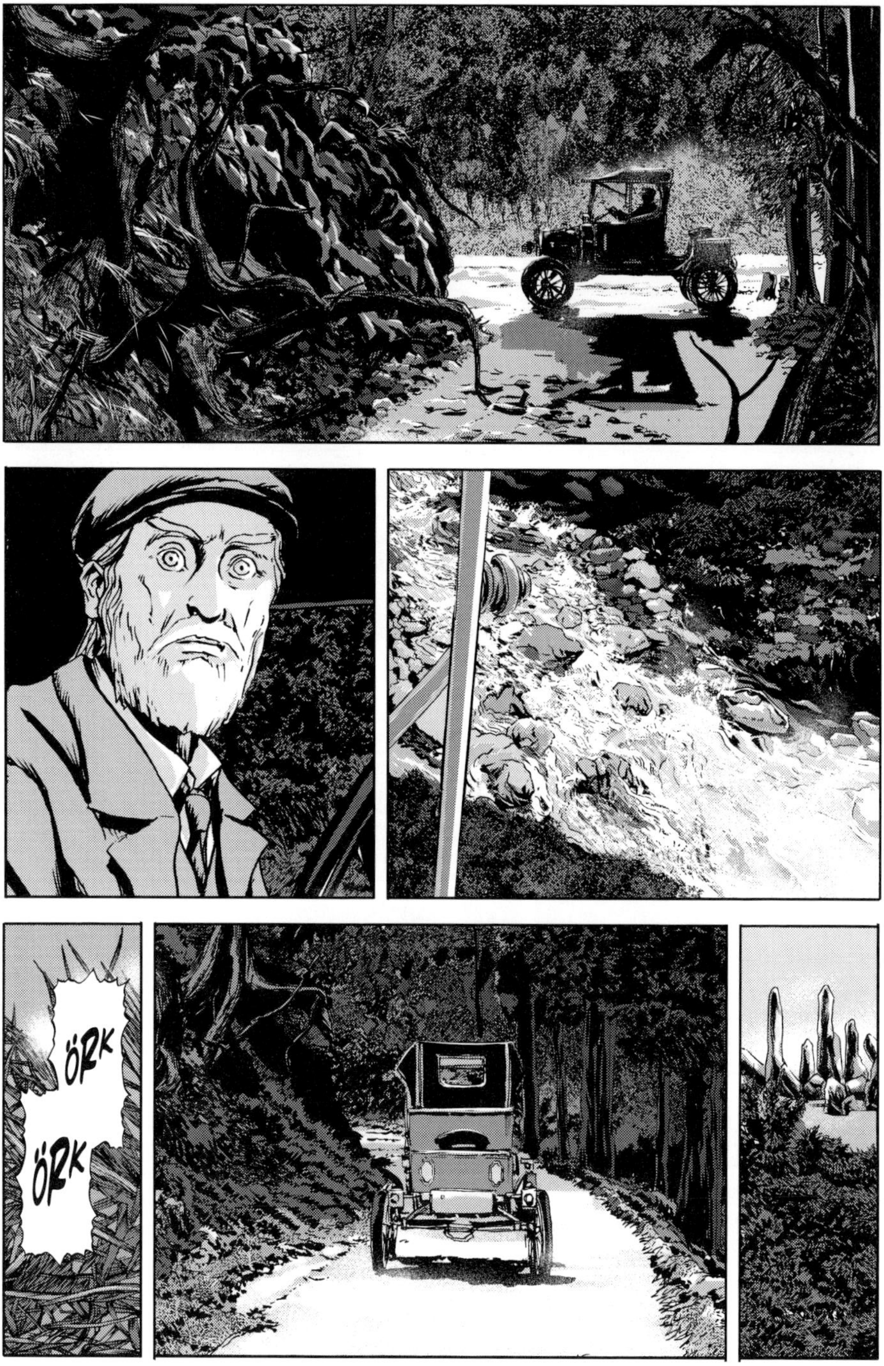
ÖRK
ÖRK

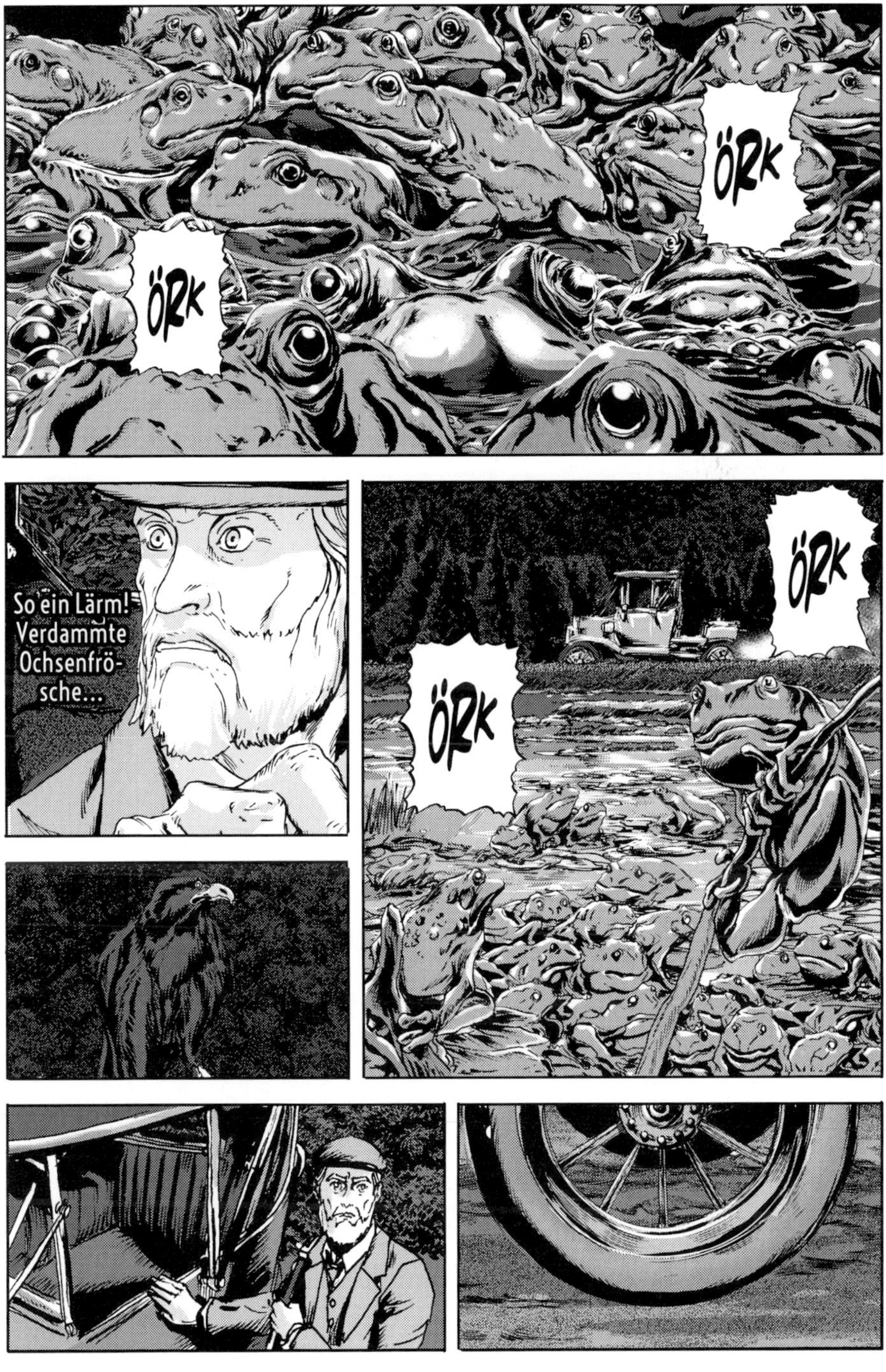
ÖRK
ÖRK
So ein Lärm! Verdammte Ochsenfrö-sche...
ÖRK
ÖRK

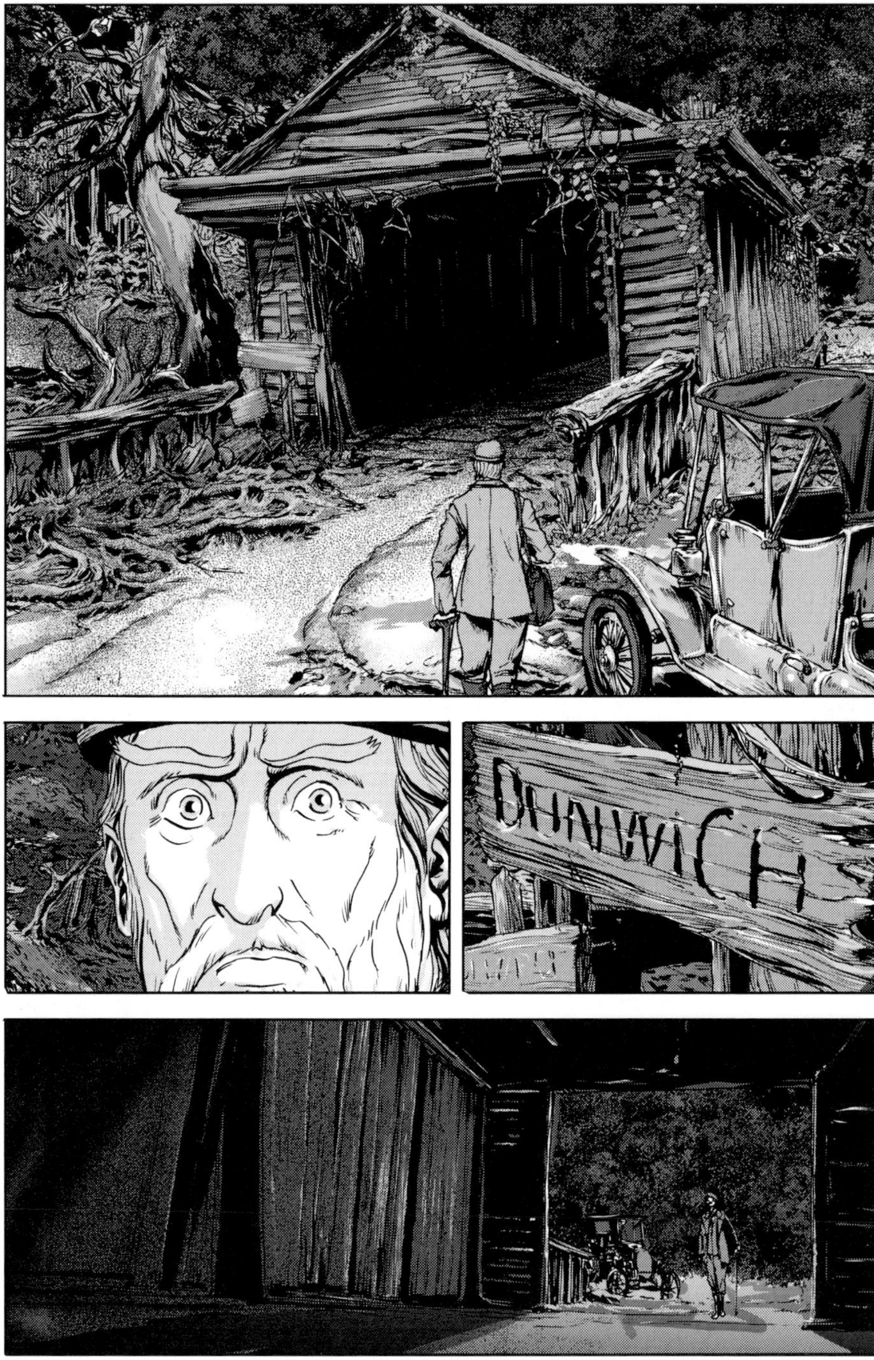
DUNWICH

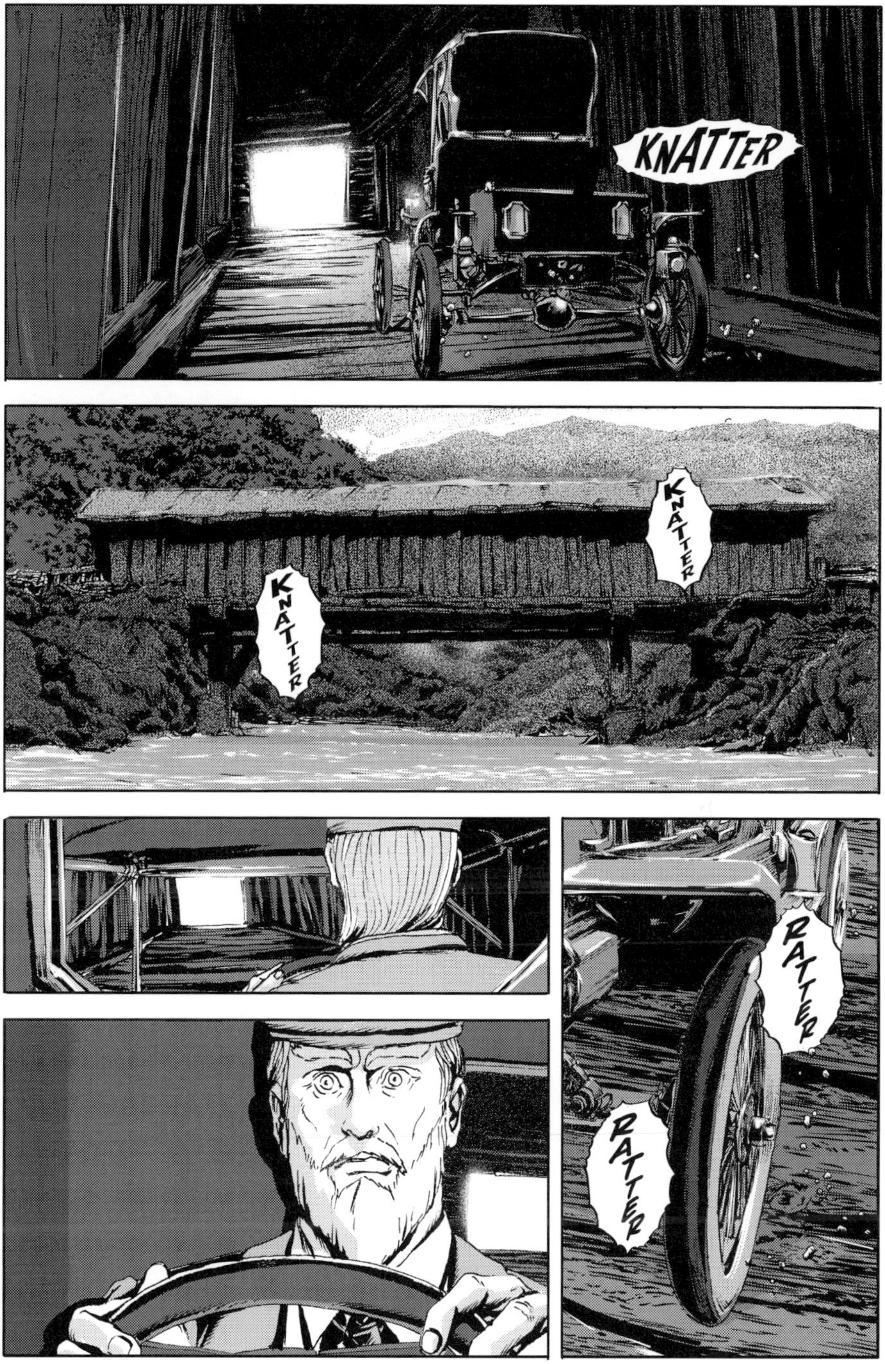
KNATTER
KNATTER
KNATTER
RATTER
RATTER

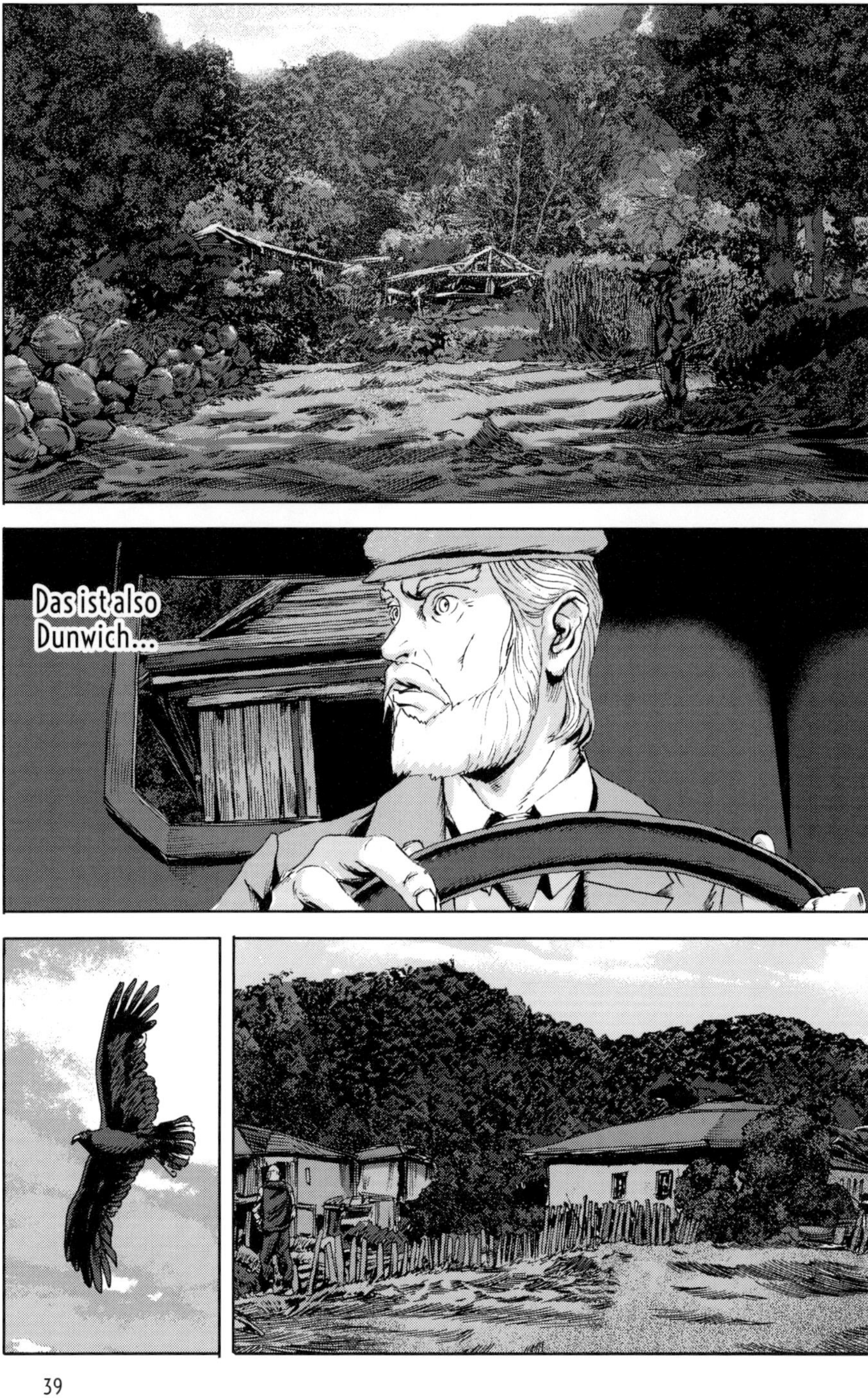
Das ist also
Dunwich...

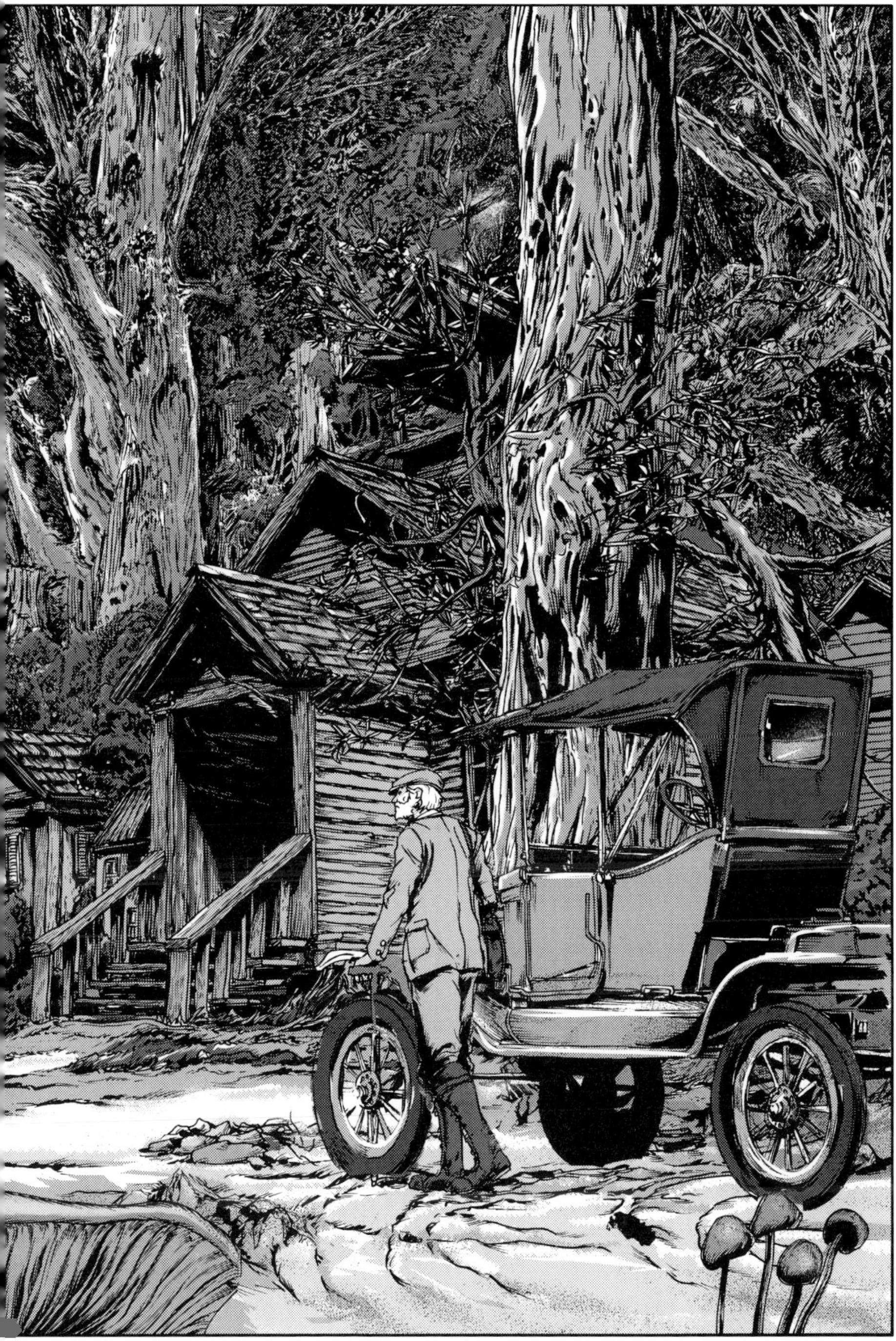

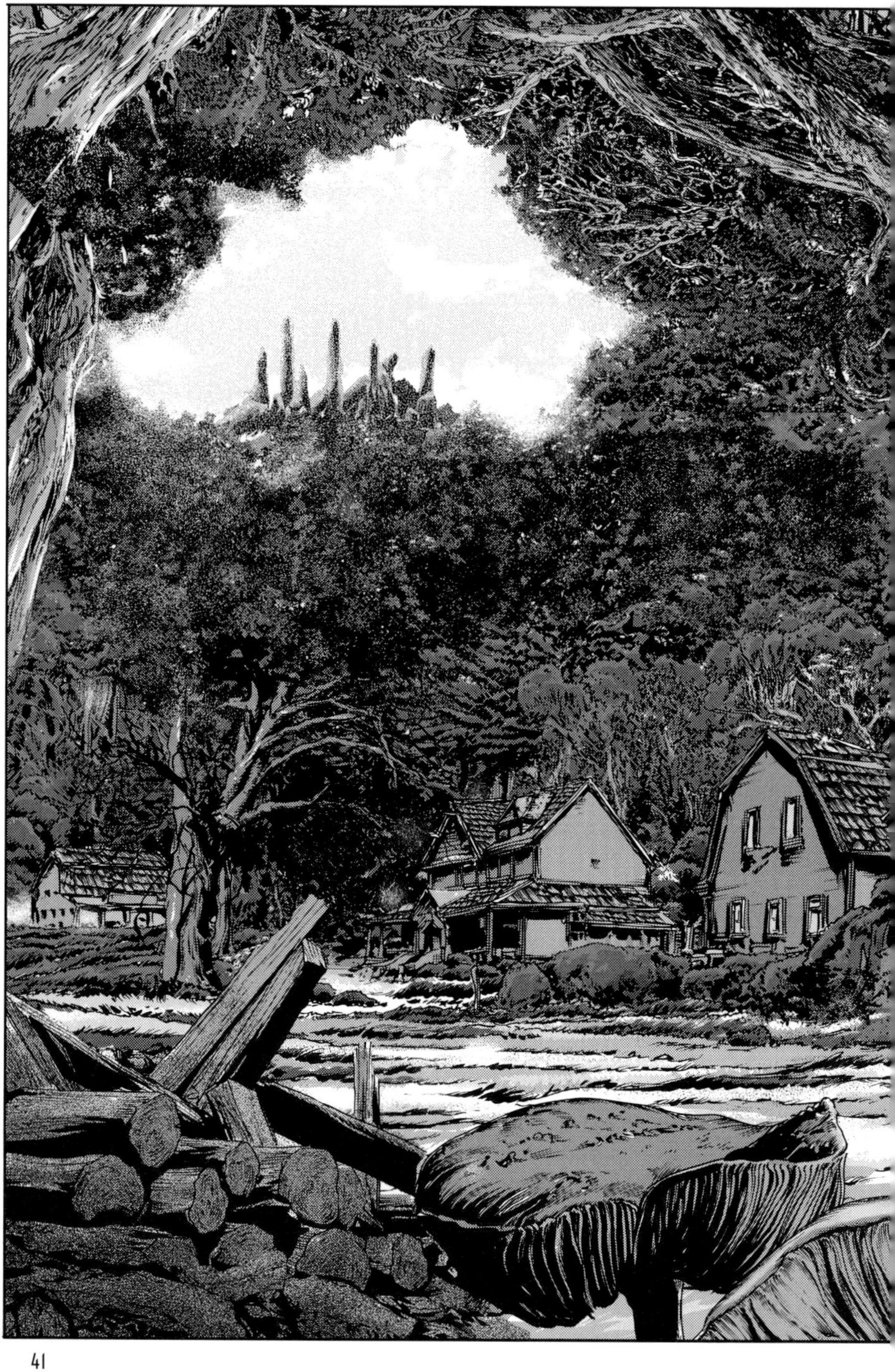

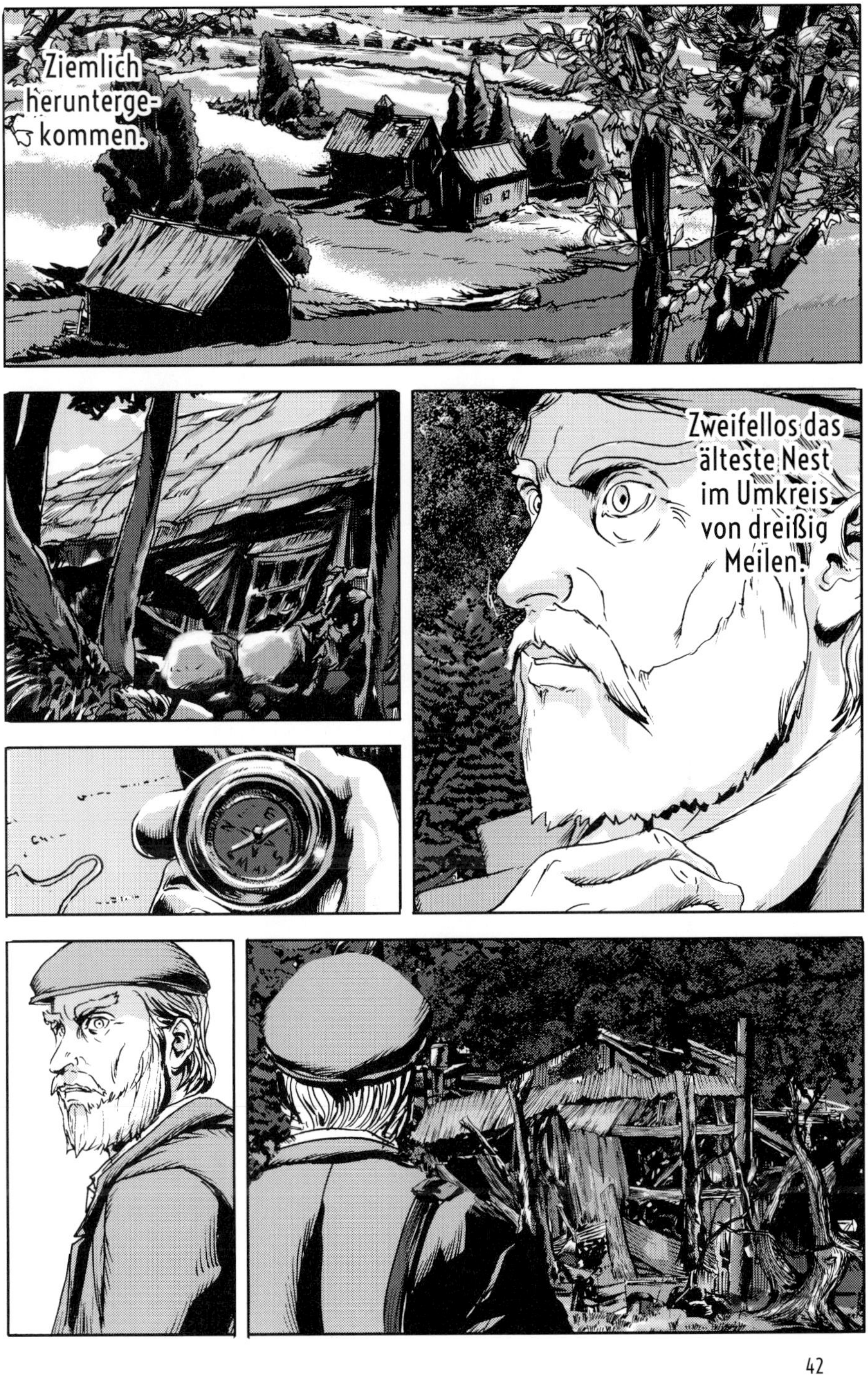
Ziemlich heruntergekommen.
Zweifellos das älteste Nest im Umkreis von dreißig Meilen.

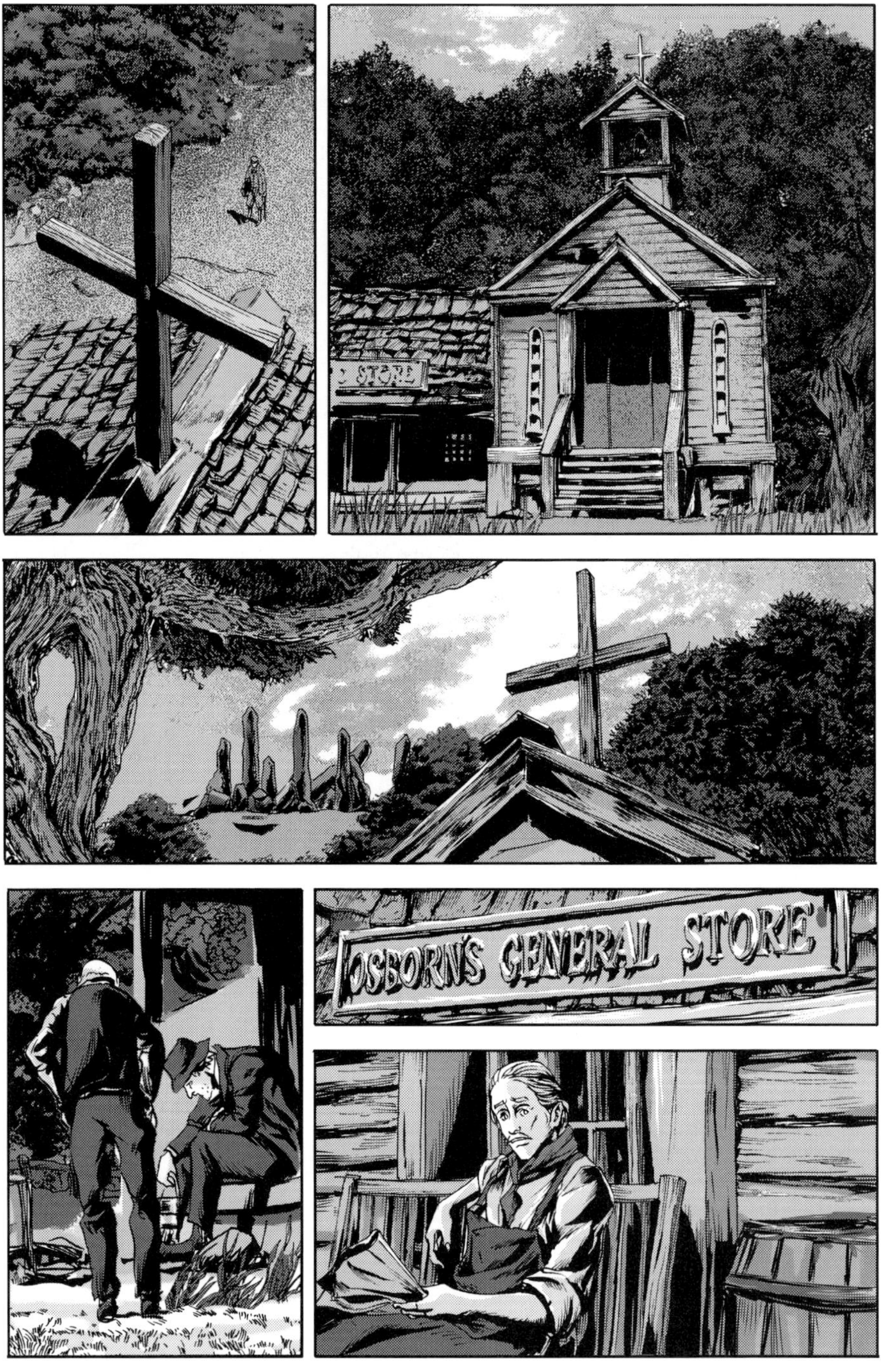
STORE
OSBORN'S GENERAL STORE

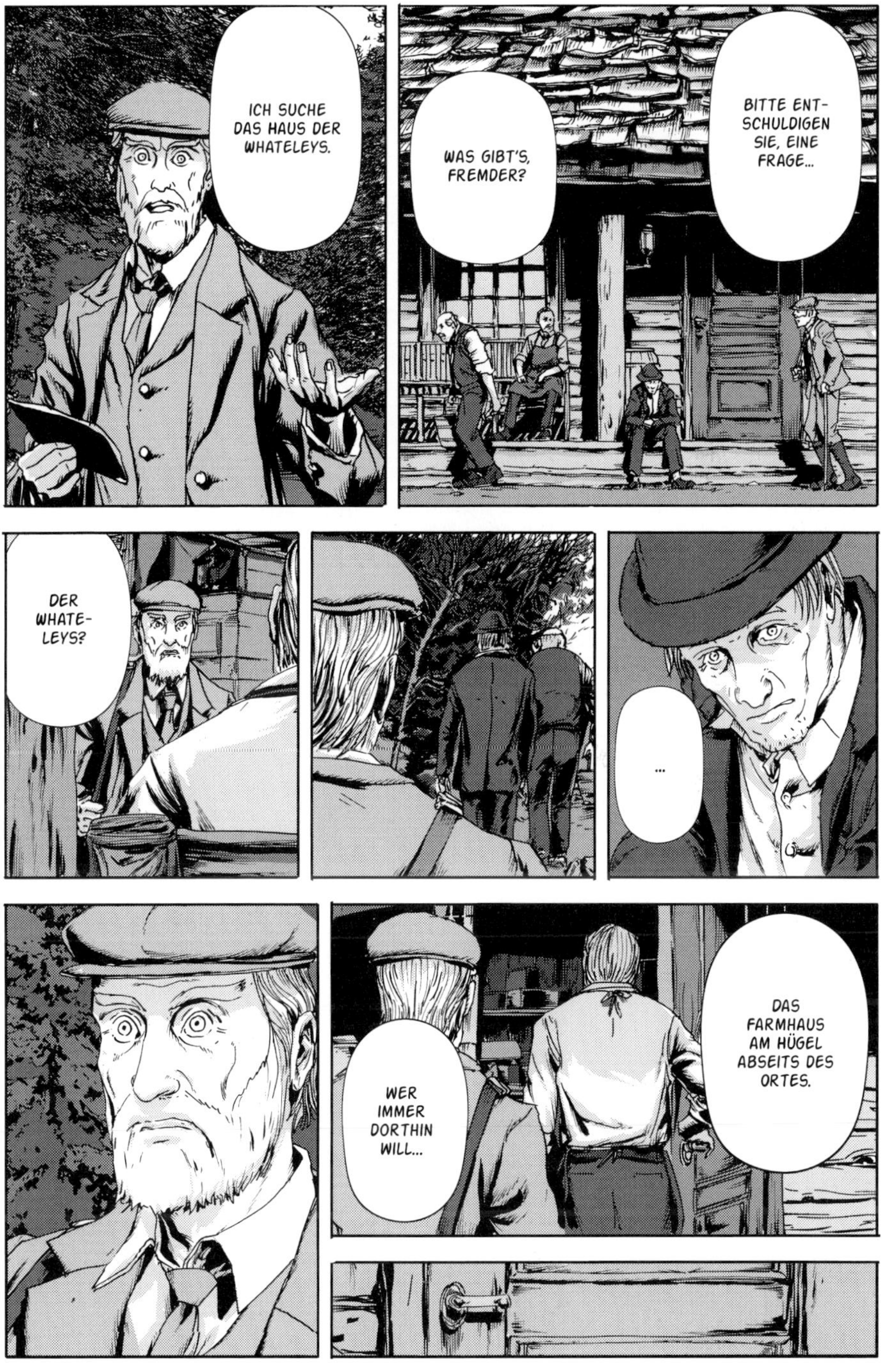
BITTE ENT-SCHULDIGEN SIE, EINE FRAGE...
WAS GIBT'S, FREMDER?
ICH SUCHE DAS HAUS DER WHATELEYS.
...
DER WHATE-LEYS?
DAS FARMHAUS AM HÜGEL ABSEITS DES ORTES.
WER IMMER DORTHIN WILL...

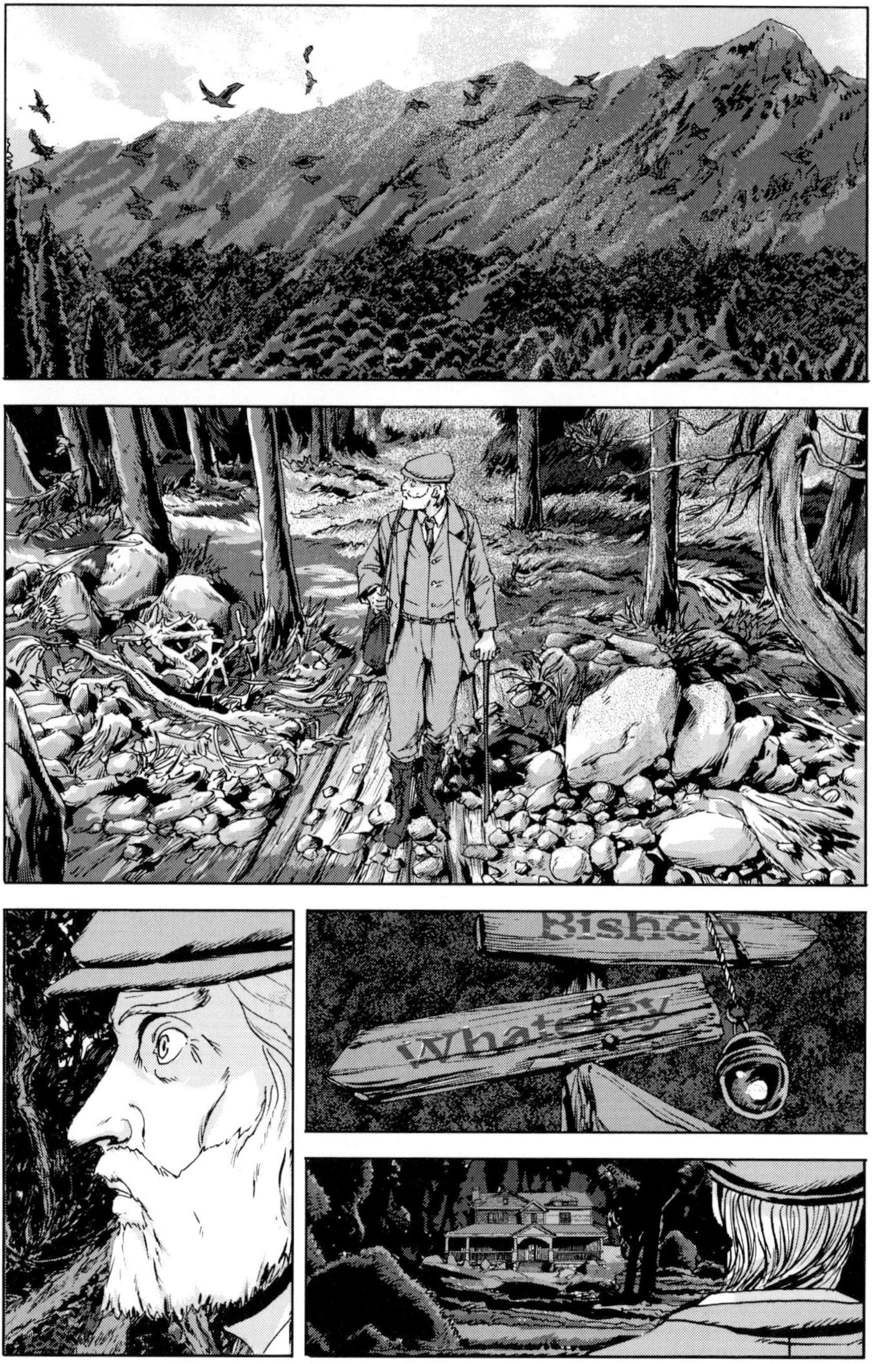
Bish
Whate

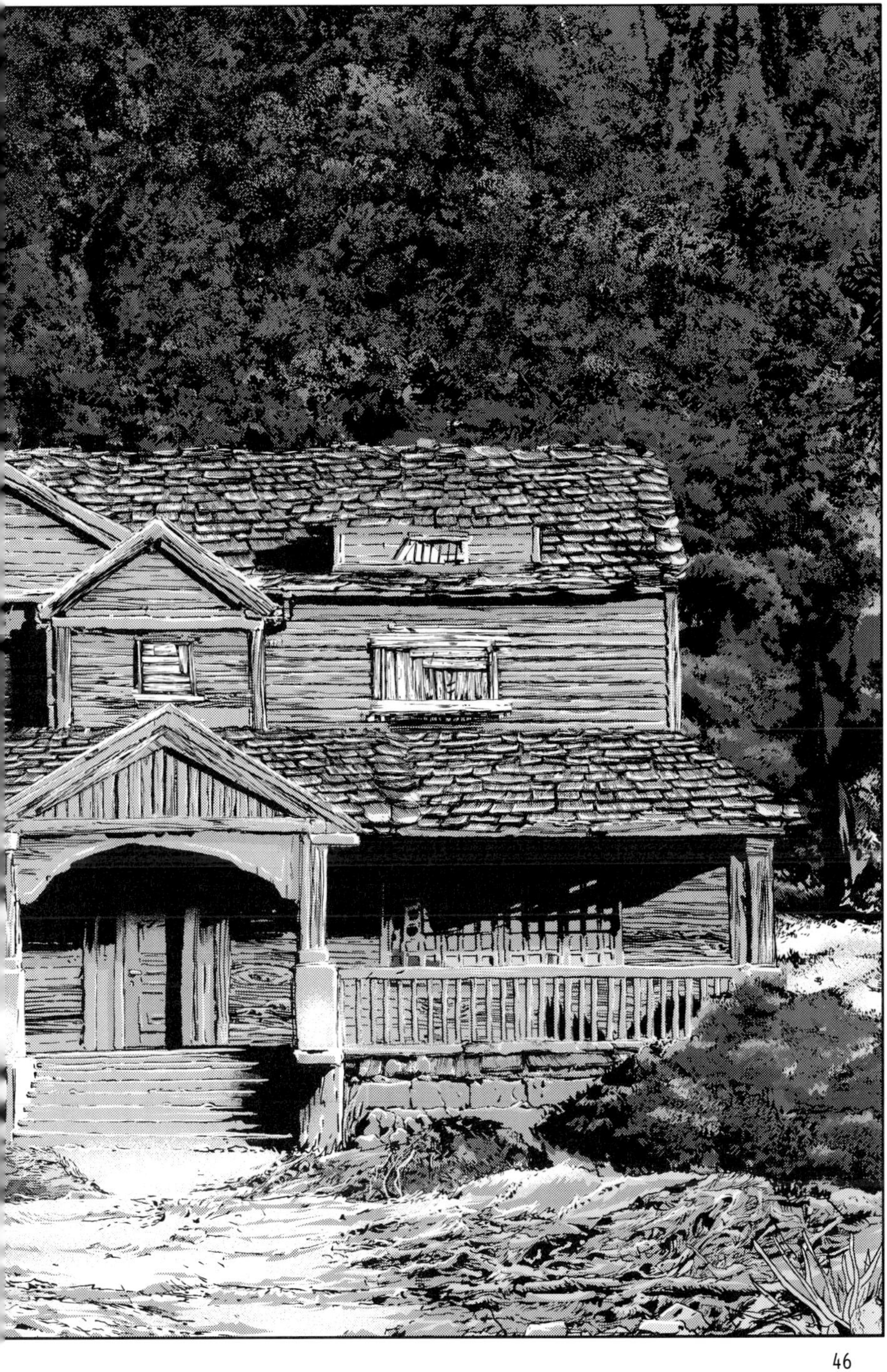

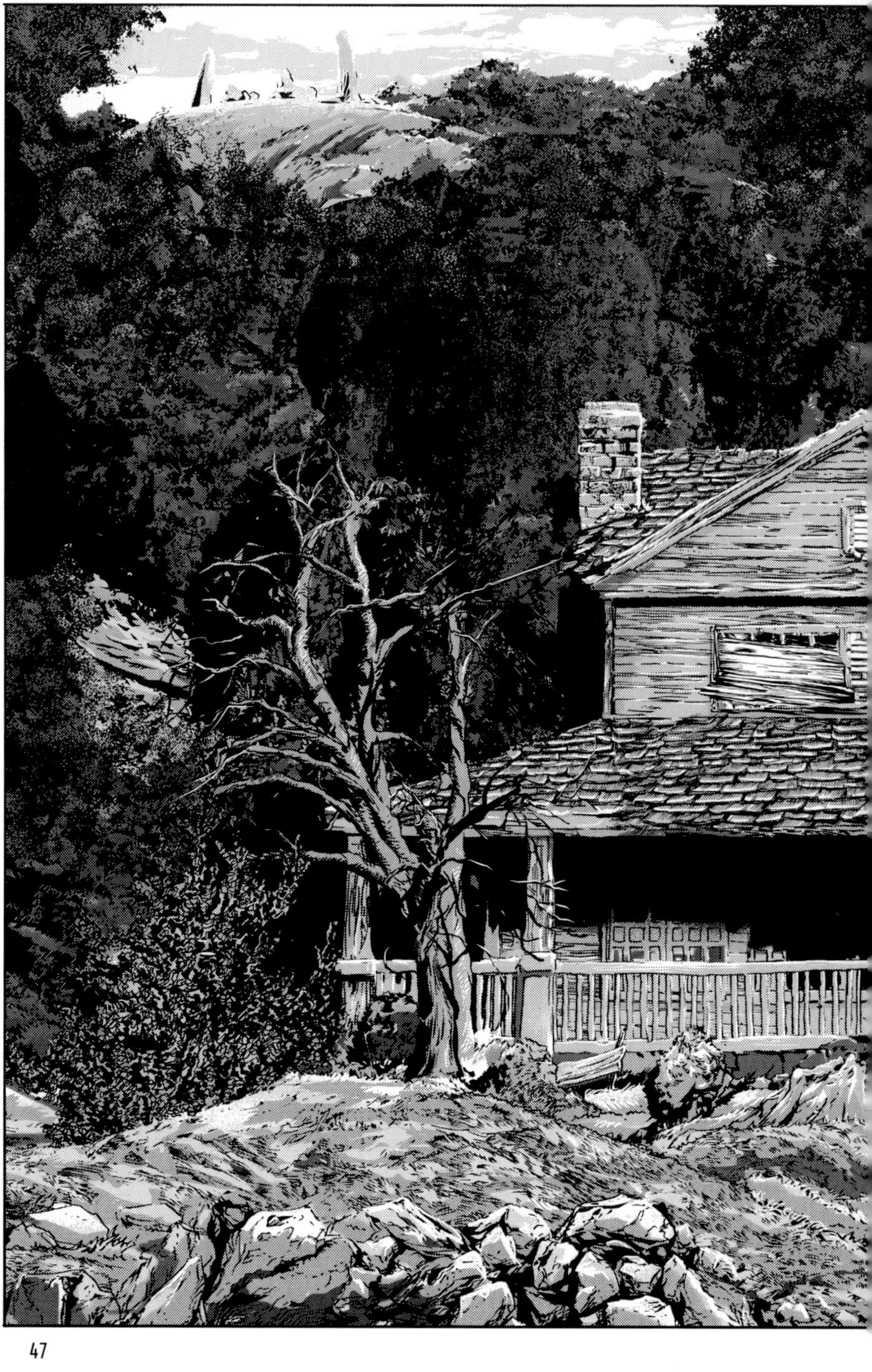

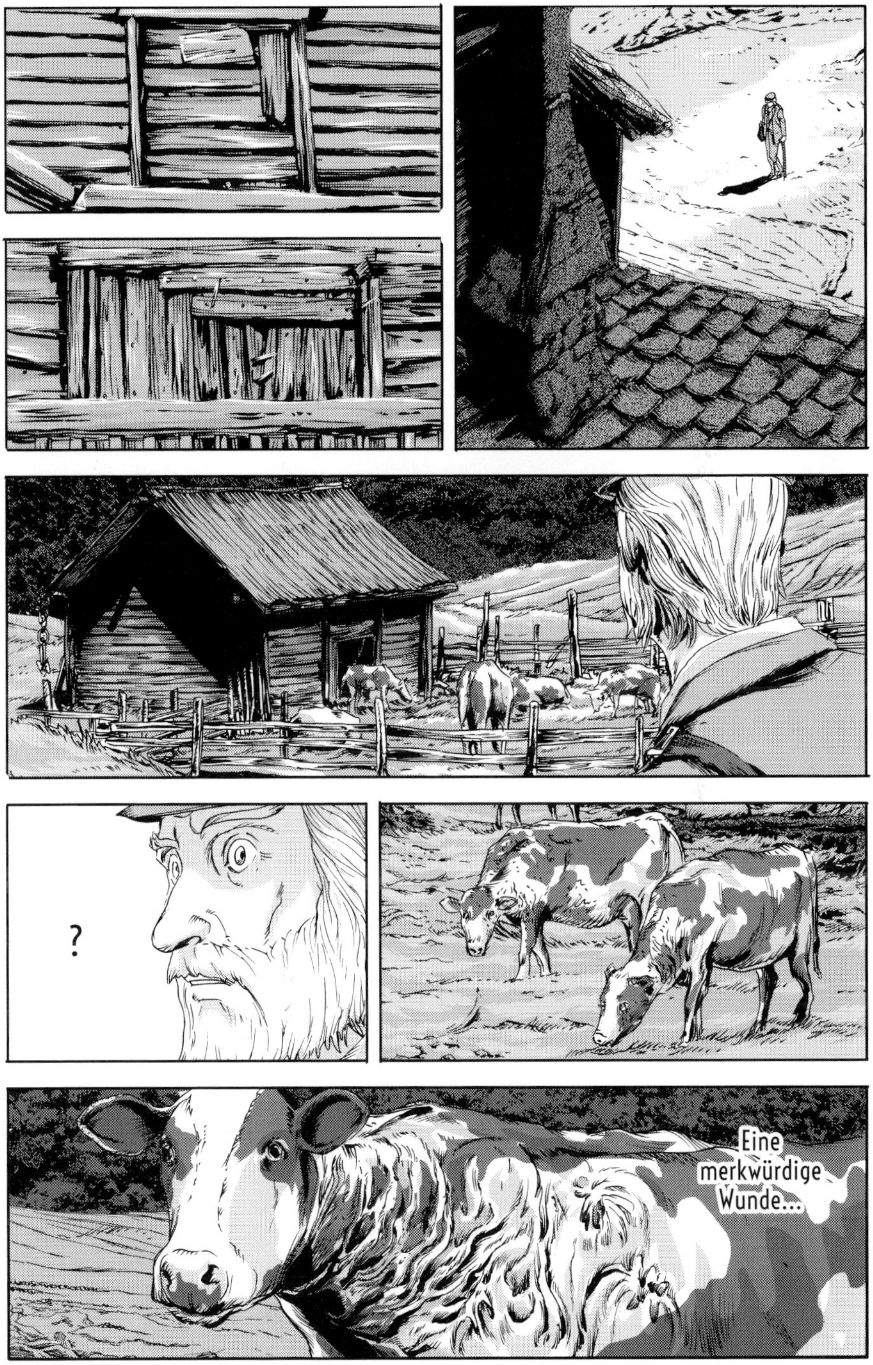
?
Eine merkwürdige Wunde...

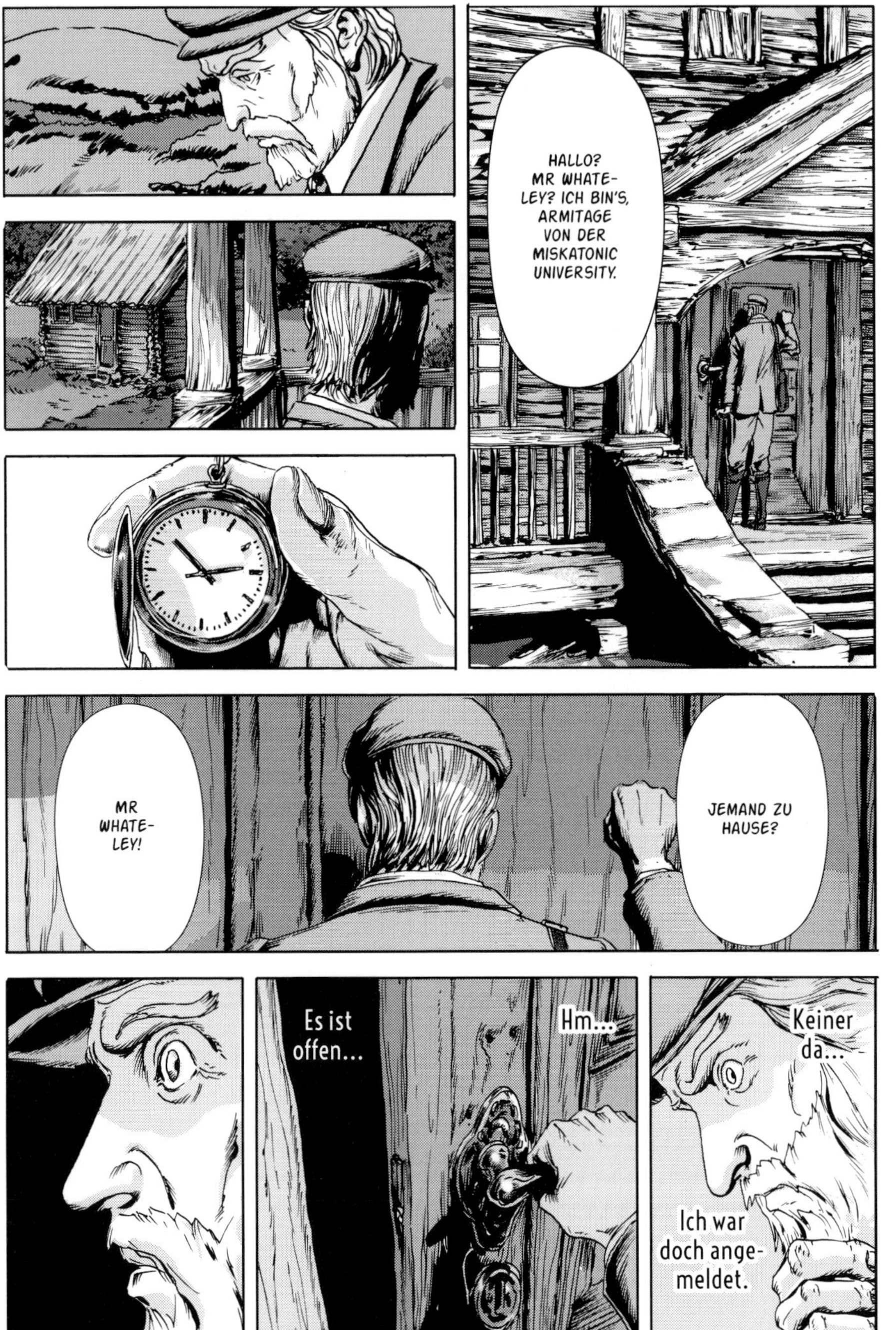
HALLO? MR WHATE-LEY? ICH BIN'S, ARMITAGE VON DER MISKATONIC UNIVERSITY.
MR WHATE-LEY!
JEMAND ZU HAUSE?
Es ist offen...
Hm...
Keiner da...
Ich war doch ange-meldet.

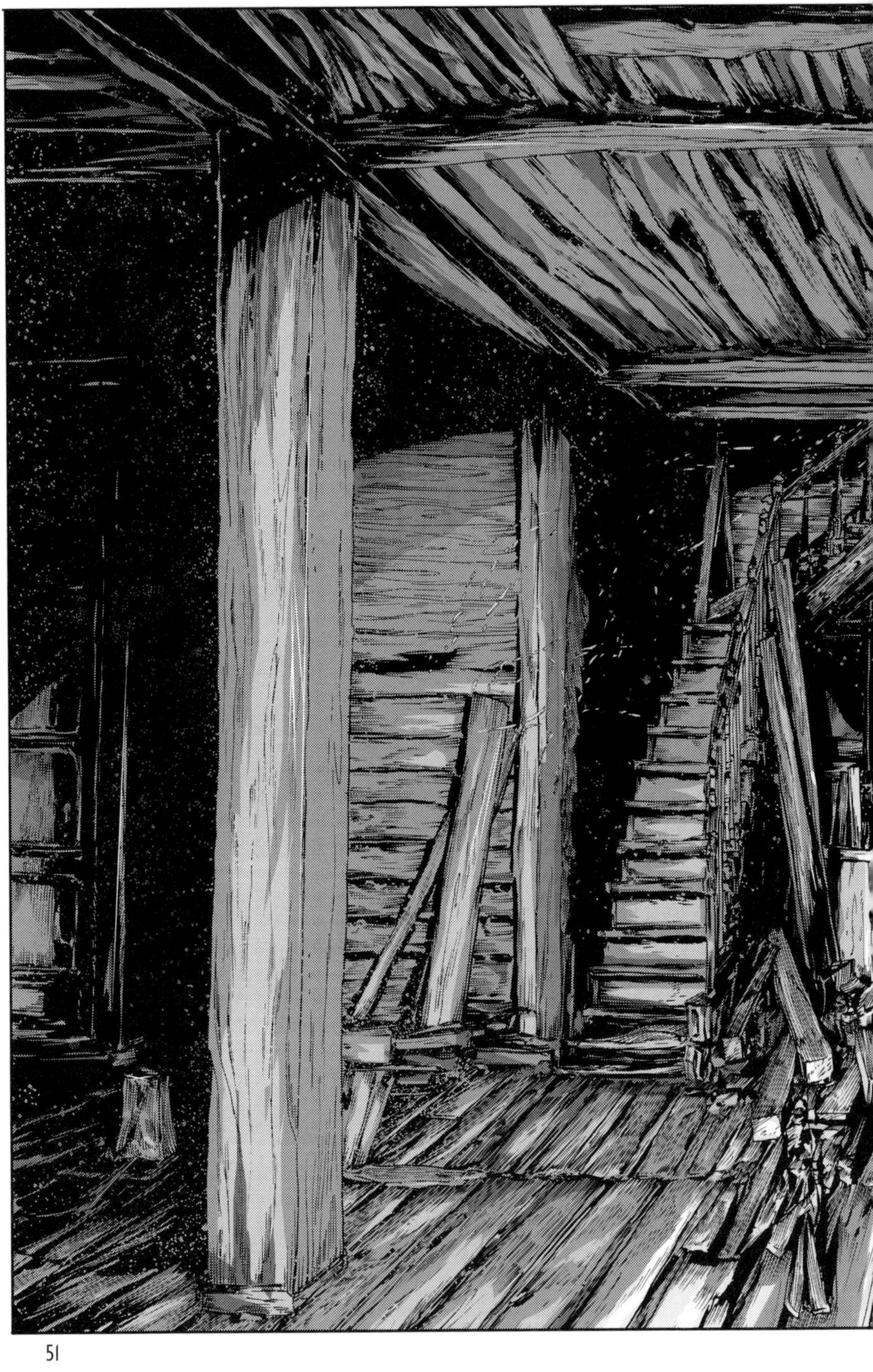

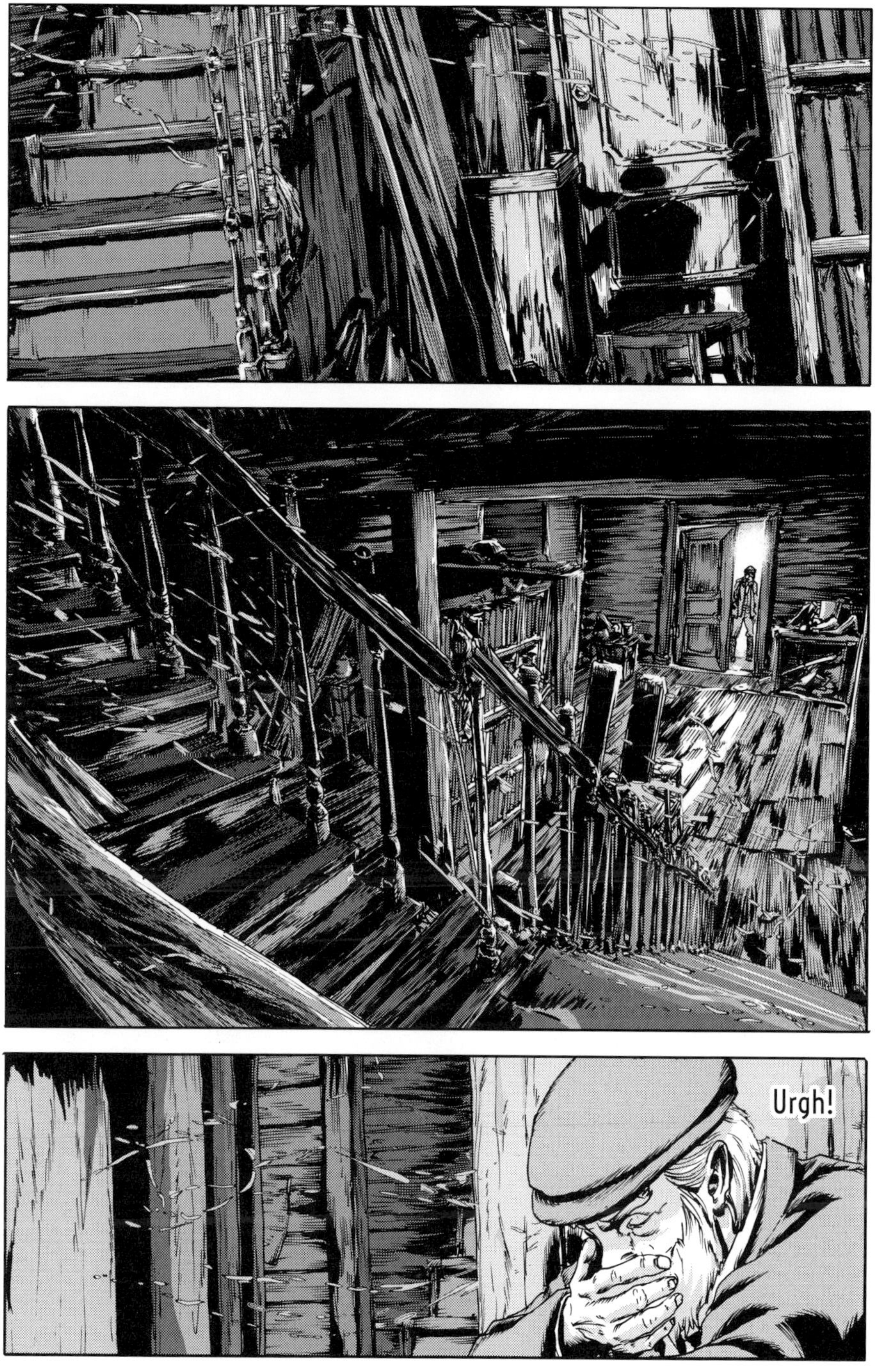
Urgh!

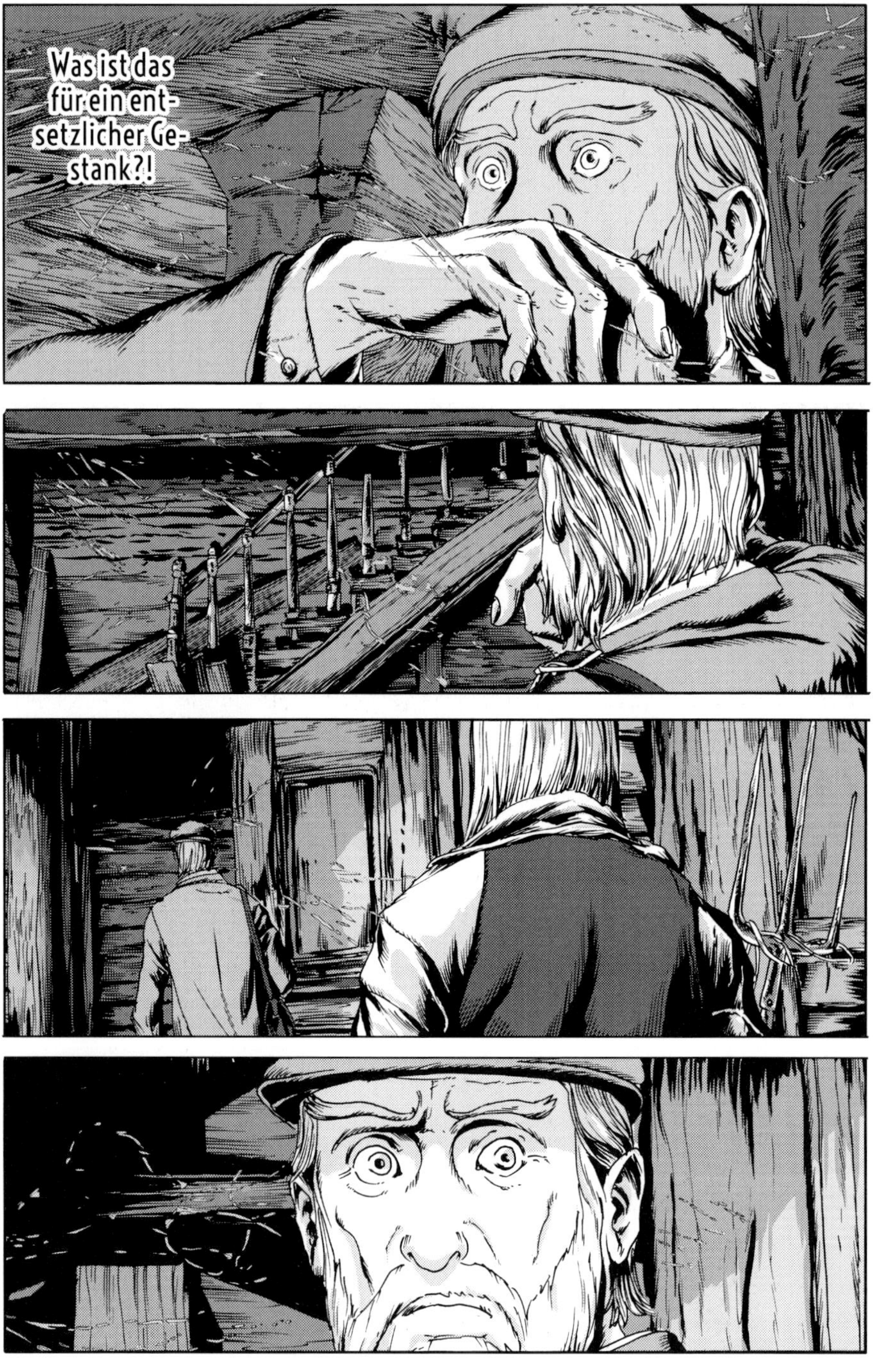
Was ist das
für ein ent-
setzlicher Ge-
stank?!

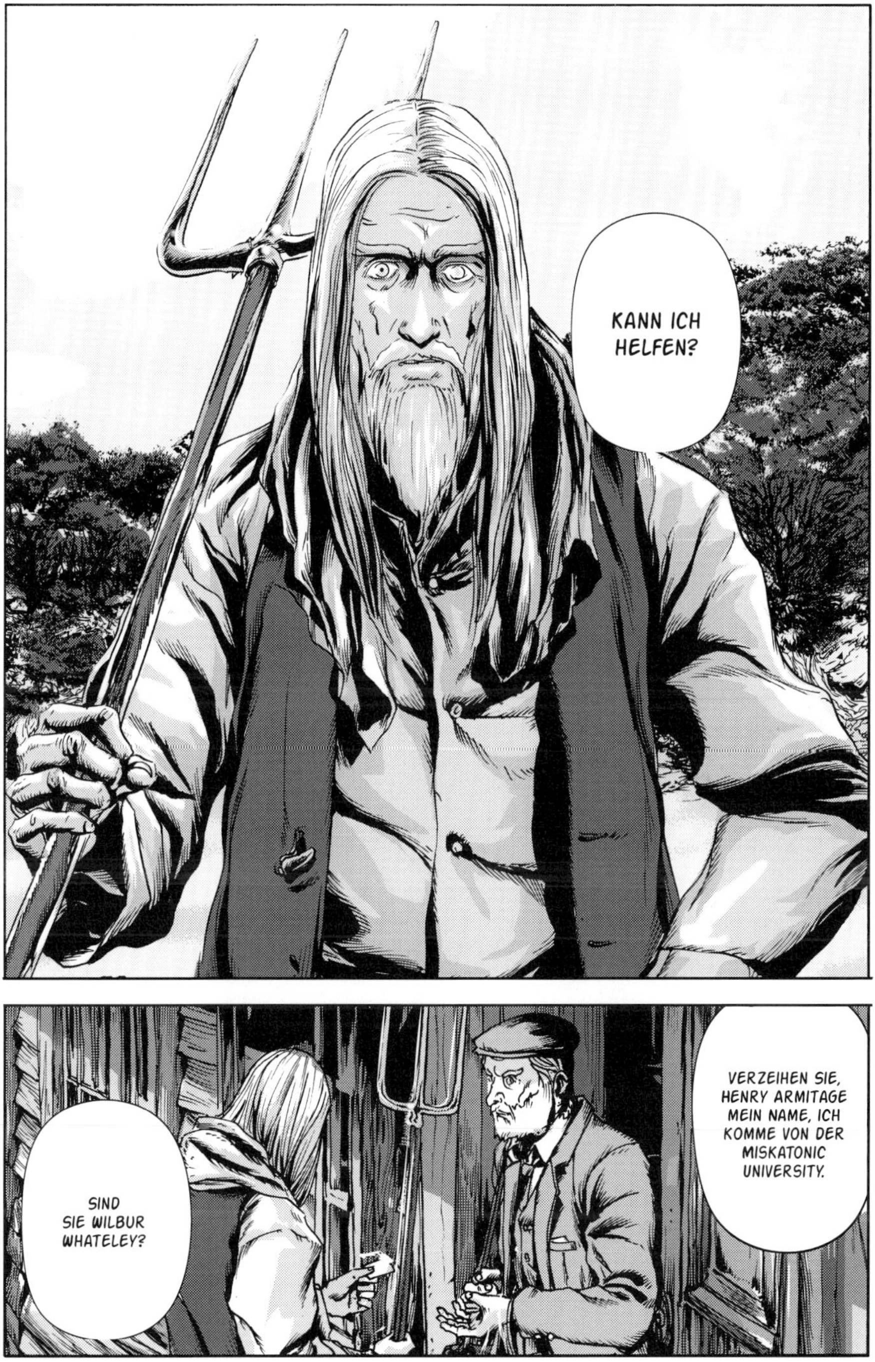
KANN ICH HELFEN?
VERZEIHEN SIE, HENRY ARMITAGE MEIN NAME, ICH KOMME VON DER MISKATONIC UNIVERSITY.
SIND SIE WILBUR WHATELEY?

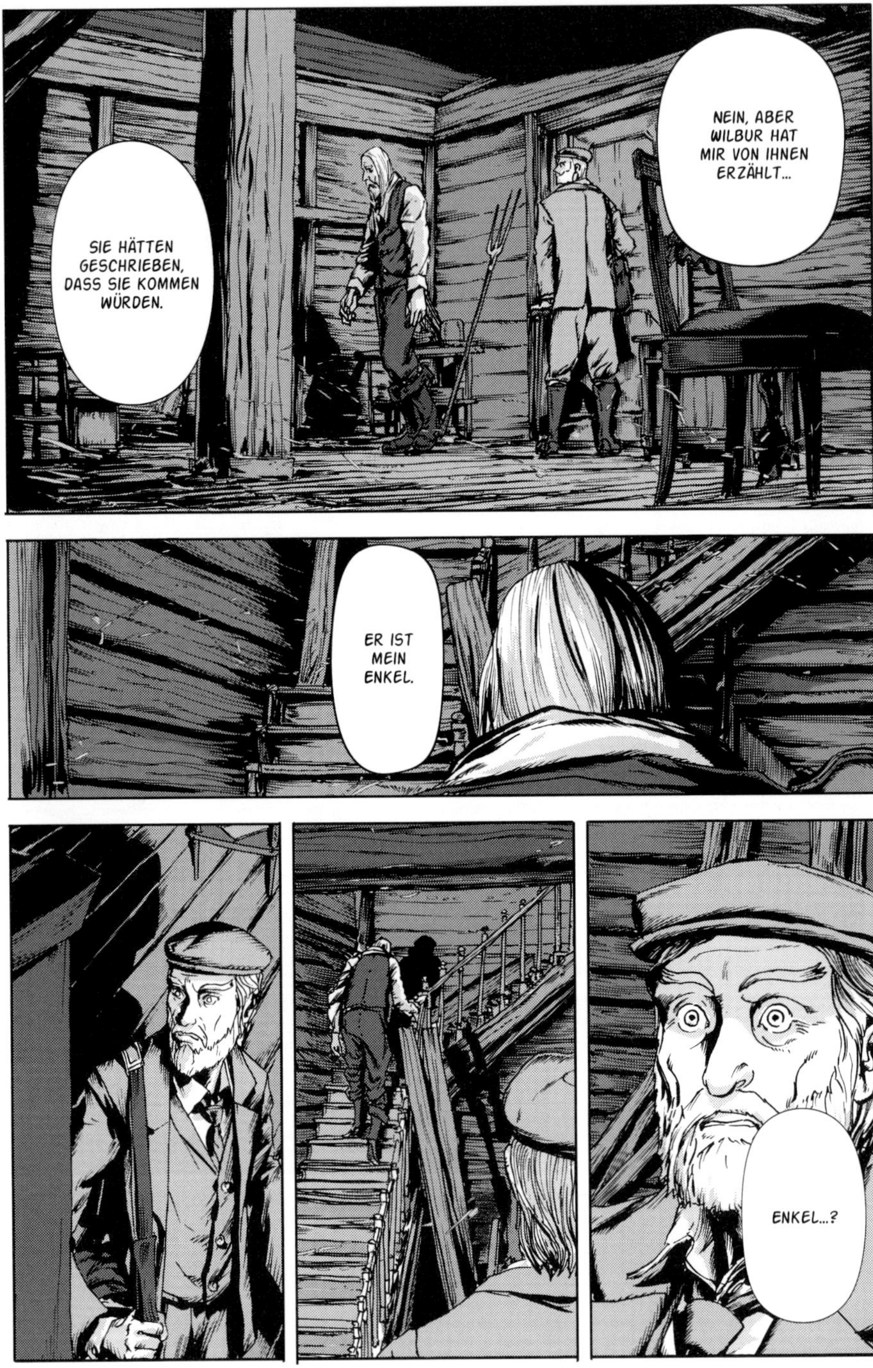
NEIN, ABER WILBUR HAT MIR VON IHNEN ERZÄHLT...
SIE HÄTTEN GESCHRIEBEN, DASS SIE KOMMEN WÜRDEN.
ER IST MEIN ENKEL.
ENKEL...?

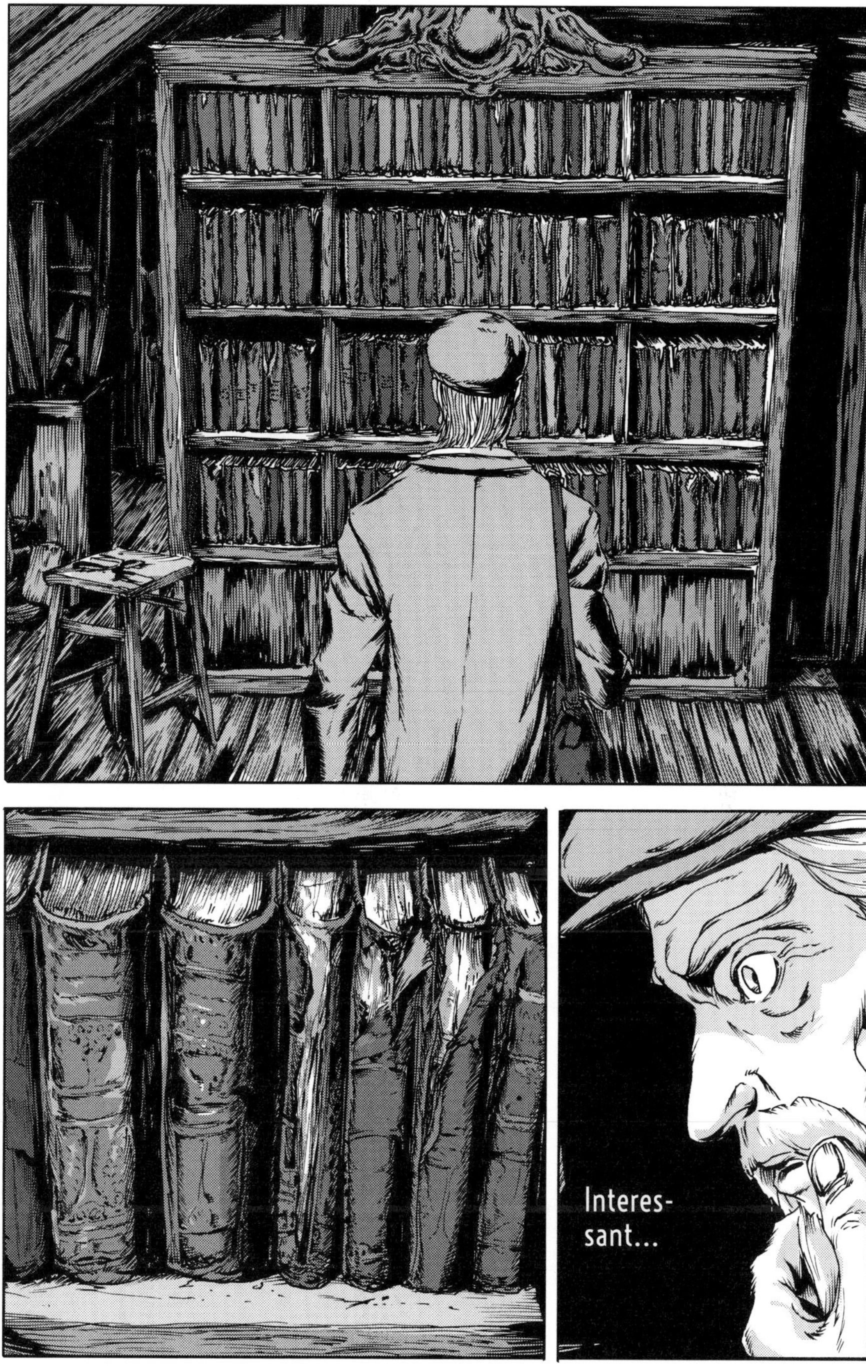
Interes-
sant...

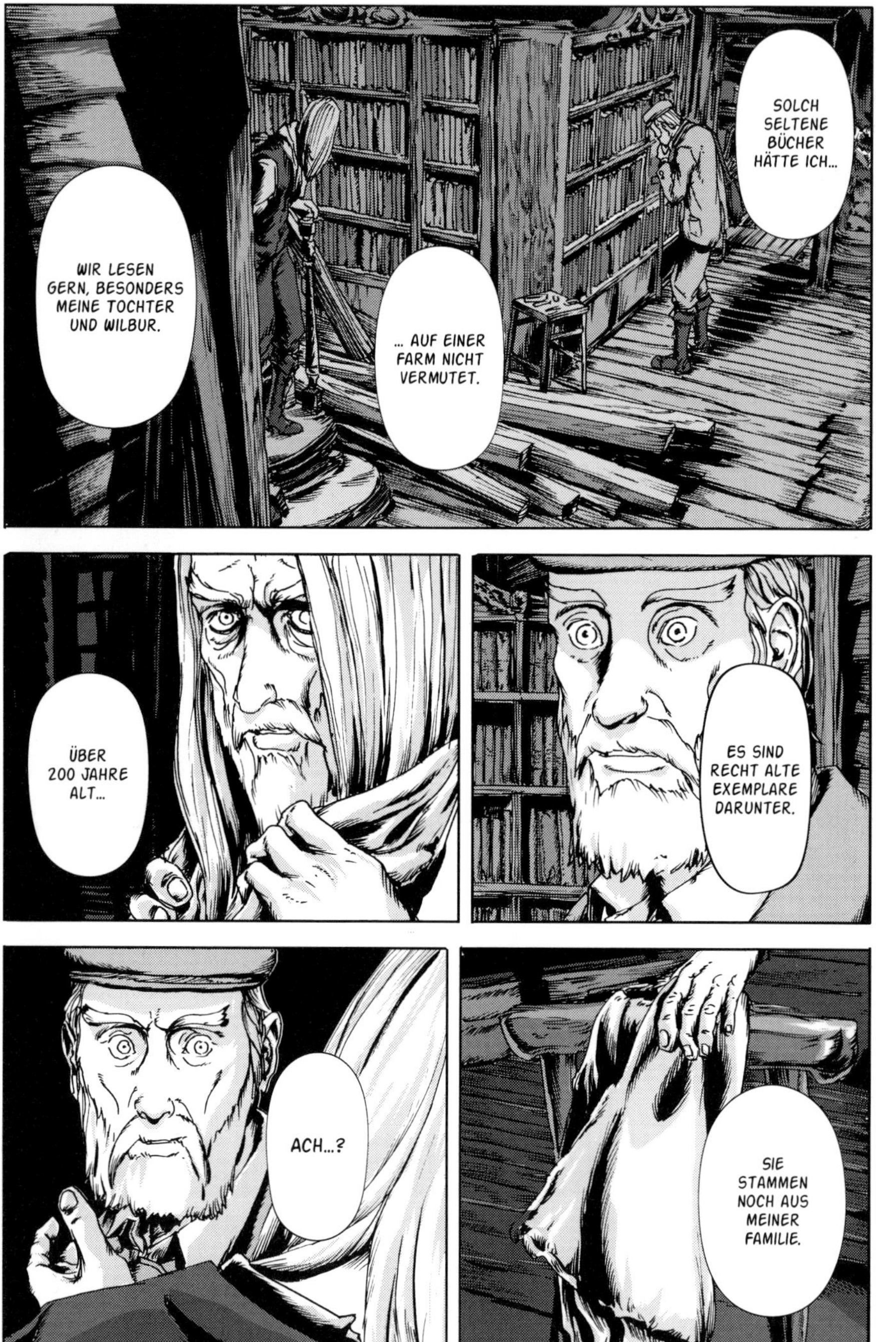
SOLCH SELTENE BÜCHER HÄTTE ICH...
... AUF EINER FARM NICHT VERMUTET.
WIR LESEN GERN, BESONDERS MEINE TOCHTER UND WILBUR.
ES SIND RECHT ALTE EXEMPLARE DARUNTER.
ÜBER 200 JAHRE ALT...
ACH...?
SIE STAMMEN NOCH AUS MEINER FAMILIE.

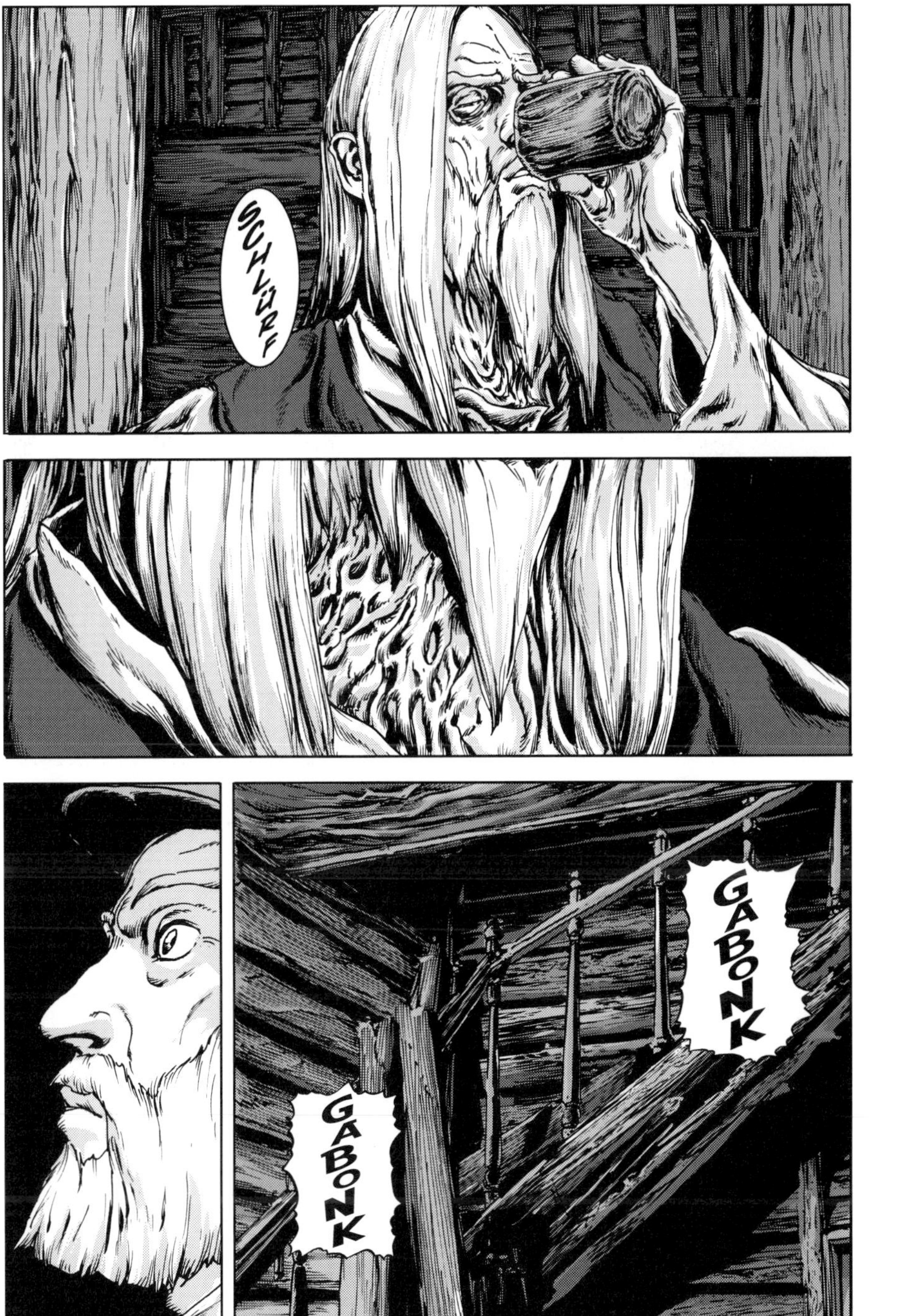
SCHLÜRF
GABONK
GABONK

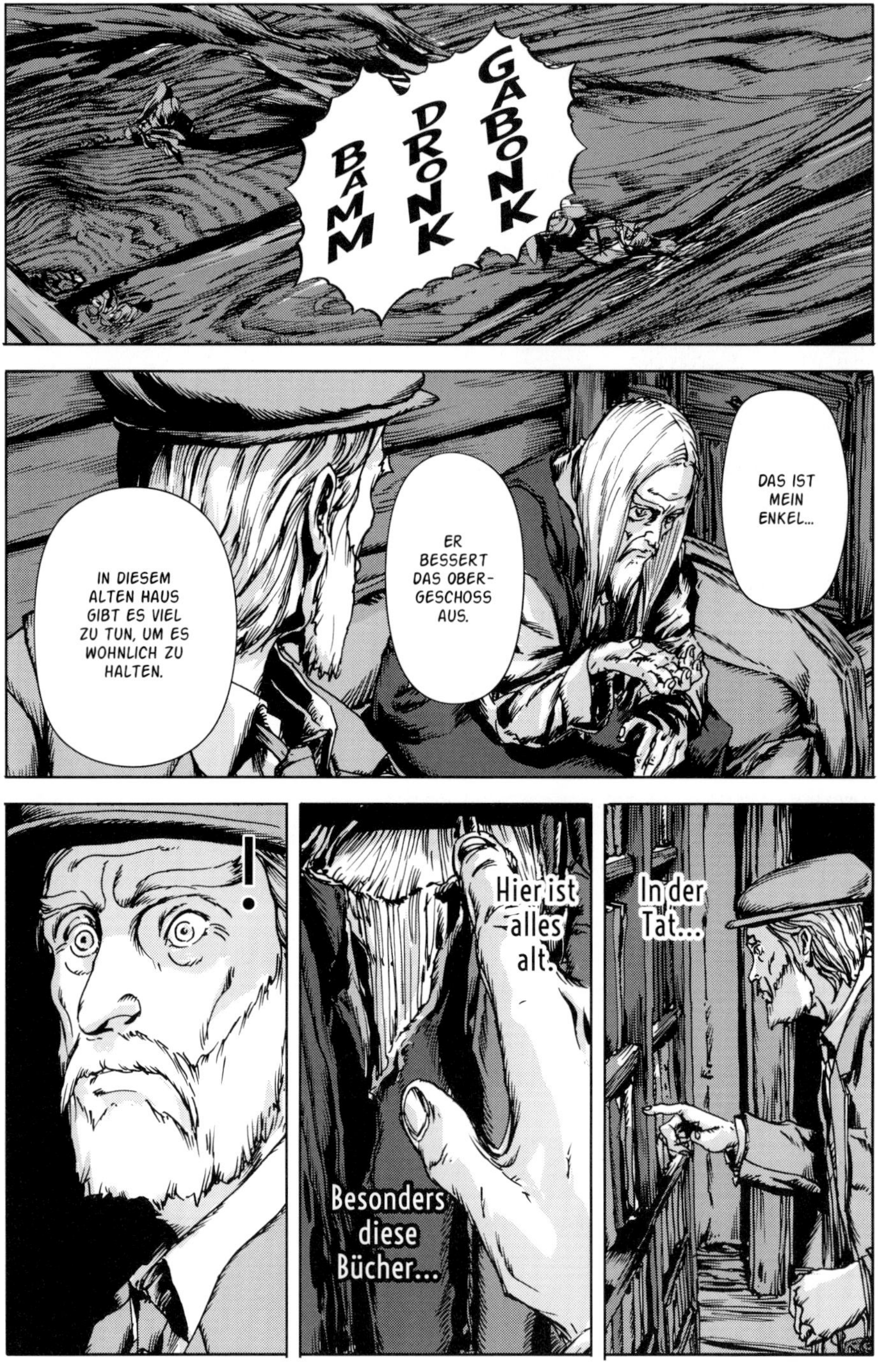
GABONK
DRONK
BAMM
DAS IST MEIN ENKEL...
ER BESSERT DAS OBERGESCHOSS AUS.
IN DIESEM ALTEN HAUS GIBT ES VIEL ZU TUN, UM ES WOHNLICH ZU HALTEN.
In der Tat...
Hier ist alles alt.
Besonders diese Bücher...
!

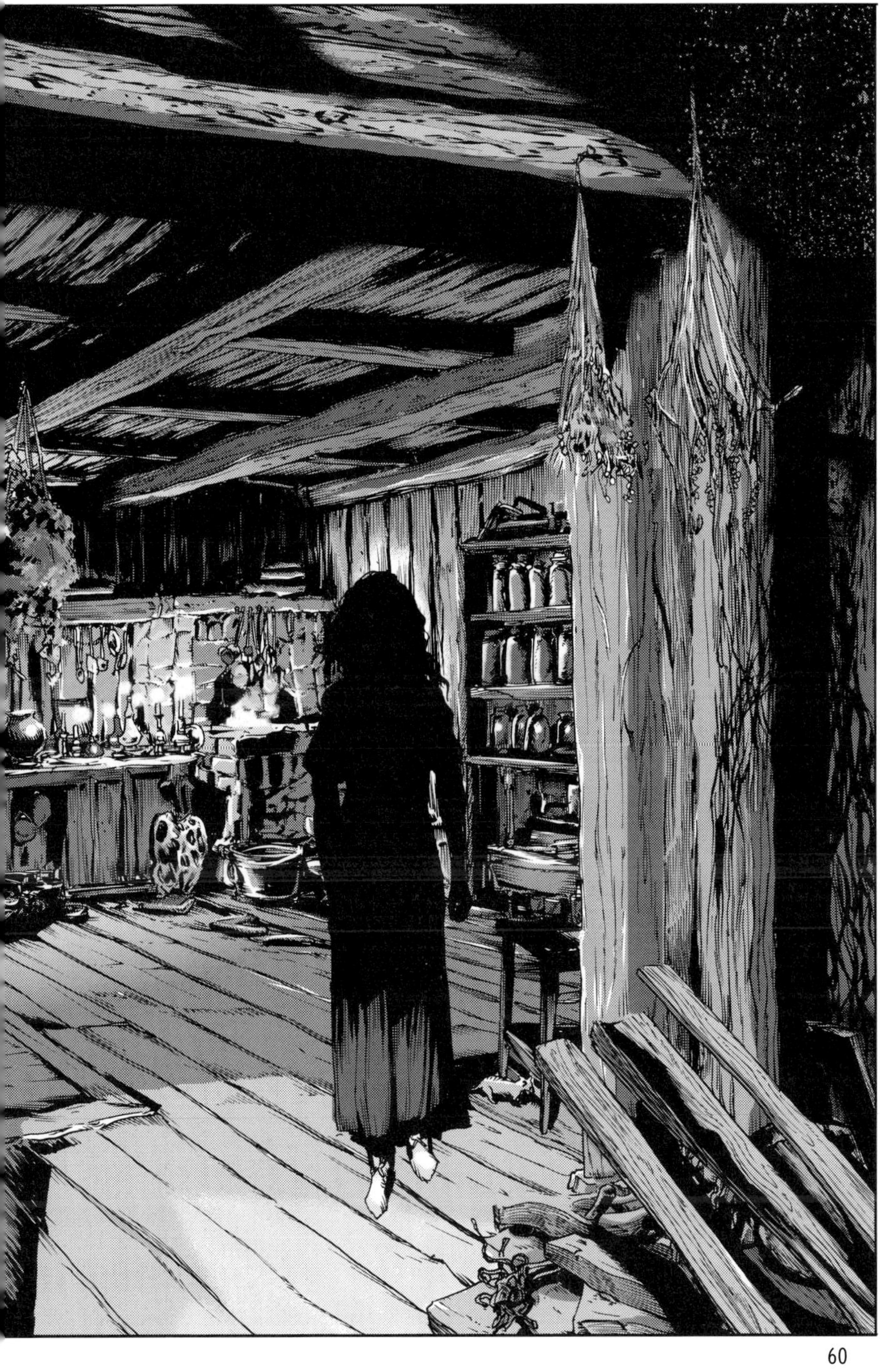

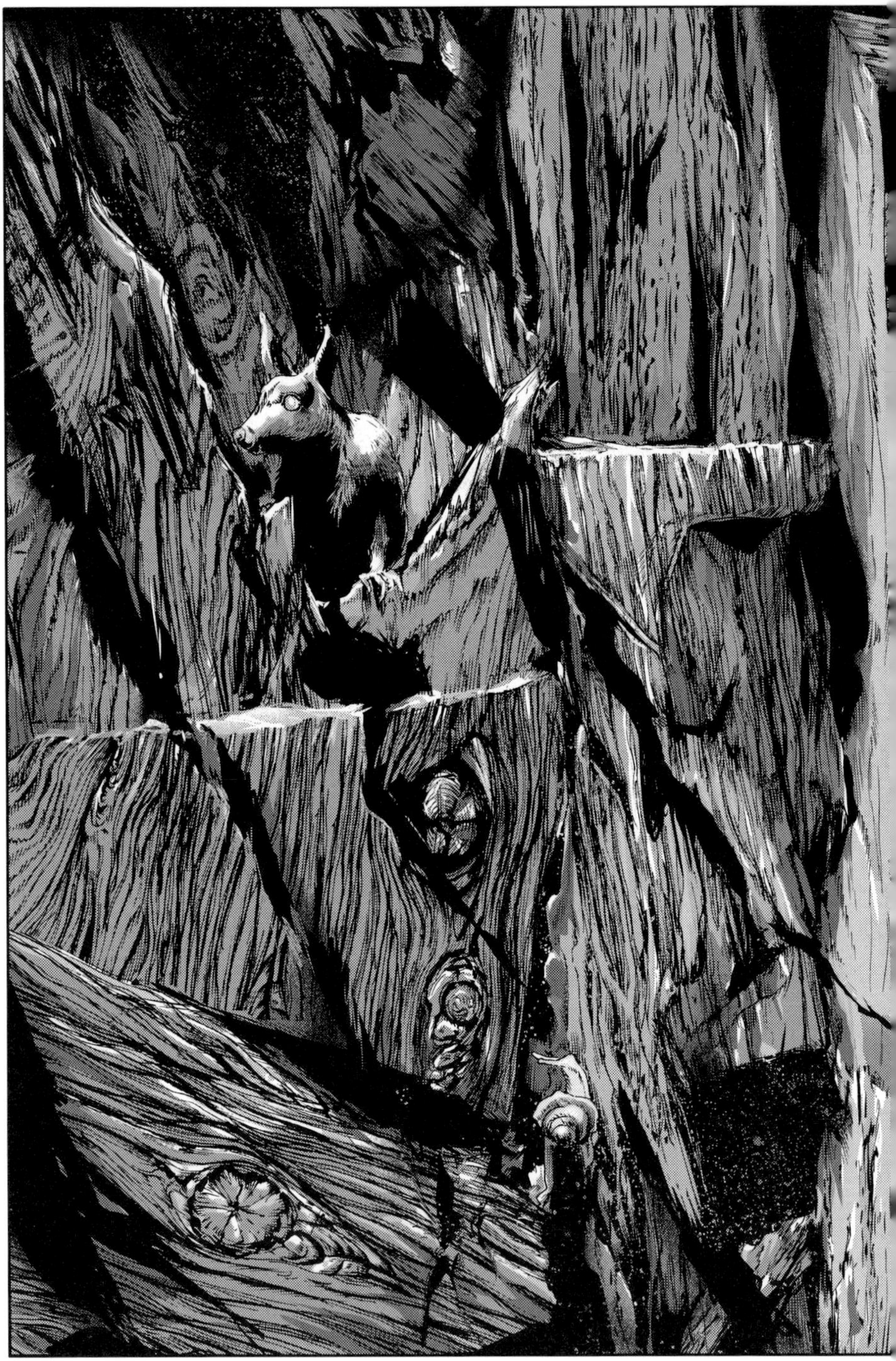

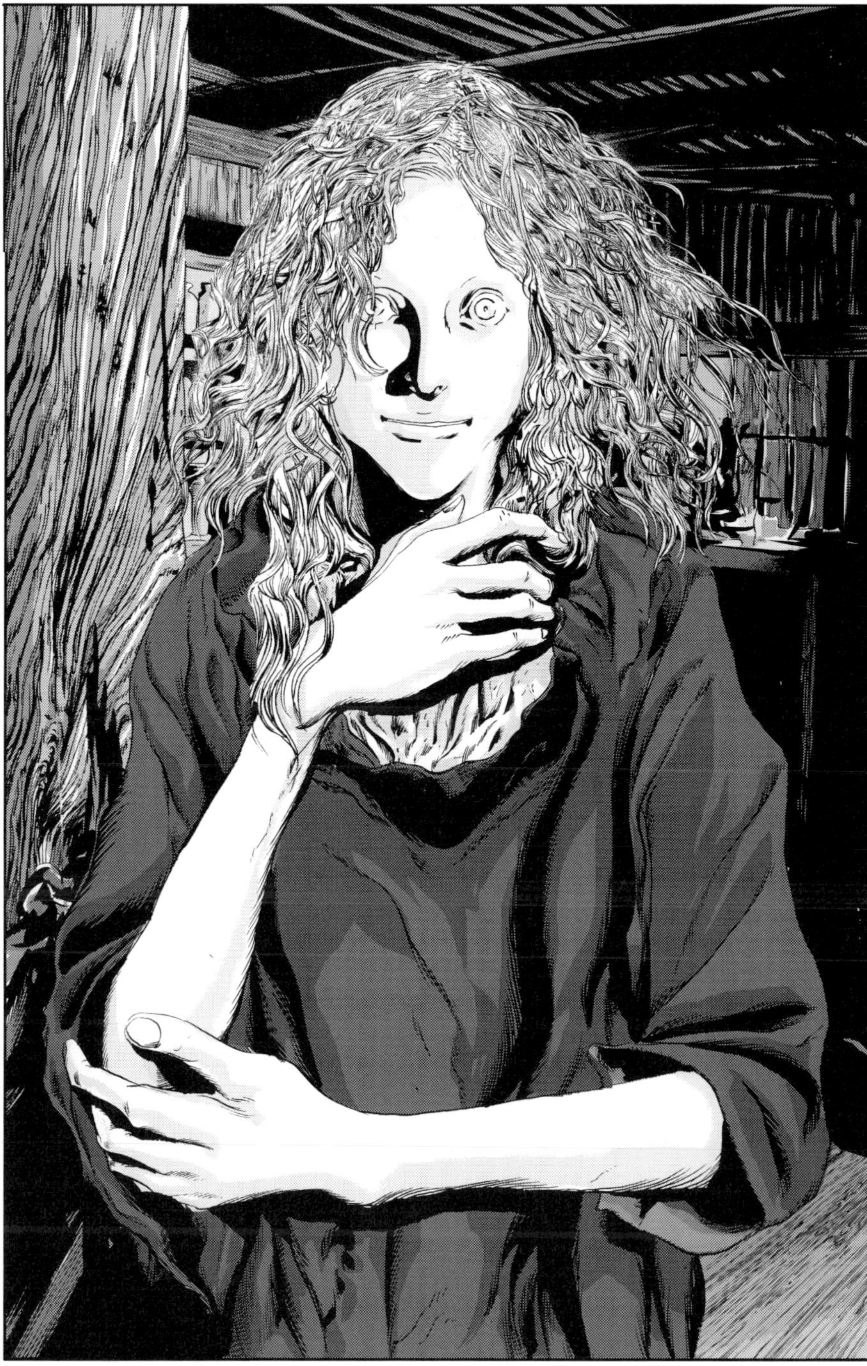

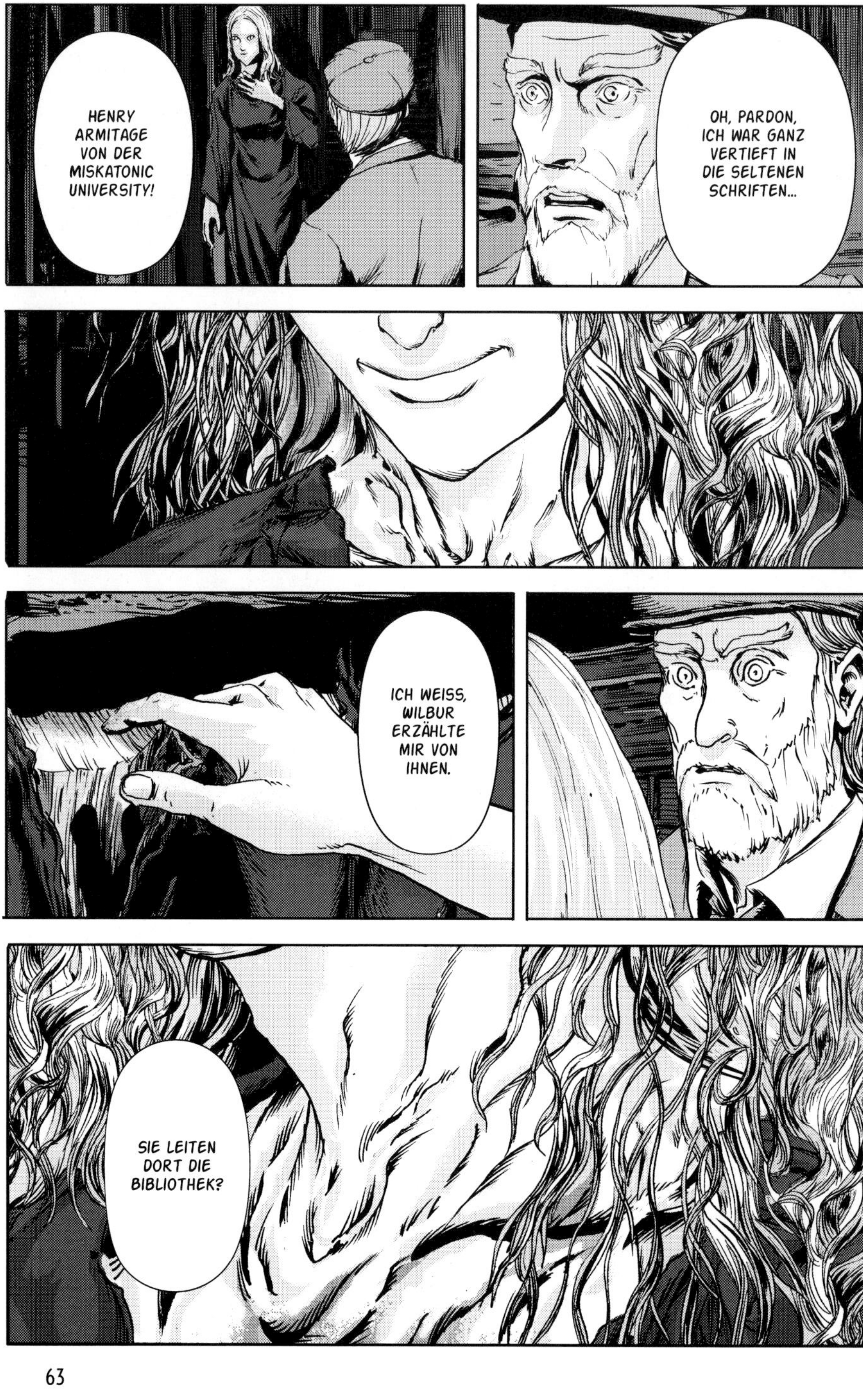
HENRY ARMITAGE VON DER MISKATONIC UNIVERSITY!
OH, PARDON, ICH WAR GANZ VERTIEFT IN DIE SELTENEN SCHRIFTEN...
ICH WEISS, WILBUR ERZÄHLTE MIR VON IHNEN.
SIE LEITEN DORT DIE BIBLIOTHEK?

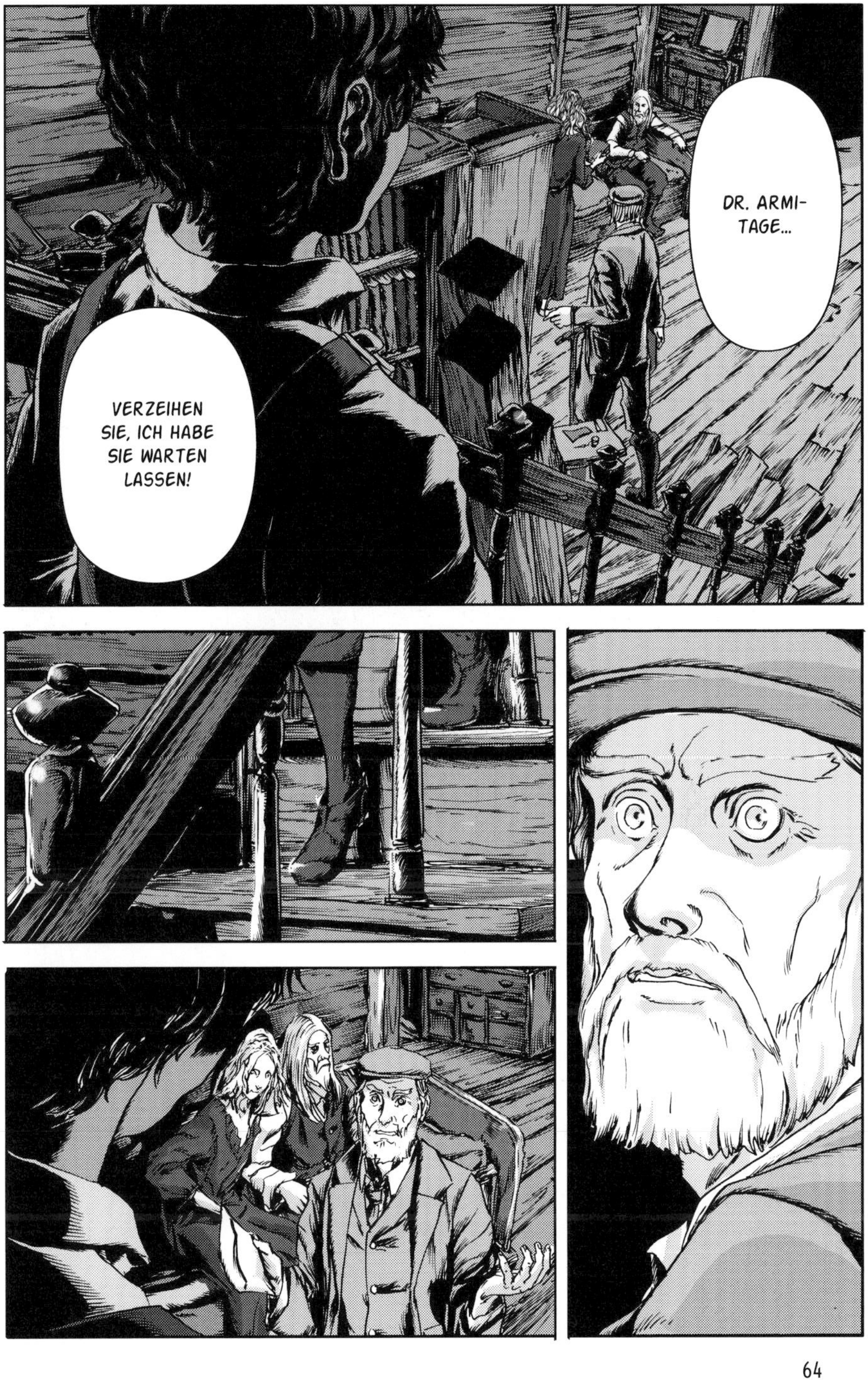
DR. ARMI-
TAGE…
VERZEIHEN
SIE, ICH HABE
SIE WARTEN
LASSEN!

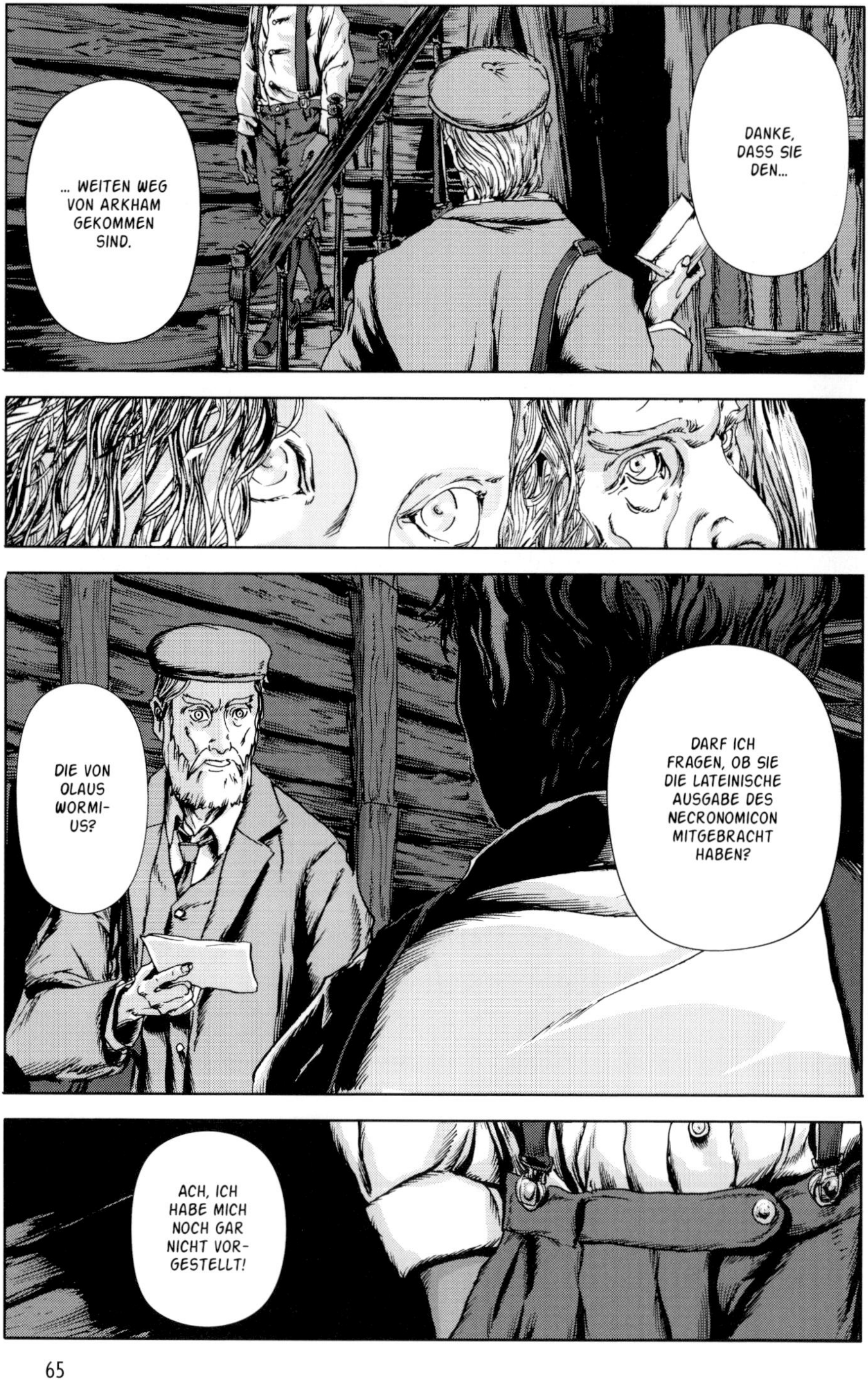
DANKE, DASS SIE DEN...
... WEITEN WEG VON ARKHAM GEKOMMEN SIND.
DARF ICH FRAGEN, OB SIE DIE LATEINISCHE AUSGABE DES NECRONOMICON MITGEBRACHT HABEN?
DIE VON OLAUS WORMI-US?
ACH, ICH HABE MICH NOCH GAR NICHT VOR-GESTELLT!

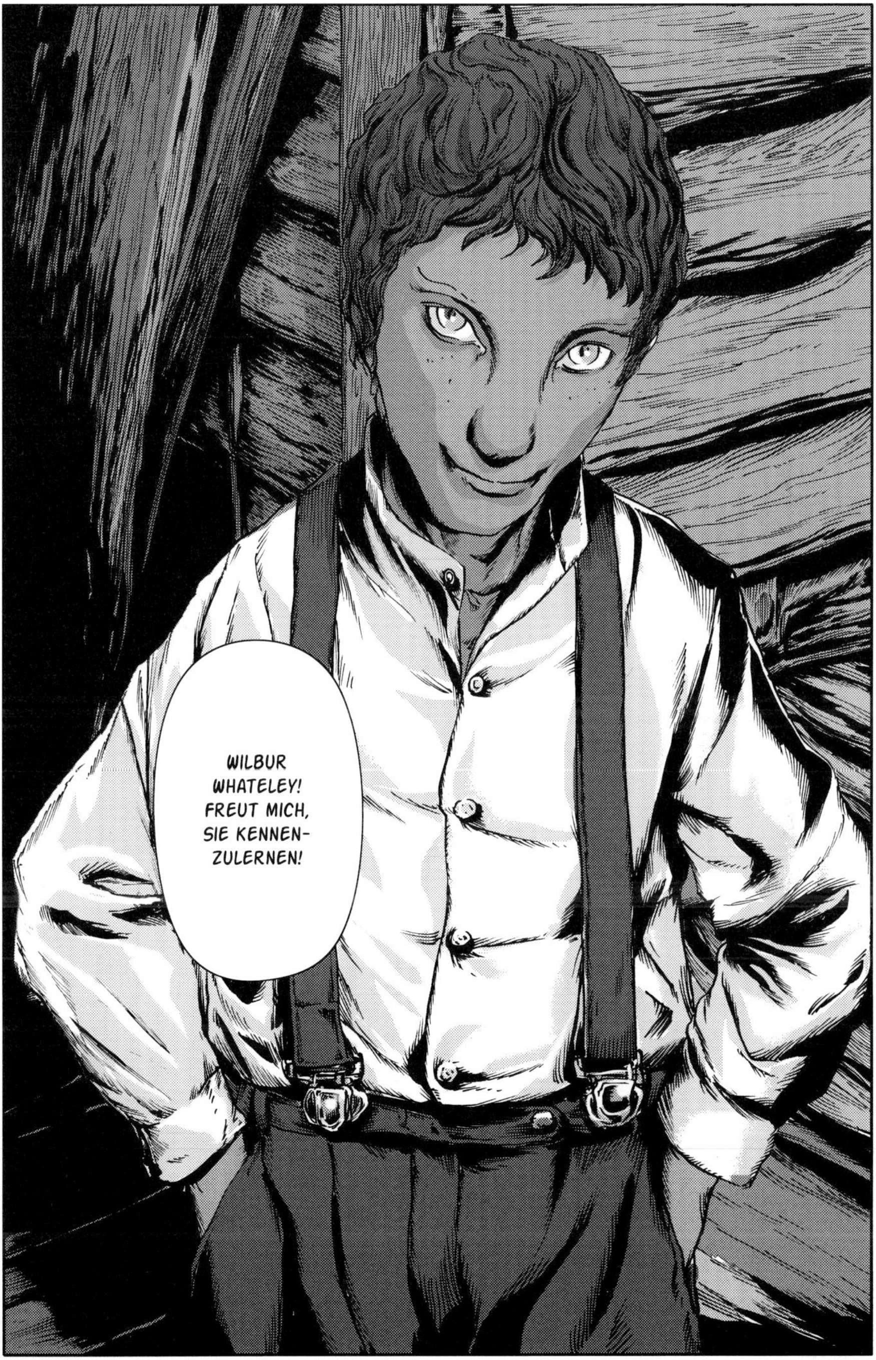
WILBUR WHATELEY! FREUT MICH, SIE KENNEN-ZULERNEN!

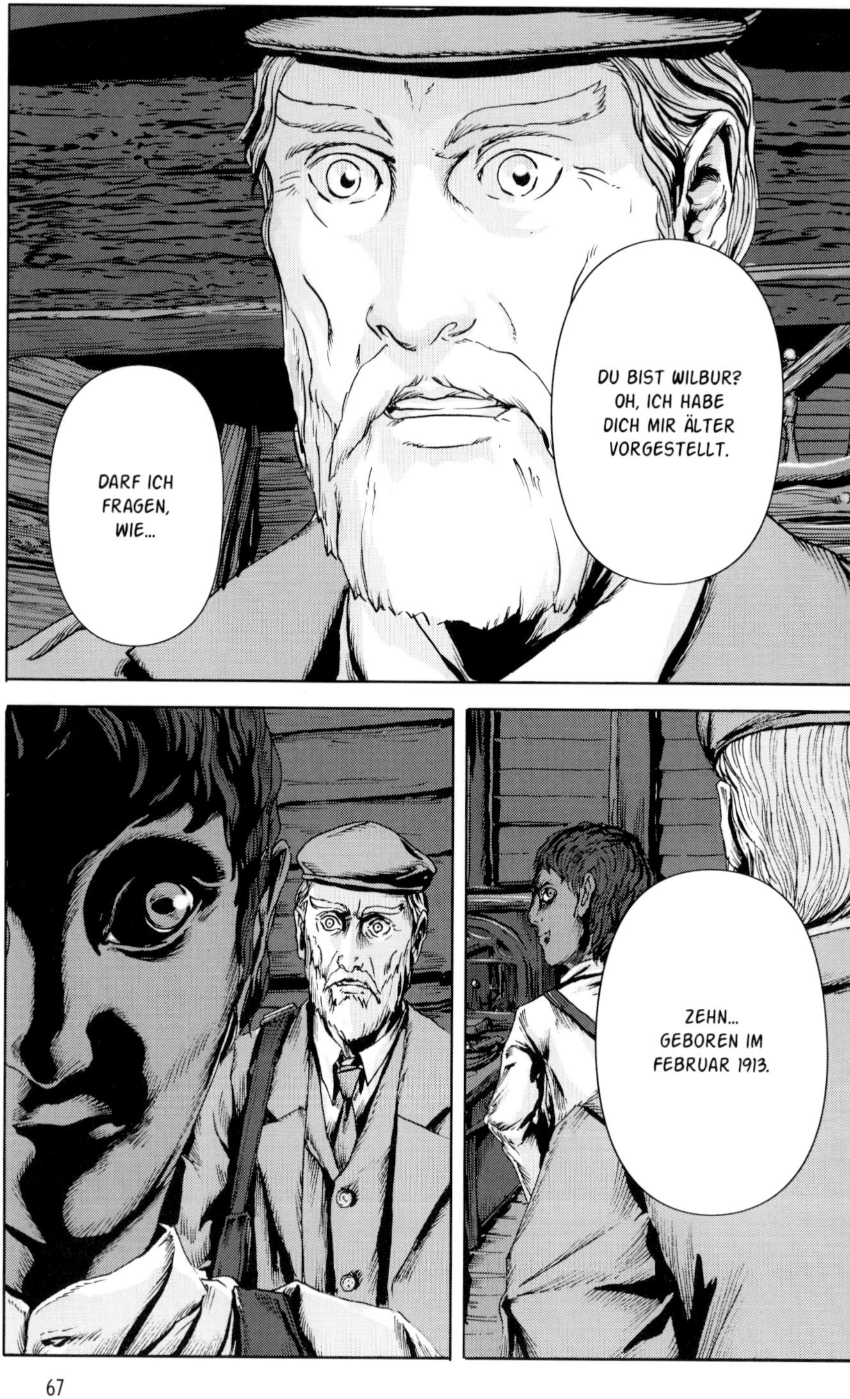

Du bist Wilbur? Oh, ich habe dich mir älter vorgestellt.
Darf ich fragen, wie...
Zehn... geboren im Februar 1913.

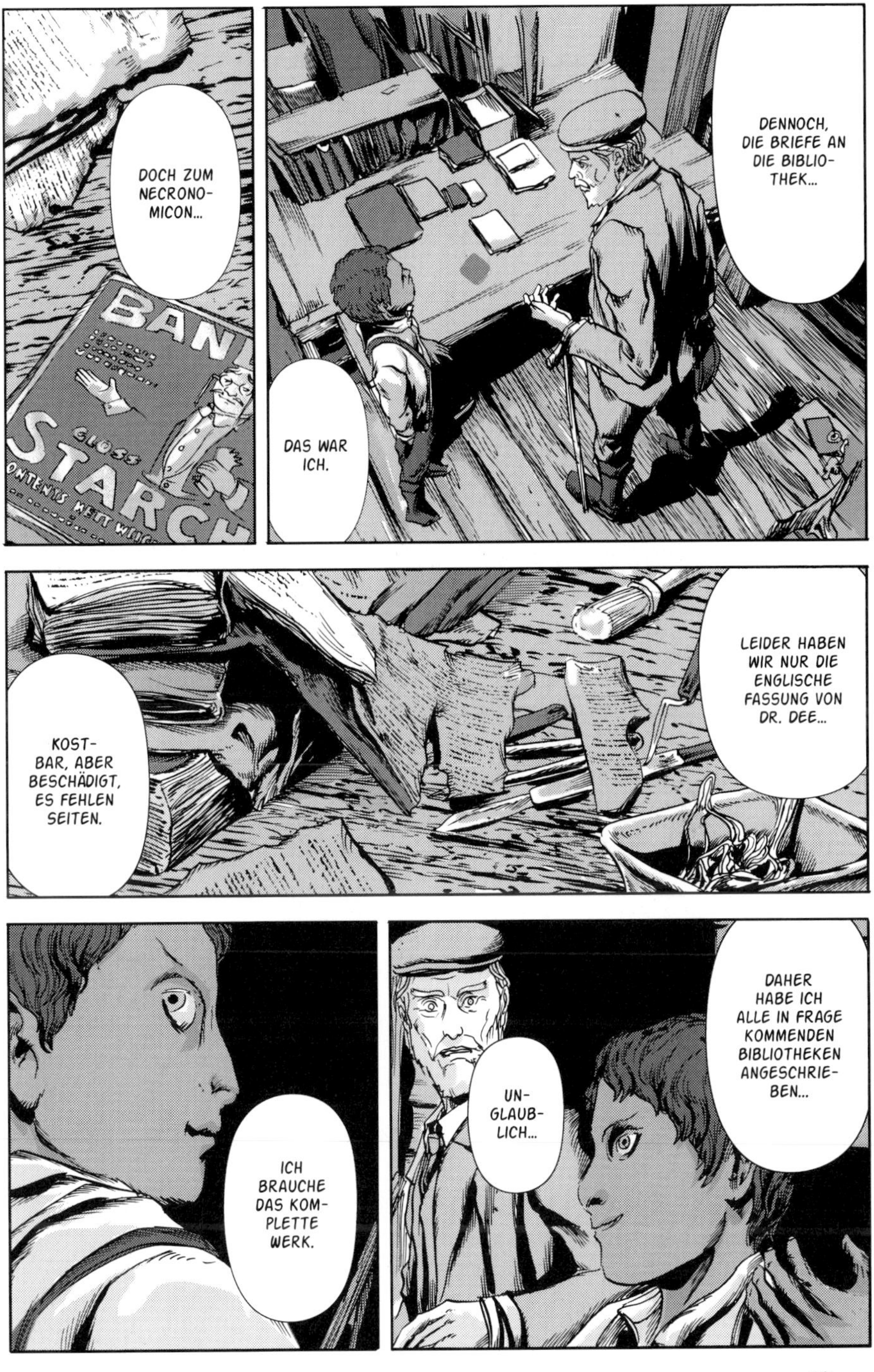
DENNOCH, DIE BRIEFE AN DIE BIBLIOTHEK...
DAS WAR ICH.
DOCH ZUM NECRONOMICON...
LEIDER HABEN WIR NUR DIE ENGLISCHE FASSUNG VON DR. DEE...
KOSTBAR, ABER BESCHÄDIGT, ES FEHLEN SEITEN.
DAHER HABE ICH ALLE IN FRAGE KOMMENDEN BIBLIOTHEKEN ANGESCHRIEBEN...
UNGLAUBLICH...
ICH BRAUCHE DAS KOMPLETTE WERK.

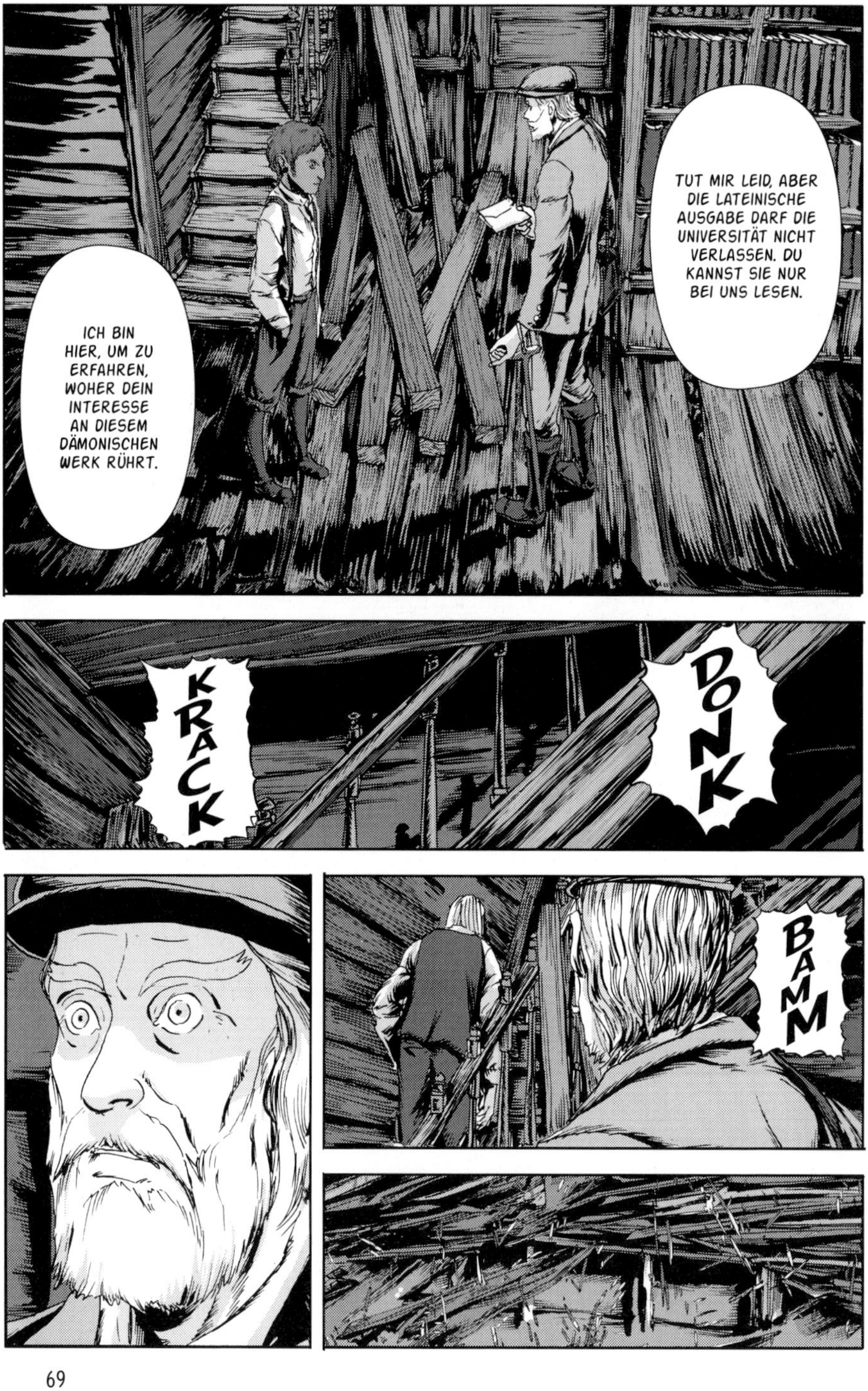
TUT MIR LEID, ABER DIE LATEINISCHE AUSGABE DARF DIE UNIVERSITÄT NICHT VERLASSEN. DU KANNST SIE NUR BEI UNS LESEN.
ICH BIN HIER, UM ZU ERFAHREN, WOHER DEIN INTERESSE AN DIESEM DÄMONISCHEN WERK RÜHRT.
DONK
KRACK
BAMM

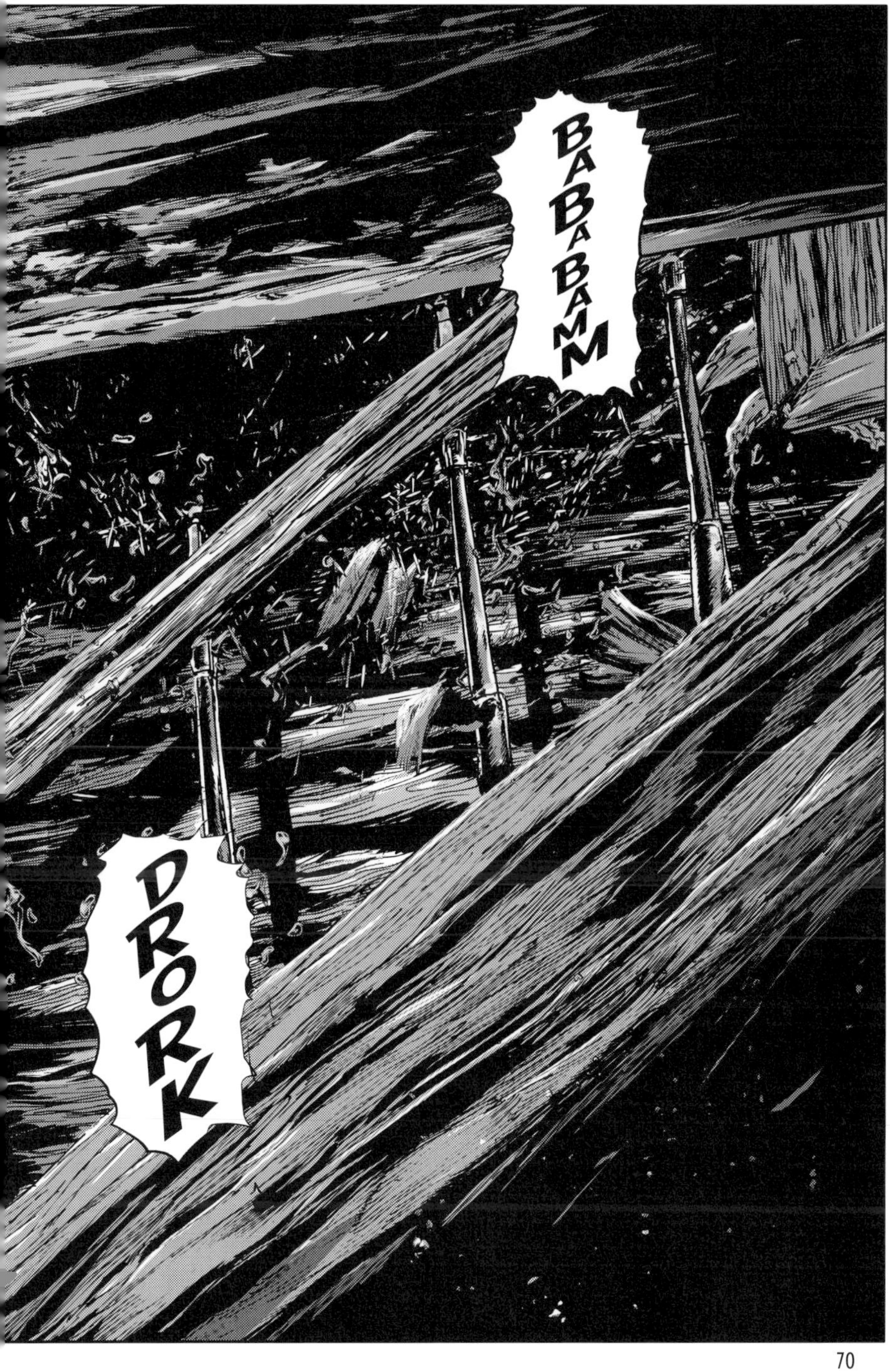
BABABAMM
DRORK

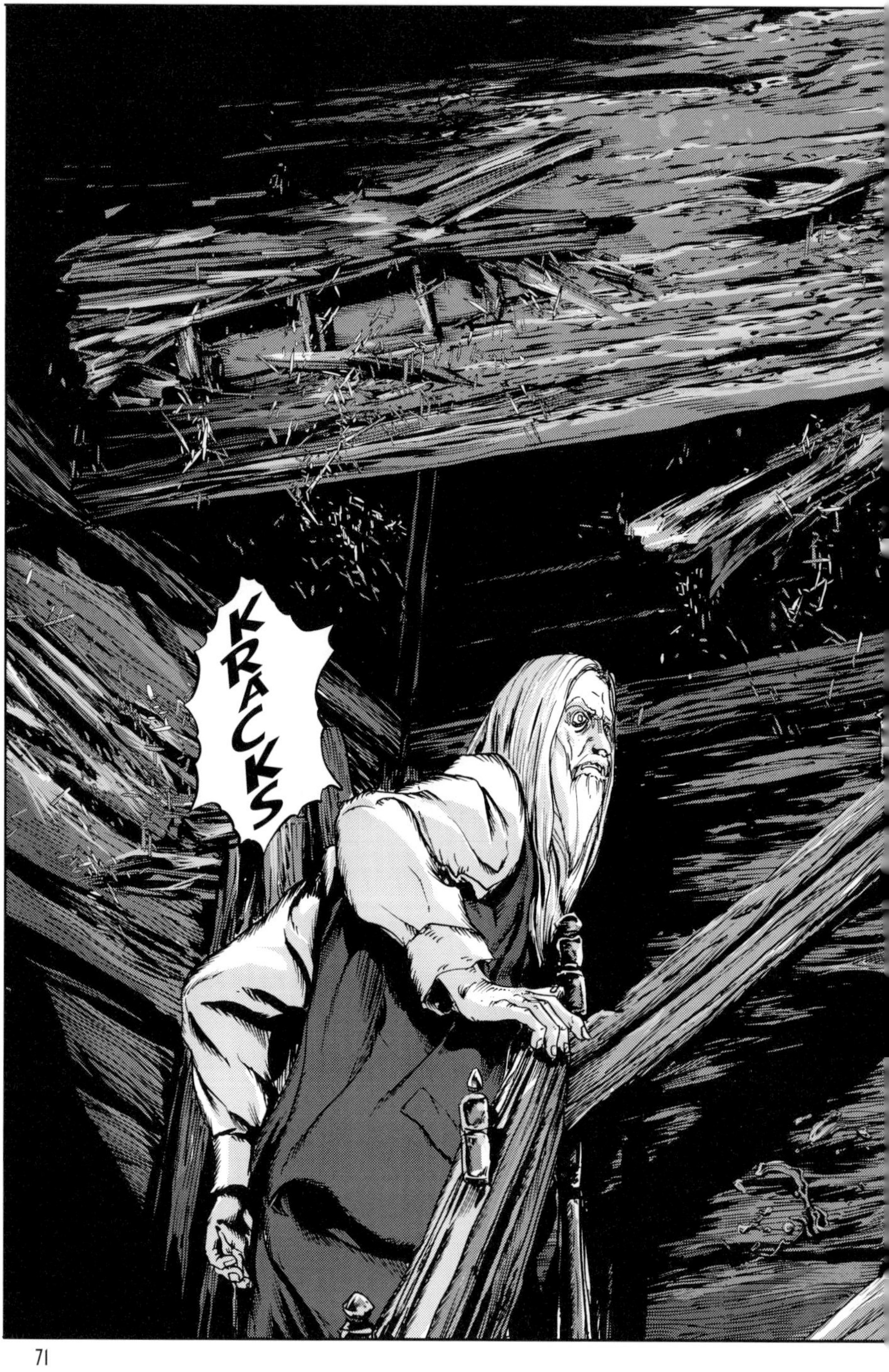
KRACKS

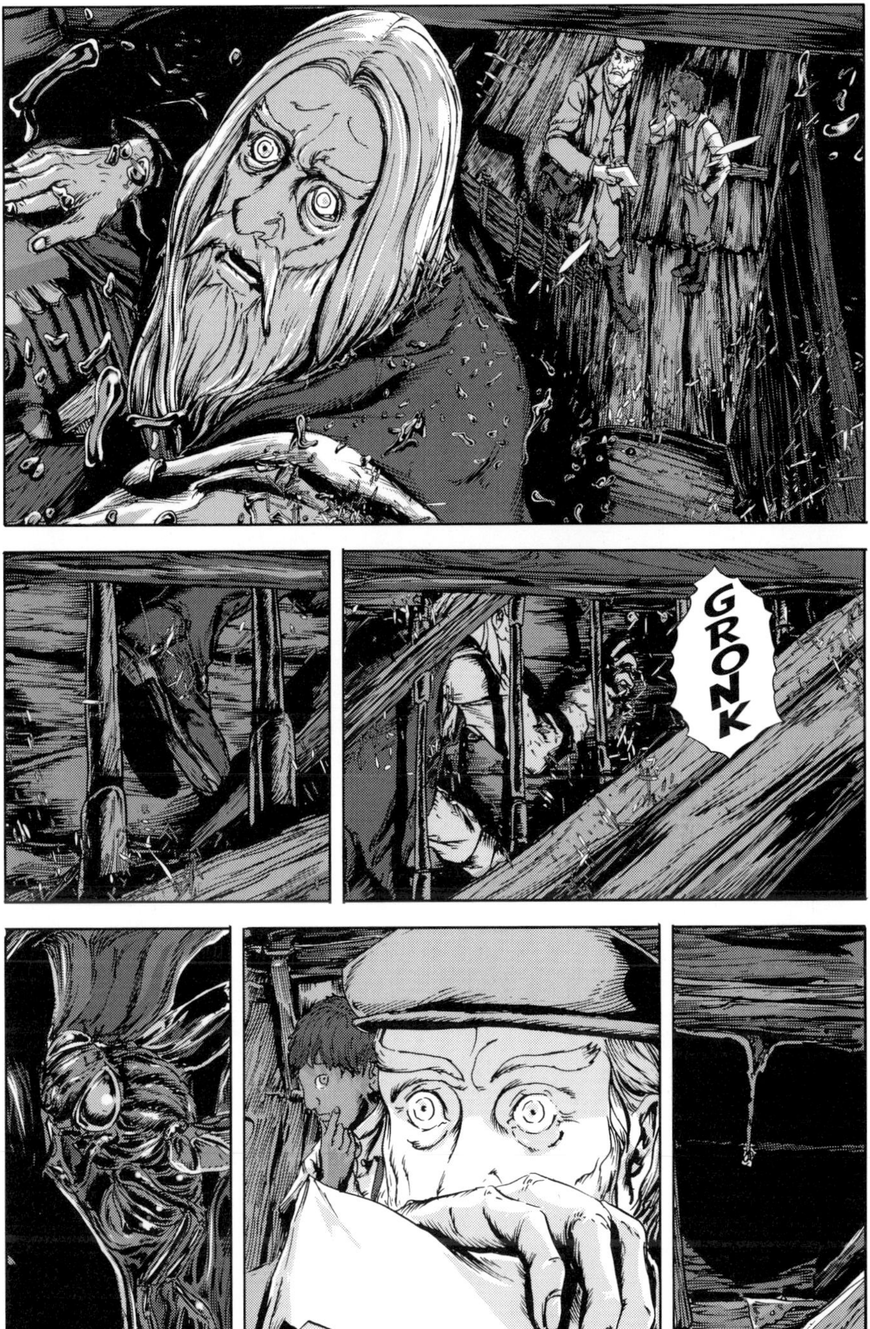
GRONK

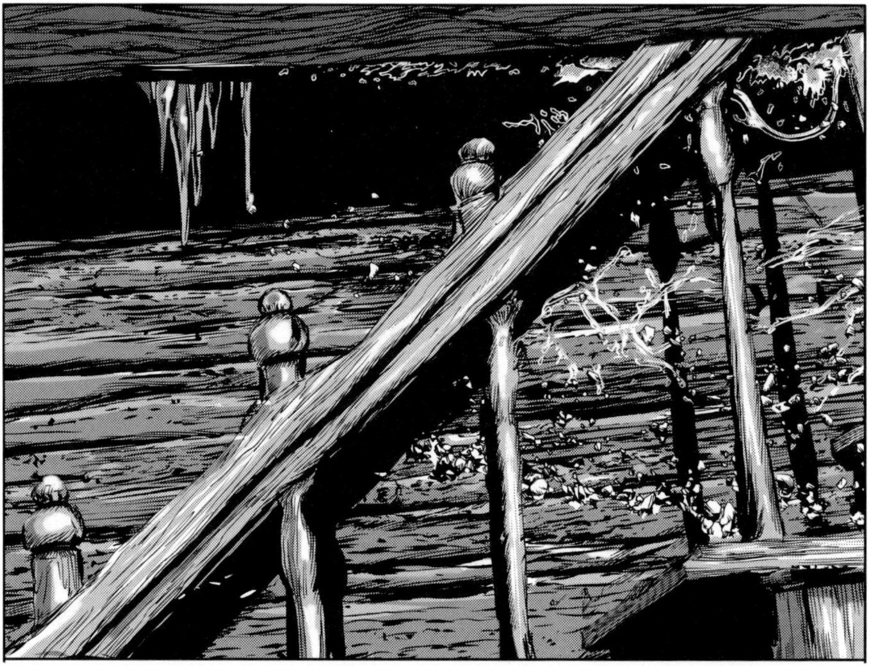

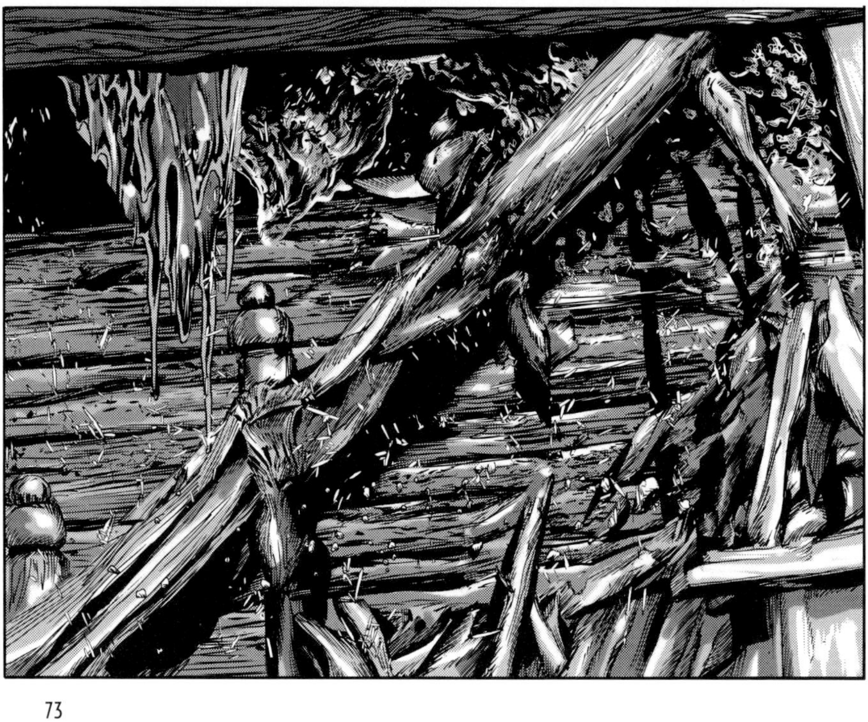

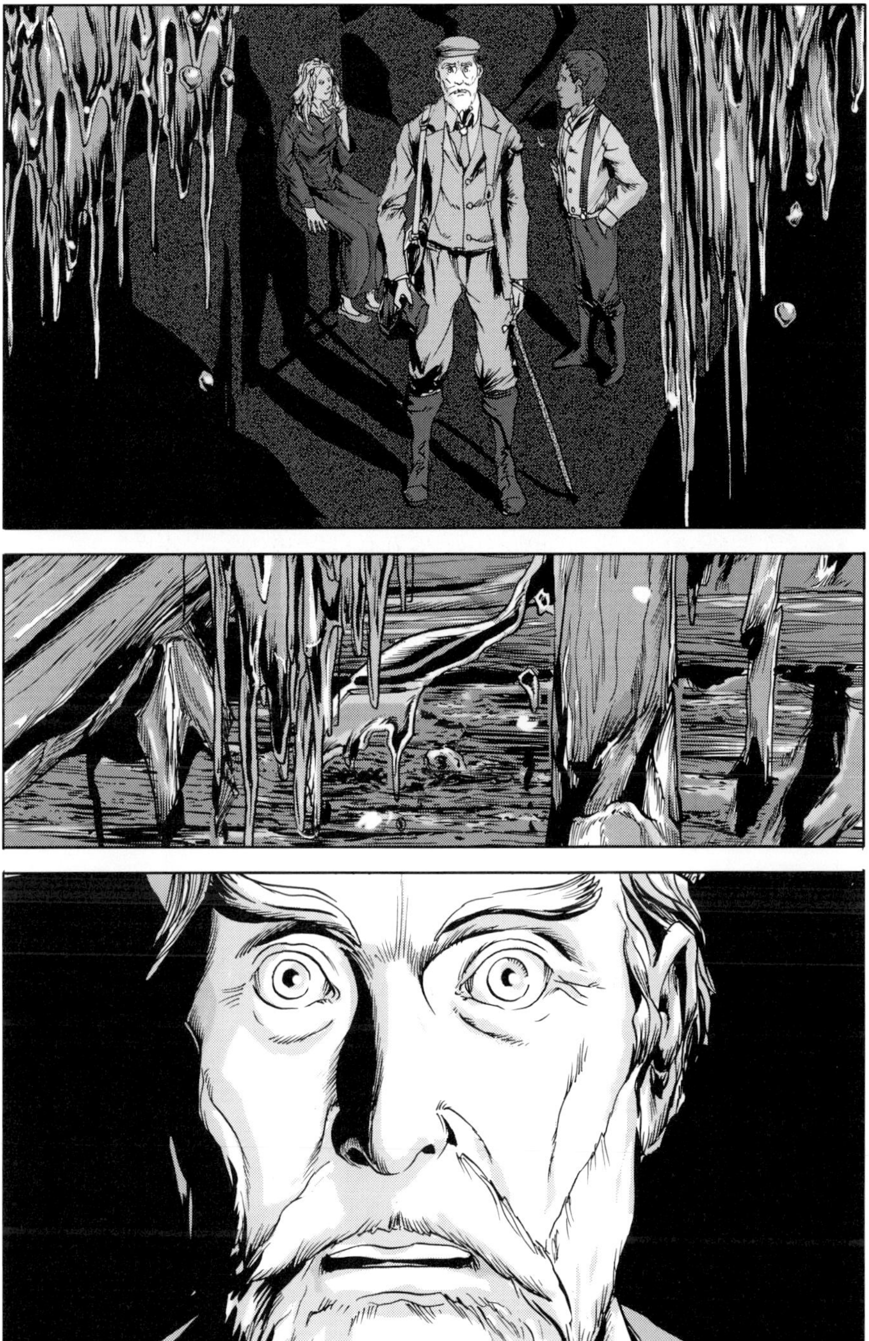

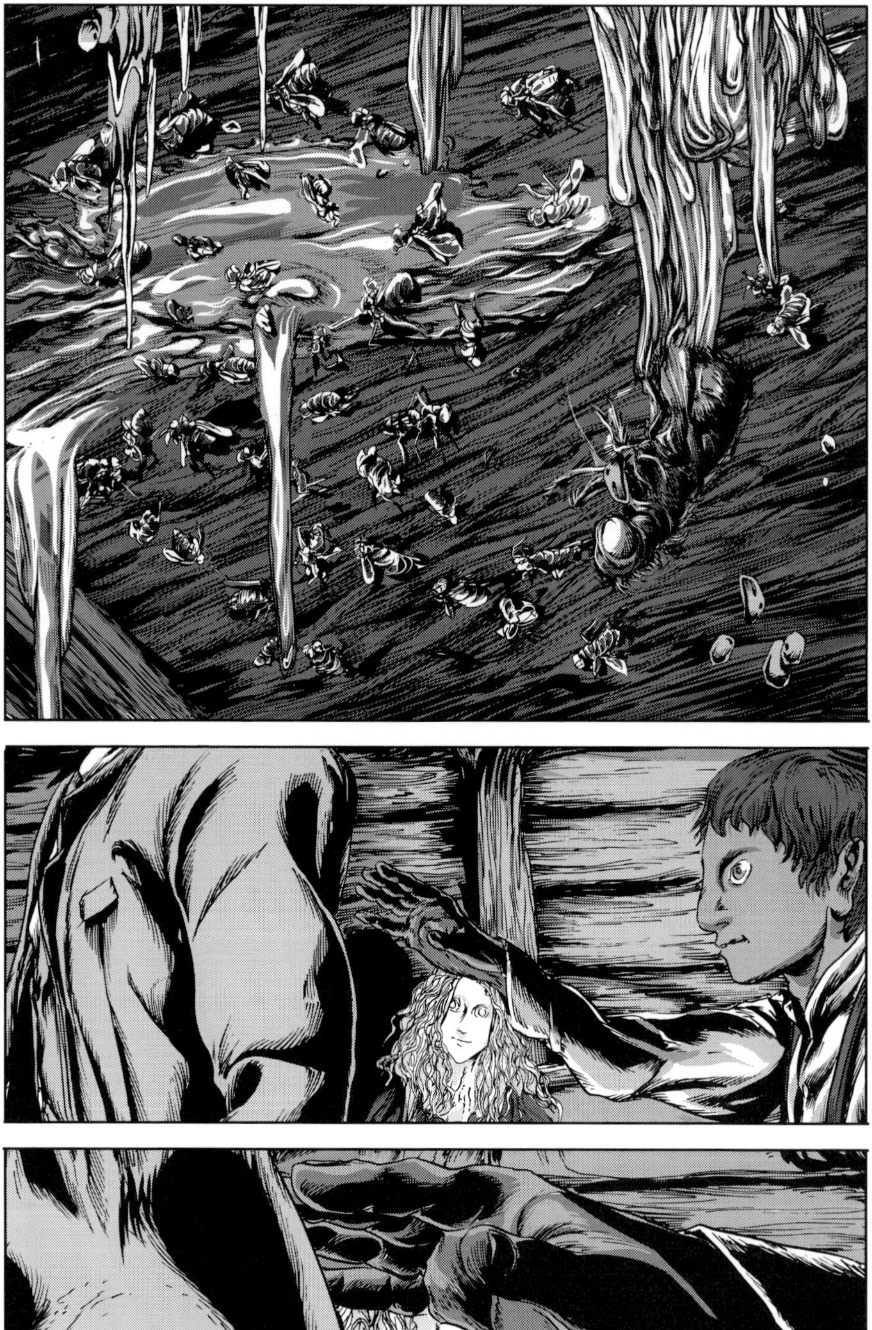

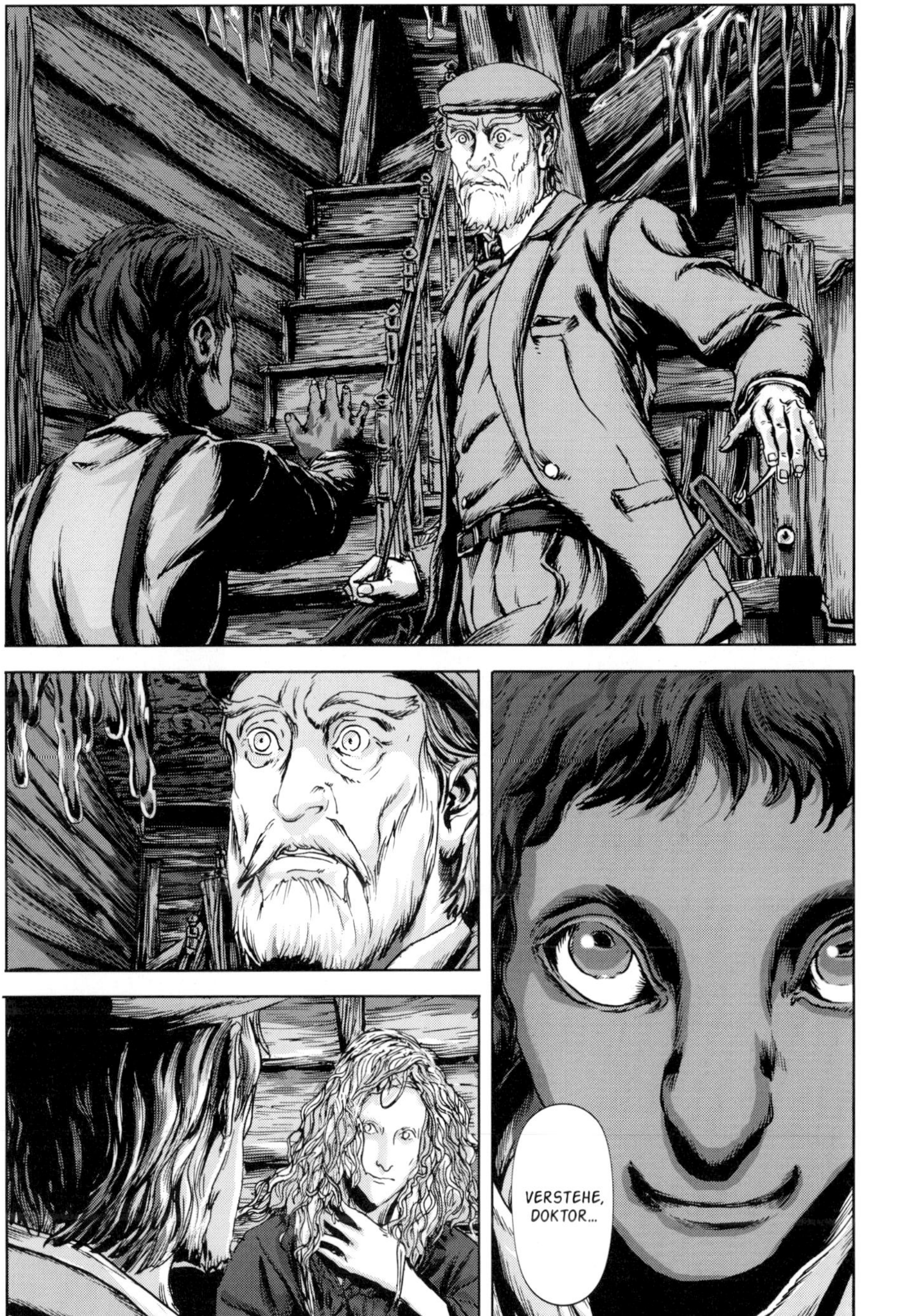
VERSTEHE, DOKTOR...

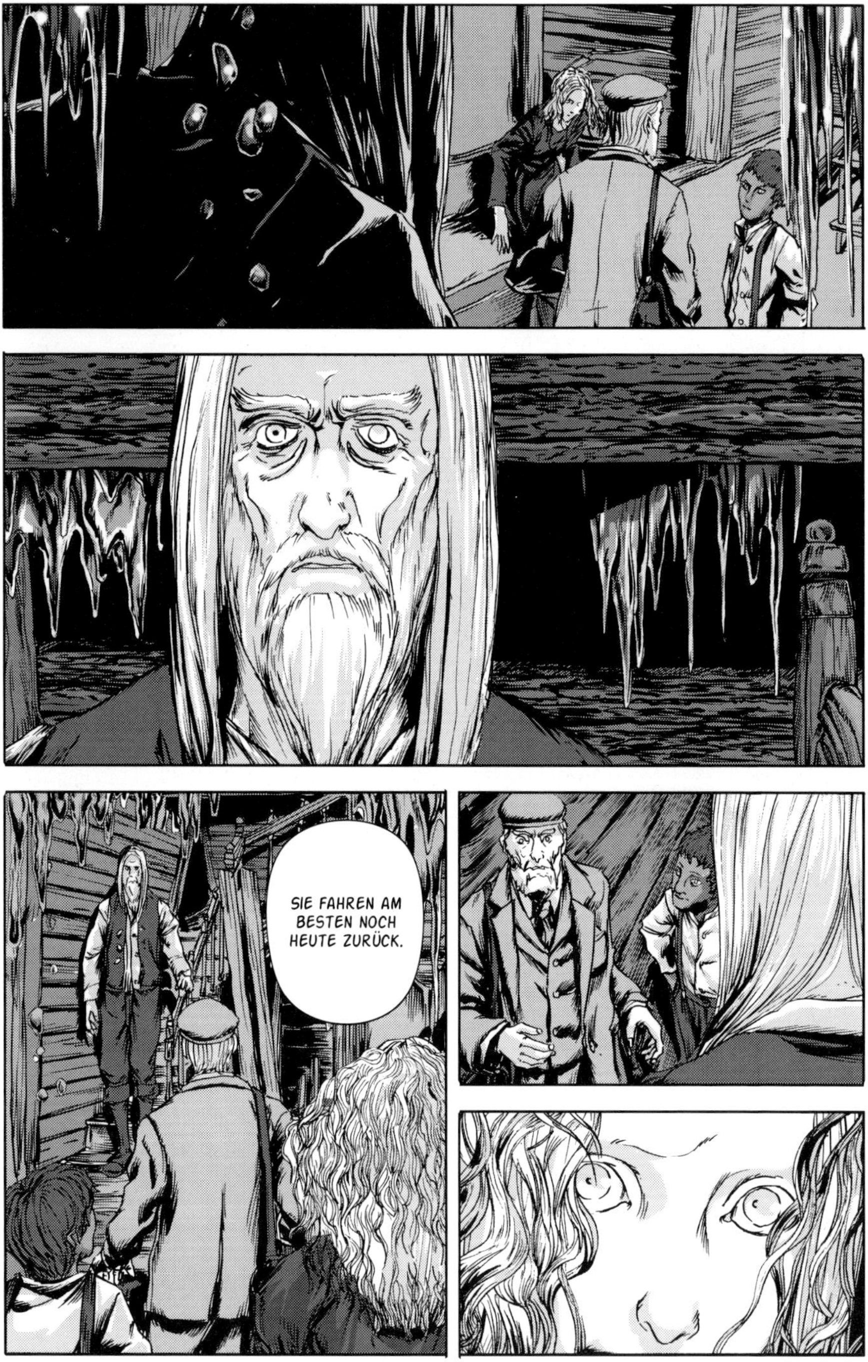
SIE FAHREN AM
BESTEN NOCH
HEUTE ZURÜCK.

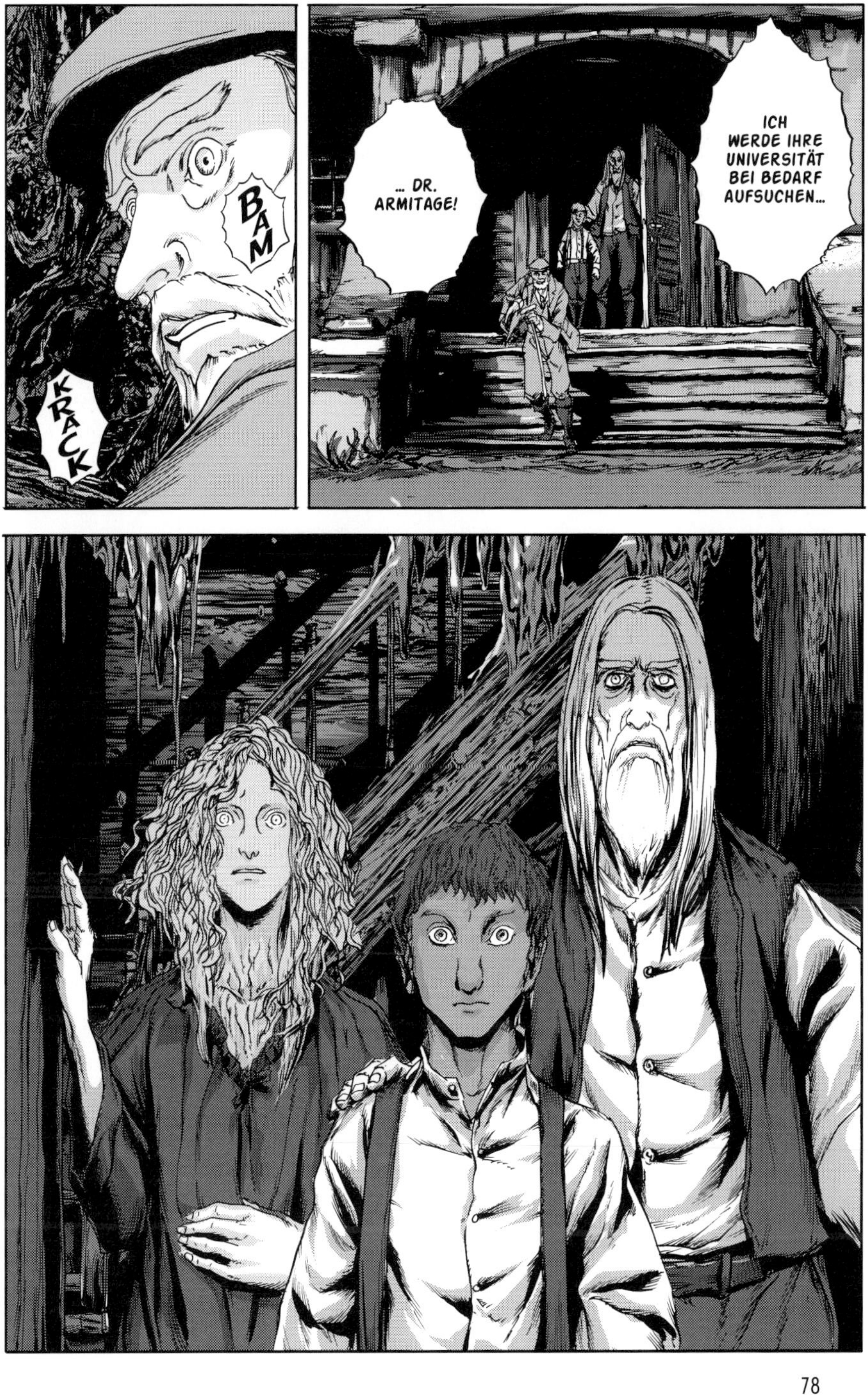
BAM
KRACK
... DR. ARMITAGE!
ICH WERDE IHRE UNIVERSITÄT BEI BEDARF AUFSUCHEN...

3 DIE GEBURT

Birth

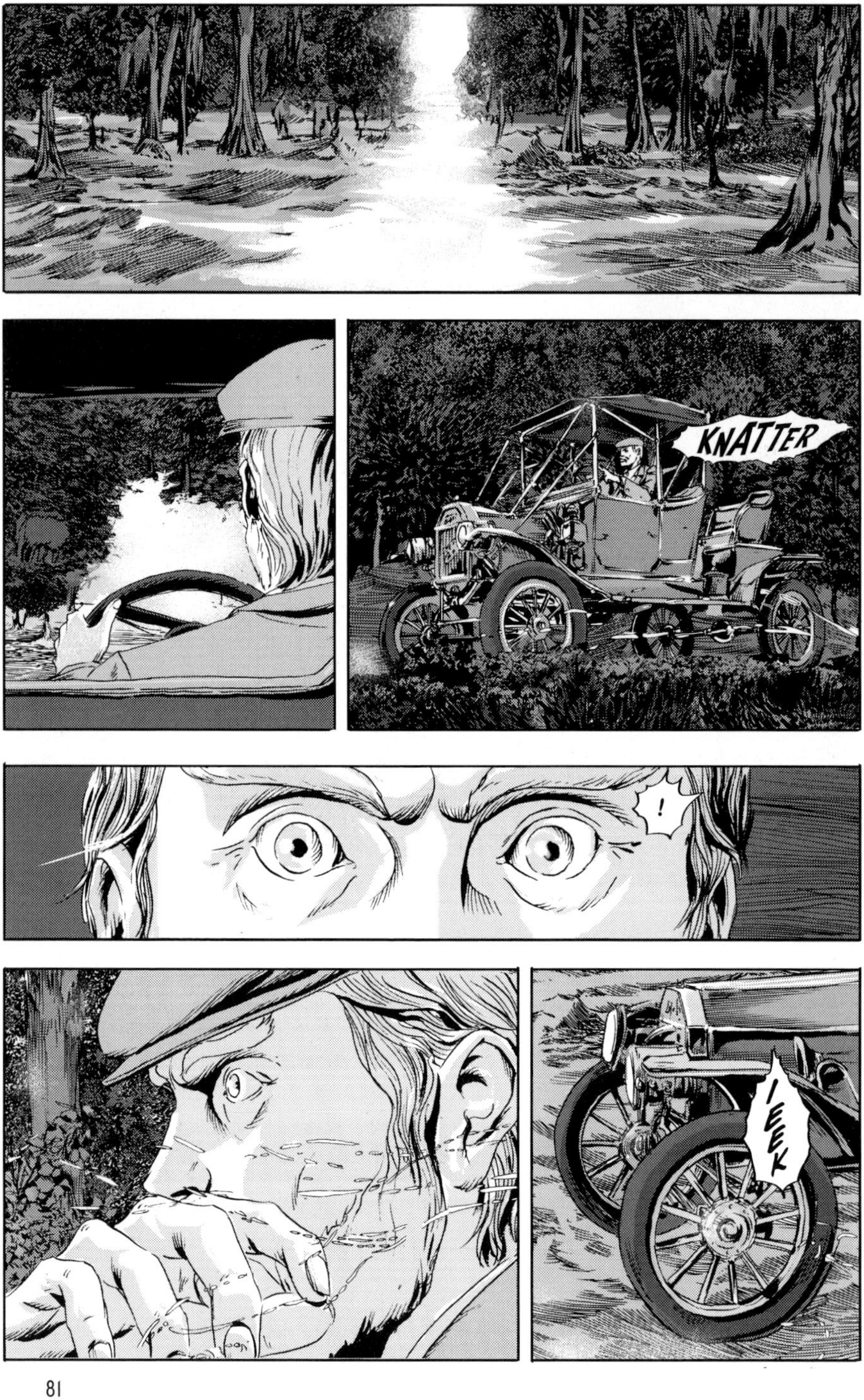
KNATTER
!
IEEK

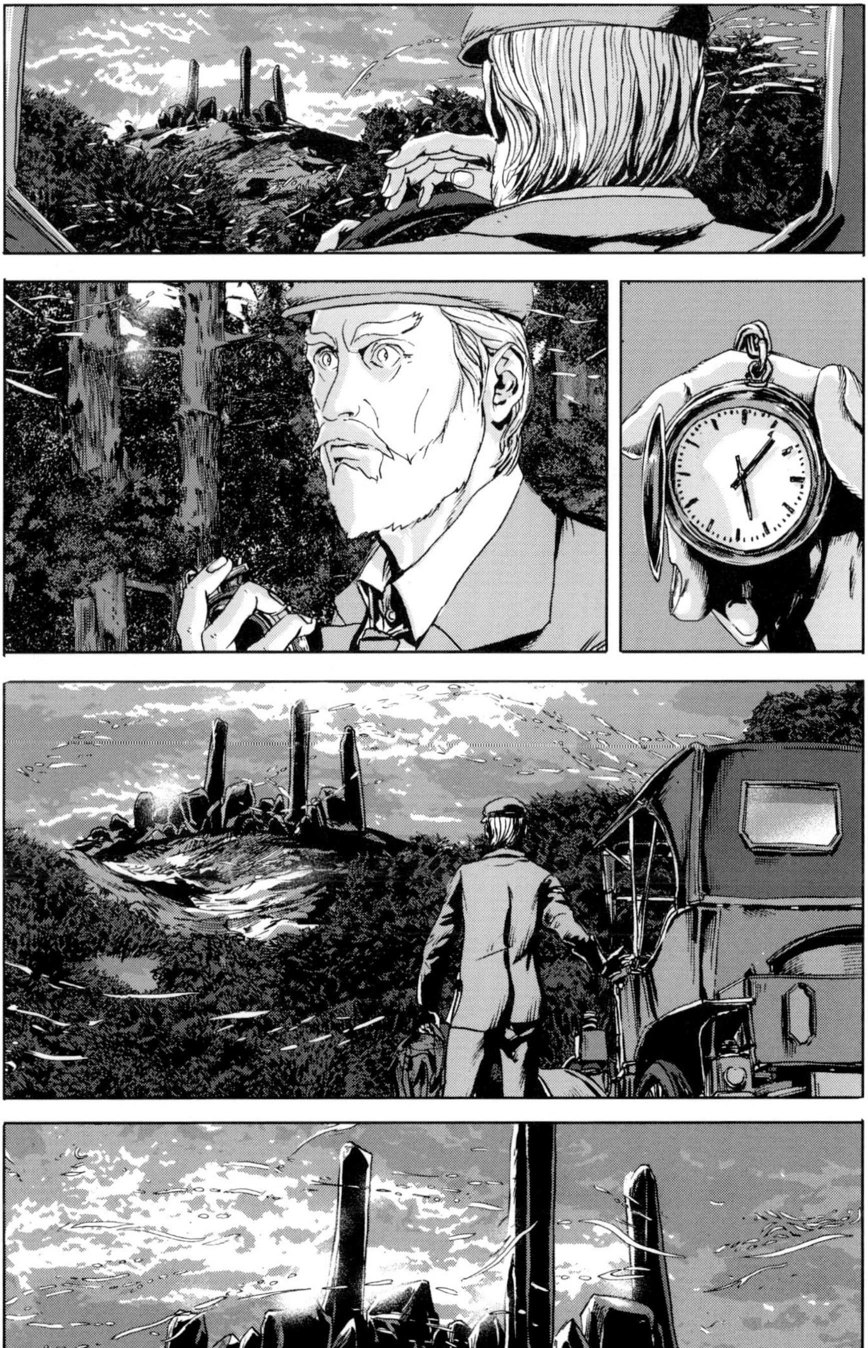

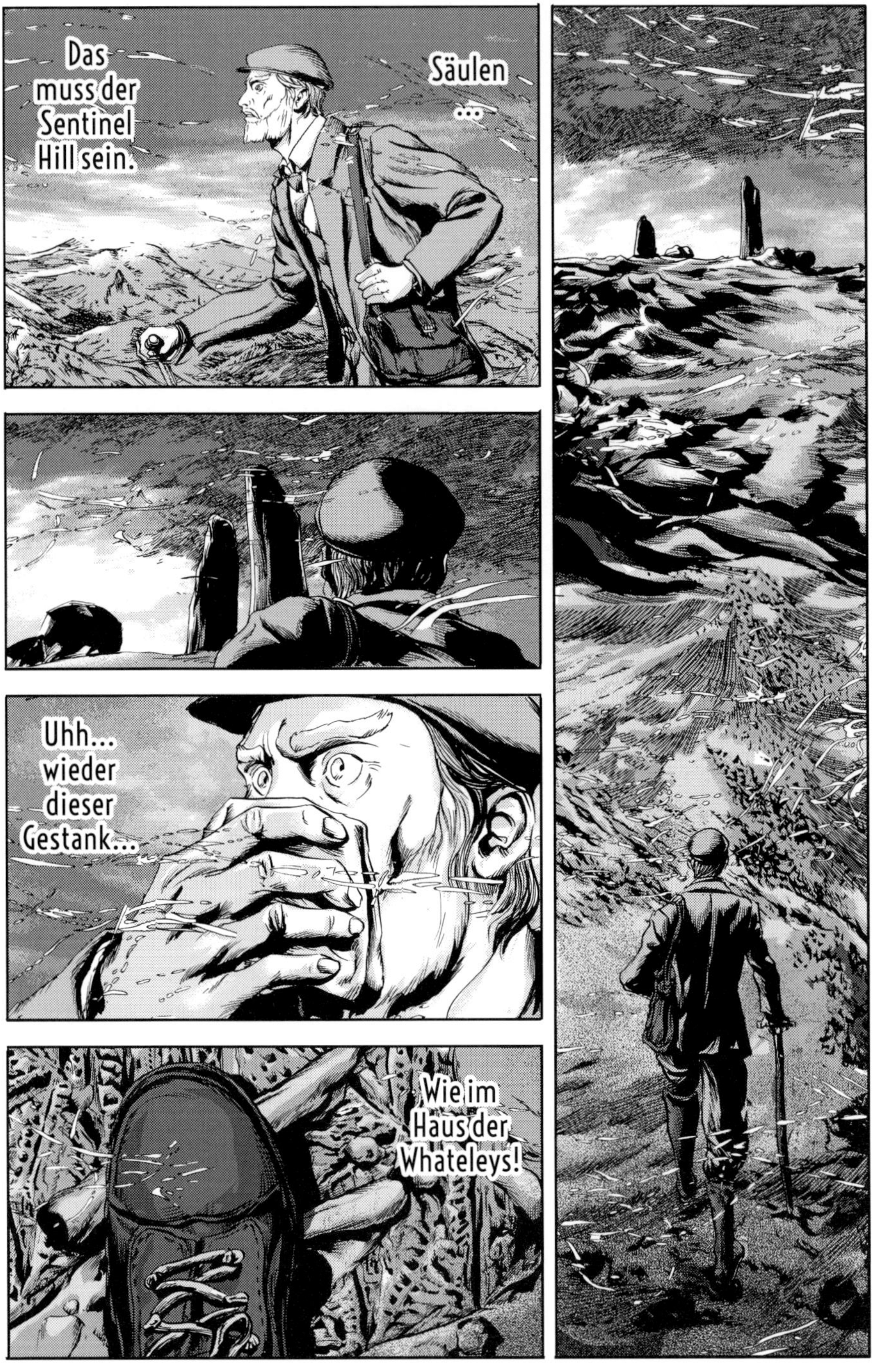
Säulen …
Das muss der Sentinel Hill sein.
Uhh… wieder dieser Gestank…
Wie im Haus der Whateleys!

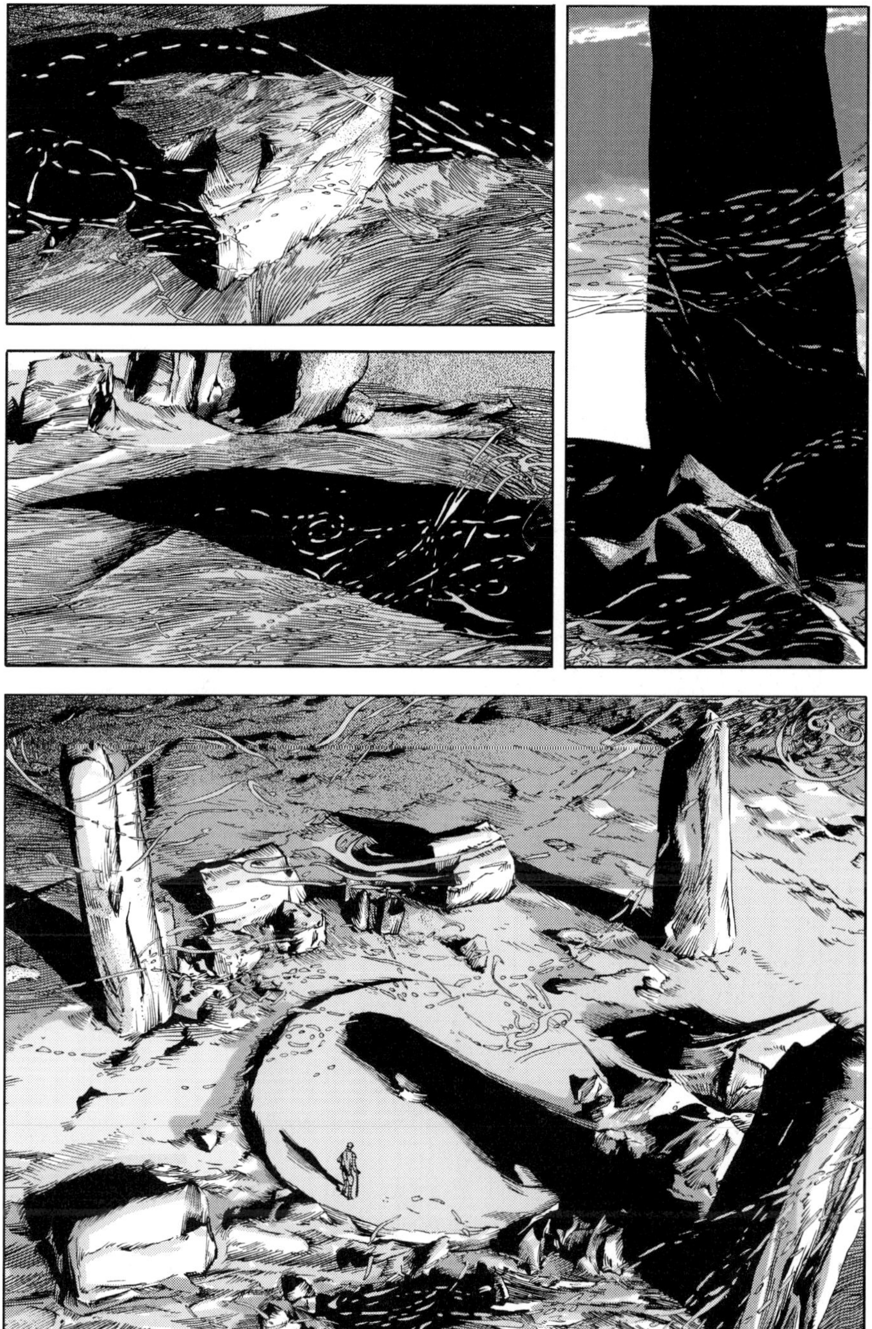

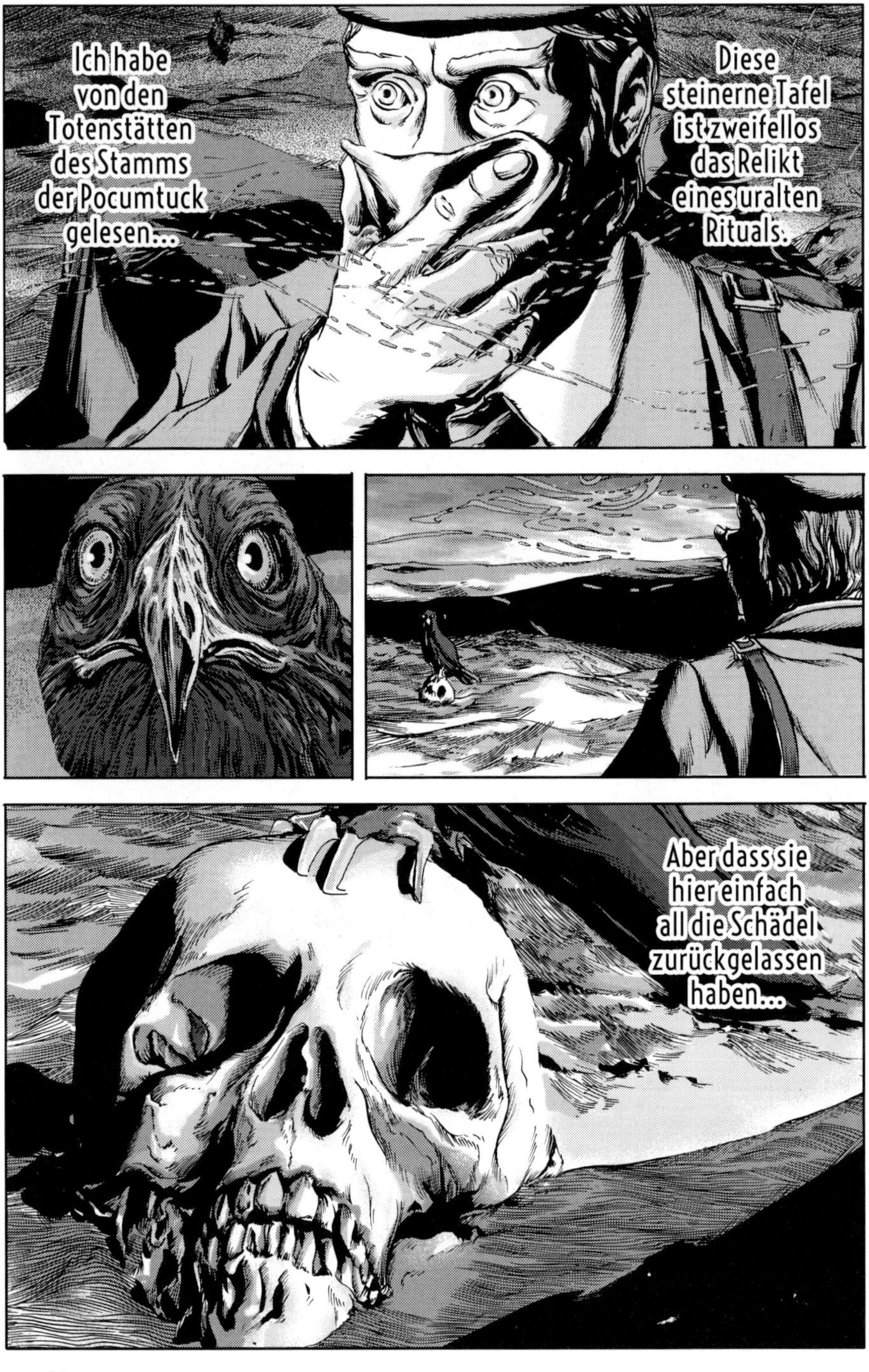
Diese steinerne Tafel ist zweifellos das Relikt eines uralten Rituals.
Ich habe von den Totenstätten des Stamms der Pocumtuck gelesen...
Aber dass sie hier einfach all die Schädel zurückgelassen haben...

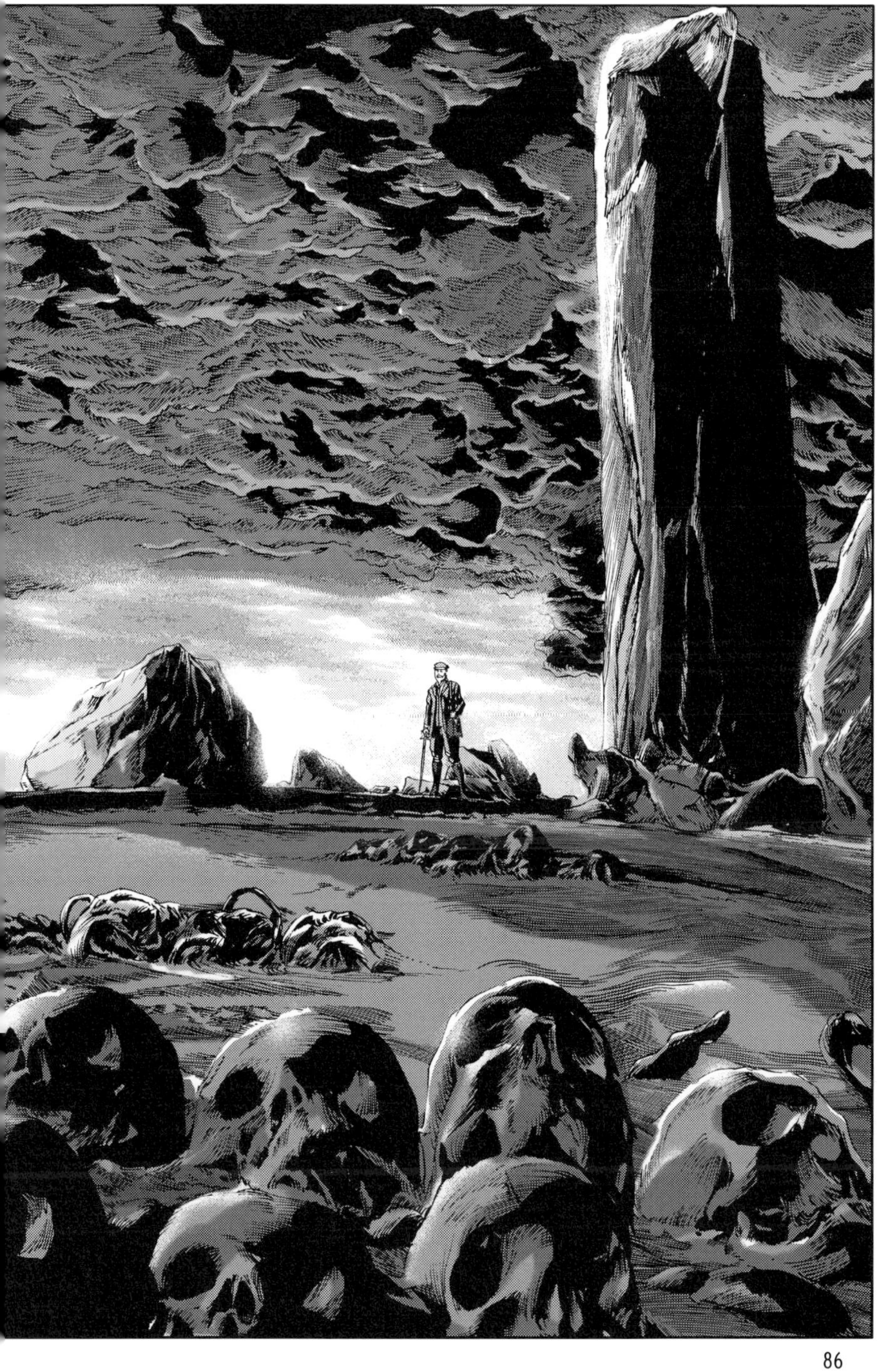

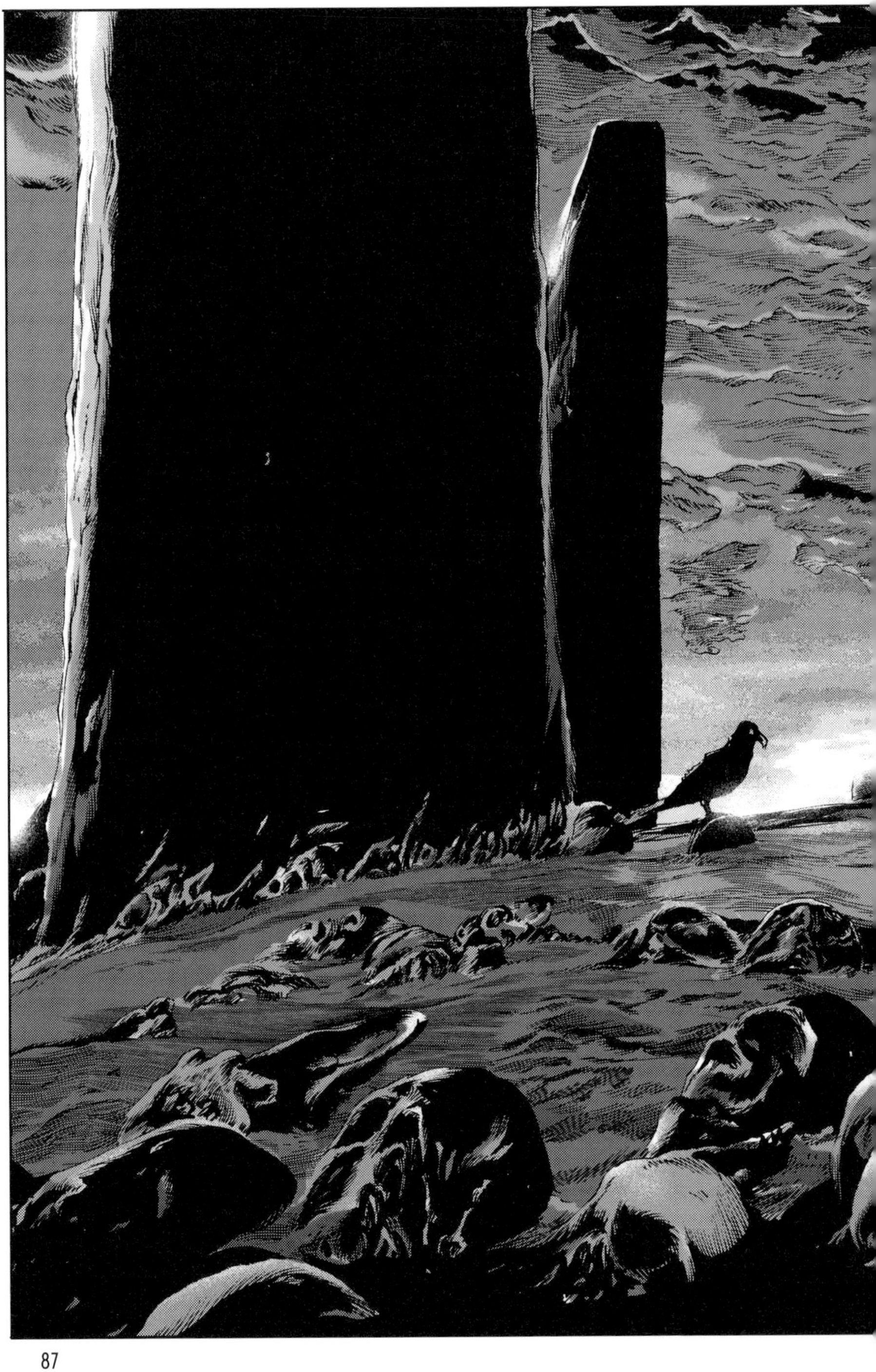

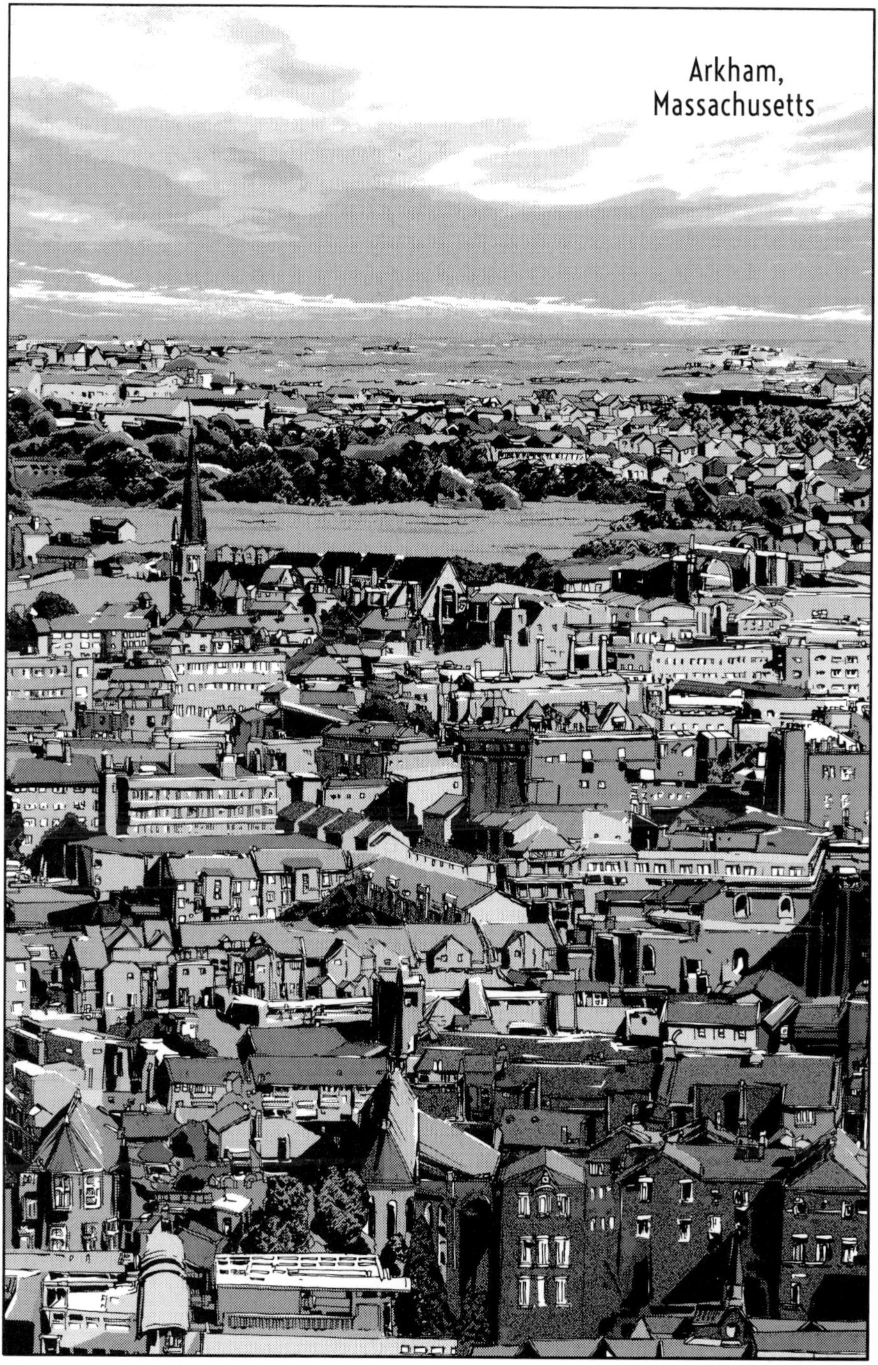
Arkham,
Massachusetts

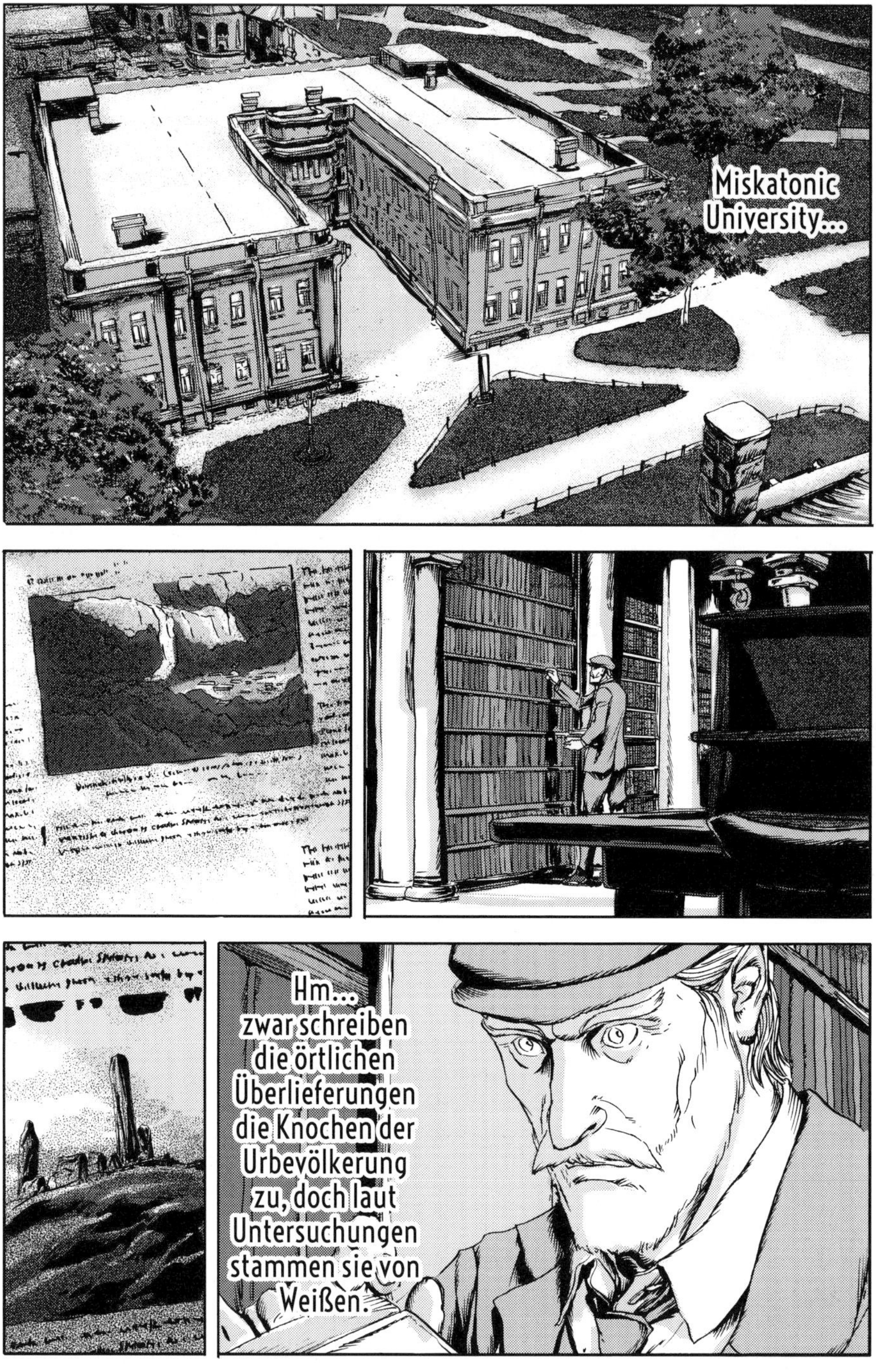
Miskatonic University...
Hm... zwar schreiben die örtlichen Überlieferungen die Knochen der Urbevölkerung zu, doch laut Untersuchungen stammen sie von Weißen.

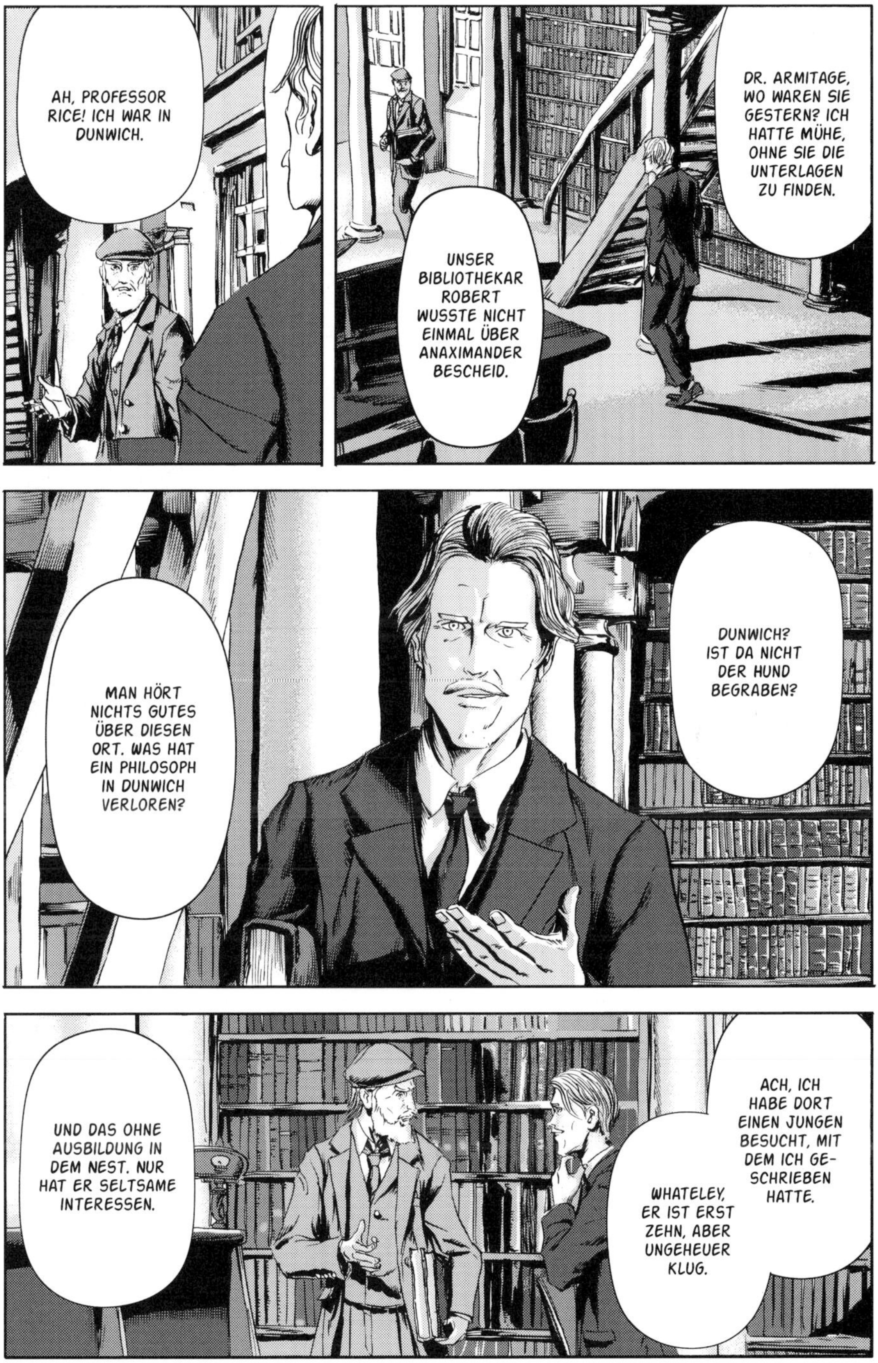
DR. ARMITAGE, WO WAREN SIE GESTERN? ICH HATTE MÜHE, OHNE SIE DIE UNTERLAGEN ZU FINDEN.
UNSER BIBLIOTHEKAR ROBERT WUSSTE NICHT EINMAL ÜBER ANAXIMANDER BESCHEID.
AH, PROFESSOR RICE! ICH WAR IN DUNWICH.
DUNWICH? IST DA NICHT DER HUND BEGRABEN?
MAN HÖRT NICHTS GUTES ÜBER DIESEN ORT. WAS HAT EIN PHILOSOPH IN DUNWICH VERLOREN?
ACH, ICH HABE DORT EINEN JUNGEN BESUCHT, MIT DEM ICH GE-SCHRIEBEN HATTE.
WHATELEY, ER IST ERST ZEHN, ABER UNGEHEUER KLUG.
UND DAS OHNE AUSBILDUNG IN DEM NEST. NUR HAT ER SELTSAME INTERESSEN.

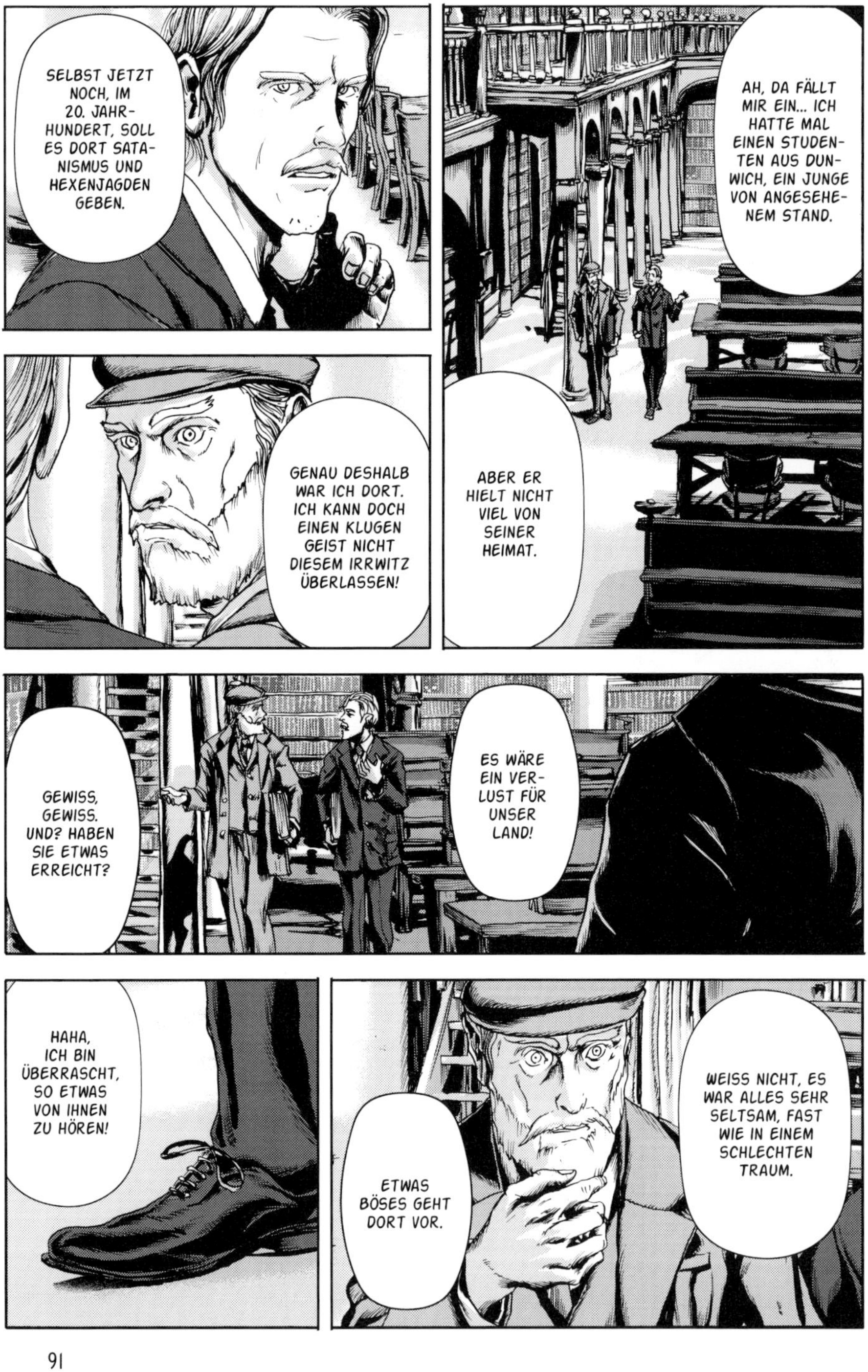
SELBST JETZT NOCH, IM 20. JAHRHUNDERT, SOLL ES DORT SATANISMUS UND HEXENJAGDEN GEBEN.
AH, DA FÄLLT MIR EIN... ICH HATTE MAL EINEN STUDENTEN AUS DUNWICH, EIN JUNGE VON ANGESEHENEM STAND.
GENAU DESHALB WAR ICH DORT. ICH KANN DOCH EINEN KLUGEN GEIST NICHT DIESEM IRRWITZ ÜBERLASSEN!
ABER ER HIELT NICHT VIEL VON SEINER HEIMAT.
GEWISS, GEWISS. UND? HABEN SIE ETWAS ERREICHT?
ES WÄRE EIN VERLUST FÜR UNSER LAND!
HAHA, ICH BIN ÜBERRASCHT, SO ETWAS VON IHNEN ZU HÖREN!
WEISS NICHT, ES WAR ALLES SEHR SELTSAM, FAST WIE IN EINEM SCHLECHTEN TRAUM.
ETWAS BÖSES GEHT DORT VOR.

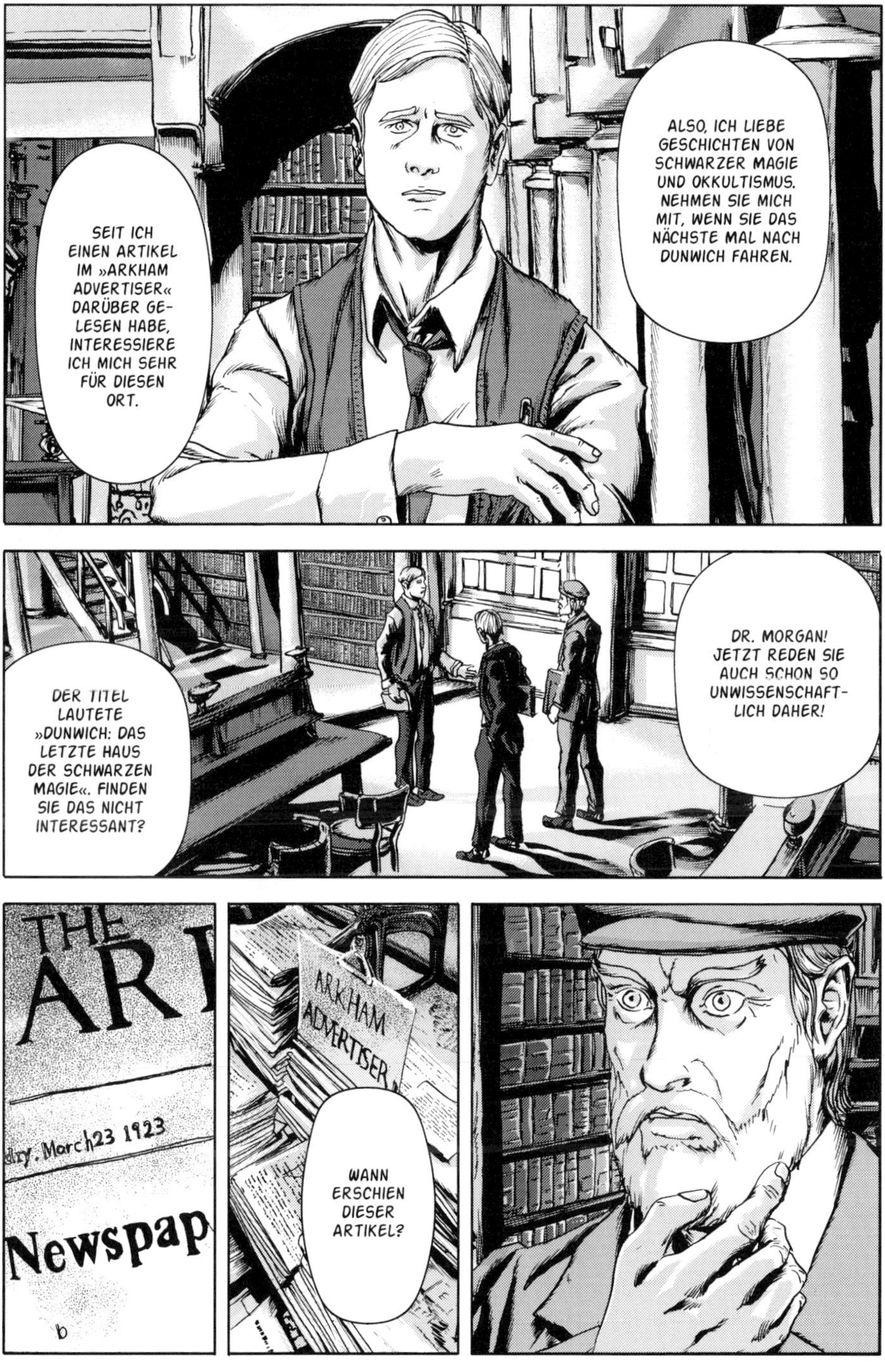
ALSO, ICH LIEBE GESCHICHTEN VON SCHWARZER MAGIE UND OKKULTISMUS. NEHMEN SIE MICH MIT, WENN SIE DAS NÄCHSTE MAL NACH DUNWICH FAHREN.
SEIT ICH EINEN ARTIKEL IM »ARKHAM ADVERTISER« DARÜBER GELESEN HABE, INTERESSIERE ICH MICH SEHR FÜR DIESEN ORT.
DR. MORGAN! JETZT REDEN SIE AUCH SCHON SO UNWISSENSCHAFTLICH DAHER!
DER TITEL LAUTETE »DUNWICH: DAS LETZTE HAUS DER SCHWARZEN MAGIE«. FINDEN SIE DAS NICHT INTERESSANT?
THE AR
March 23 1923
Newspap
ARKHAM ADVERTISER
WANN ERSCHIEN DIESER ARTIKEL?

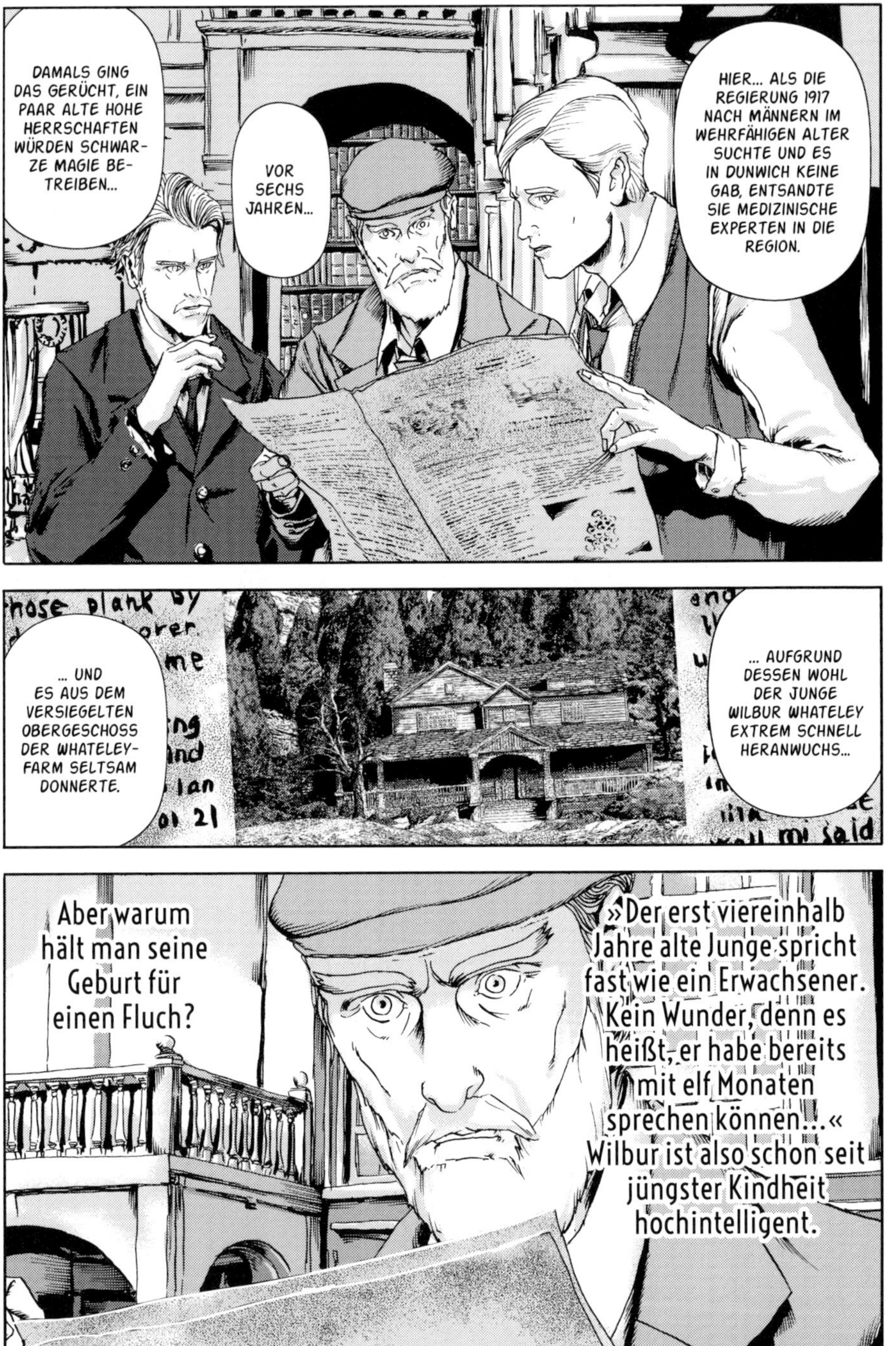
HIER... ALS DIE REGIERUNG 1917 NACH MÄNNERN IM WEHRFÄHIGEN ALTER SUCHTE UND ES IN DUNWICH KEINE GAB, ENTSANDTE SIE MEDIZINISCHE EXPERTEN IN DIE REGION.
VOR SECHS JAHREN...
DAMALS GING DAS GERÜCHT, EIN PAAR ALTE HOHE HERRSCHAFTEN WÜRDEN SCHWARZE MAGIE BETREIBEN...
... AUFGRUND DESSEN WOHL DER JUNGE WILBUR WHATELEY EXTREM SCHNELL HERANWUCHS...
... UND ES AUS DEM VERSIEGELTEN OBERGESCHOSS DER WHATELEY-FARM SELTSAM DONNERTE.
»Der erst viereinhalb Jahre alte Junge spricht fast wie ein Erwachsener. Kein Wunder, denn es heißt, er habe bereits mit elf Monaten sprechen können...« Wilbur ist also schon seit jüngster Kindheit hochintelligent.
Aber warum hält man seine Geburt für einen Fluch?

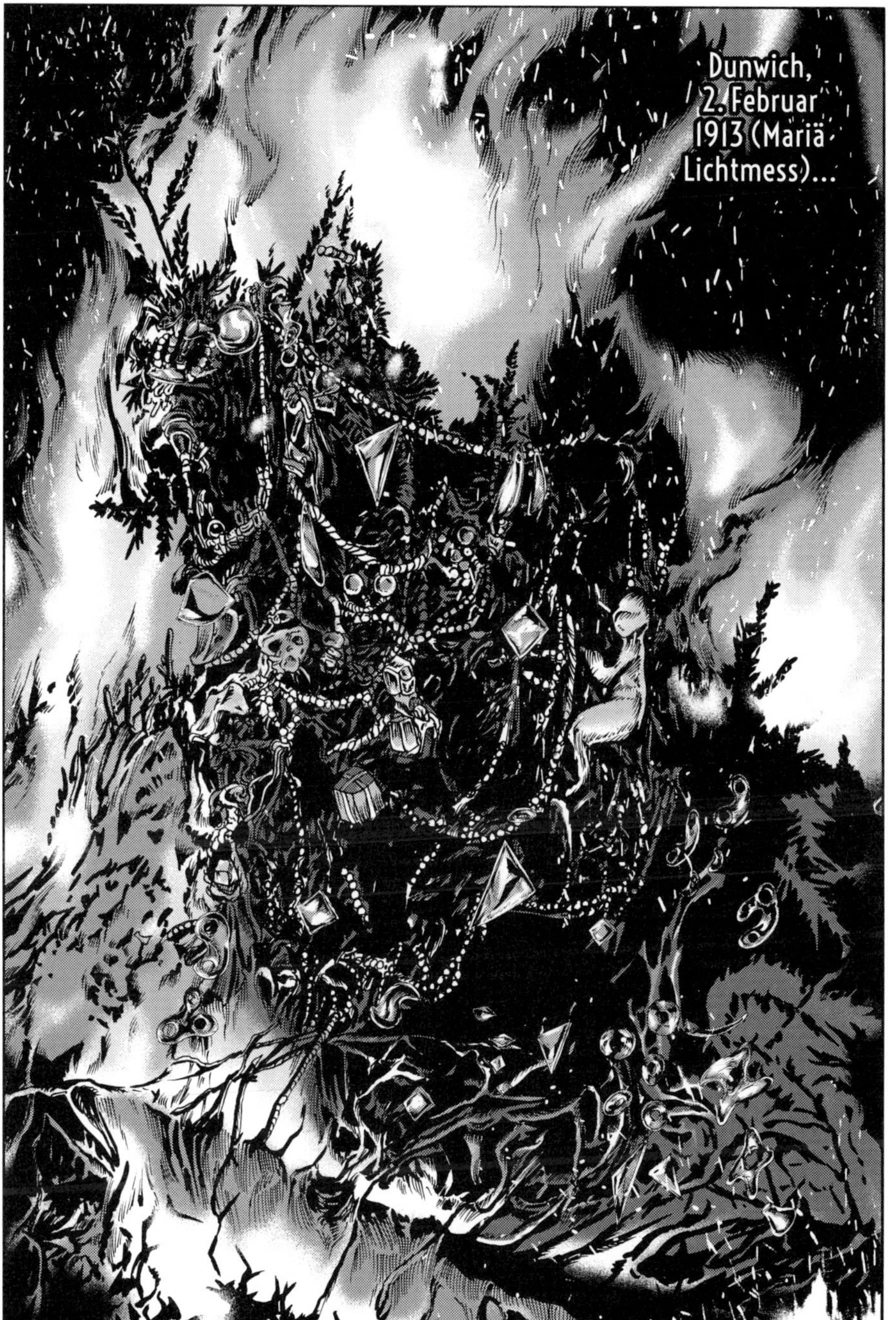
Dunwich,
2. Februar
1913 (Mariä
Lichtmess)...

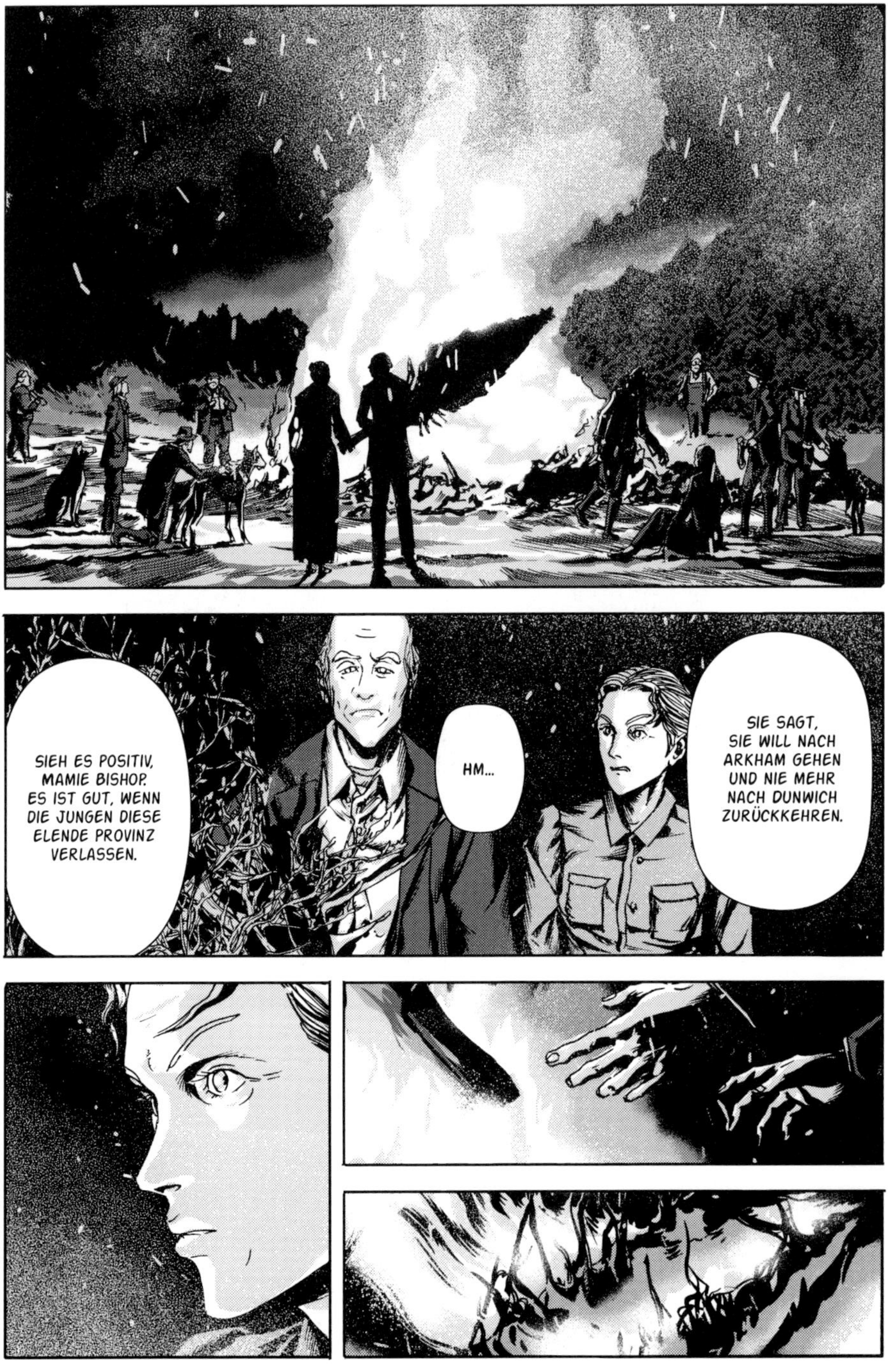
SIE SAGT, SIE WILL NACH ARKHAM GEHEN UND NIE MEHR NACH DUNWICH ZURÜCKKEHREN.
HM...
SIEH ES POSITIV, MAMIE BISHOP. ES IST GUT, WENN DIE JUNGEN DIESE ELENDE PROVINZ VERLASSEN.

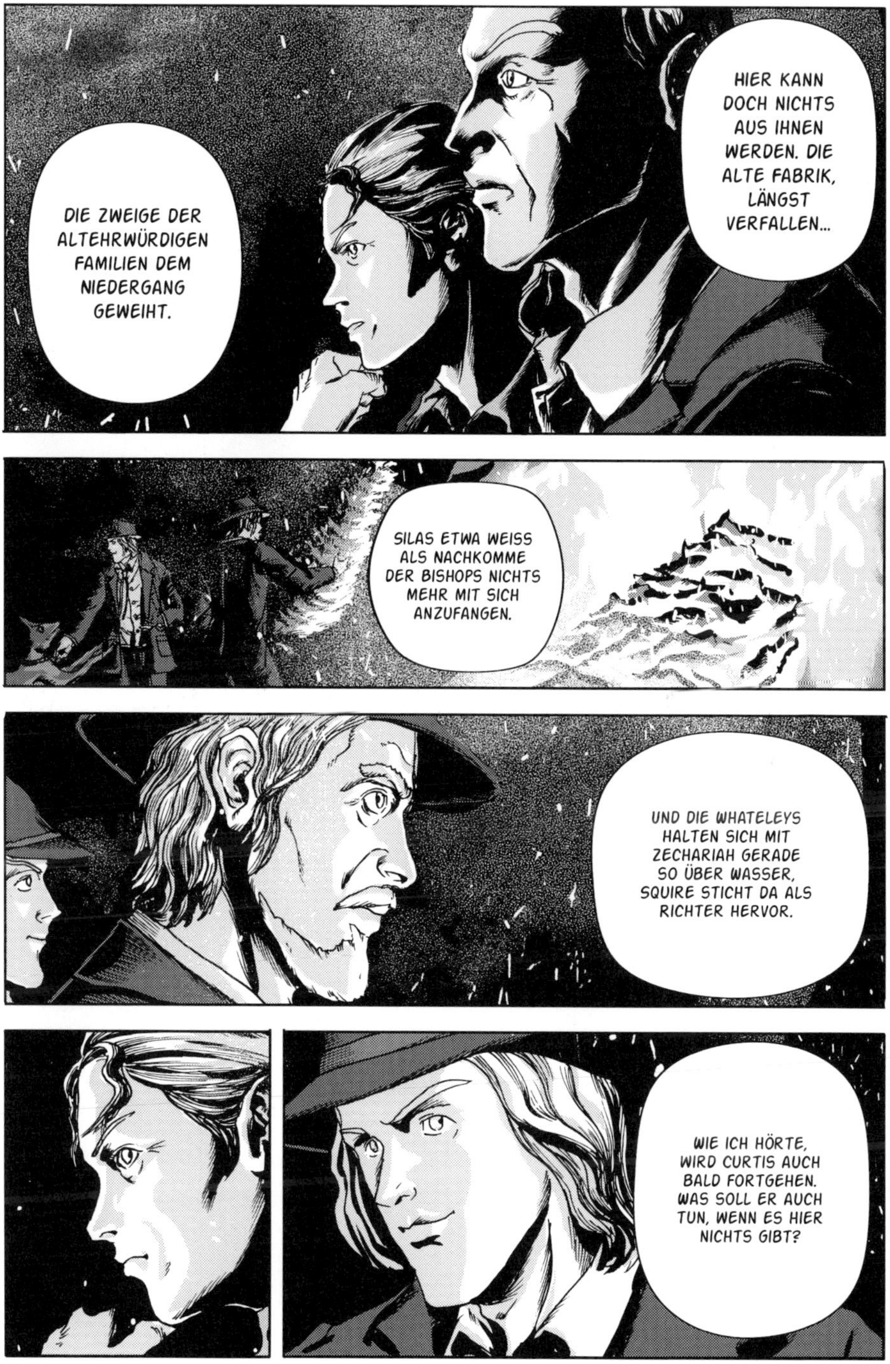
HIER KANN DOCH NICHTS AUS IHNEN WERDEN. DIE ALTE FABRIK, LÄNGST VERFALLEN...
DIE ZWEIGE DER ALTEHRWÜRDIGEN FAMILIEN DEM NIEDERGANG GEWEIHT.
SILAS ETWA WEISS ALS NACHKOMME DER BISHOPS NICHTS MEHR MIT SICH ANZUFANGEN.
UND DIE WHATELEYS HALTEN SICH MIT ZECHARIAH GERADE SO ÜBER WASSER, SQUIRE STICHT DA ALS RICHTER HERVOR.
WIE ICH HÖRTE, WIRD CURTIS AUCH BALD FORTGEHEN. WAS SOLL ER AUCH TUN, WENN ES HIER NICHTS GIBT?

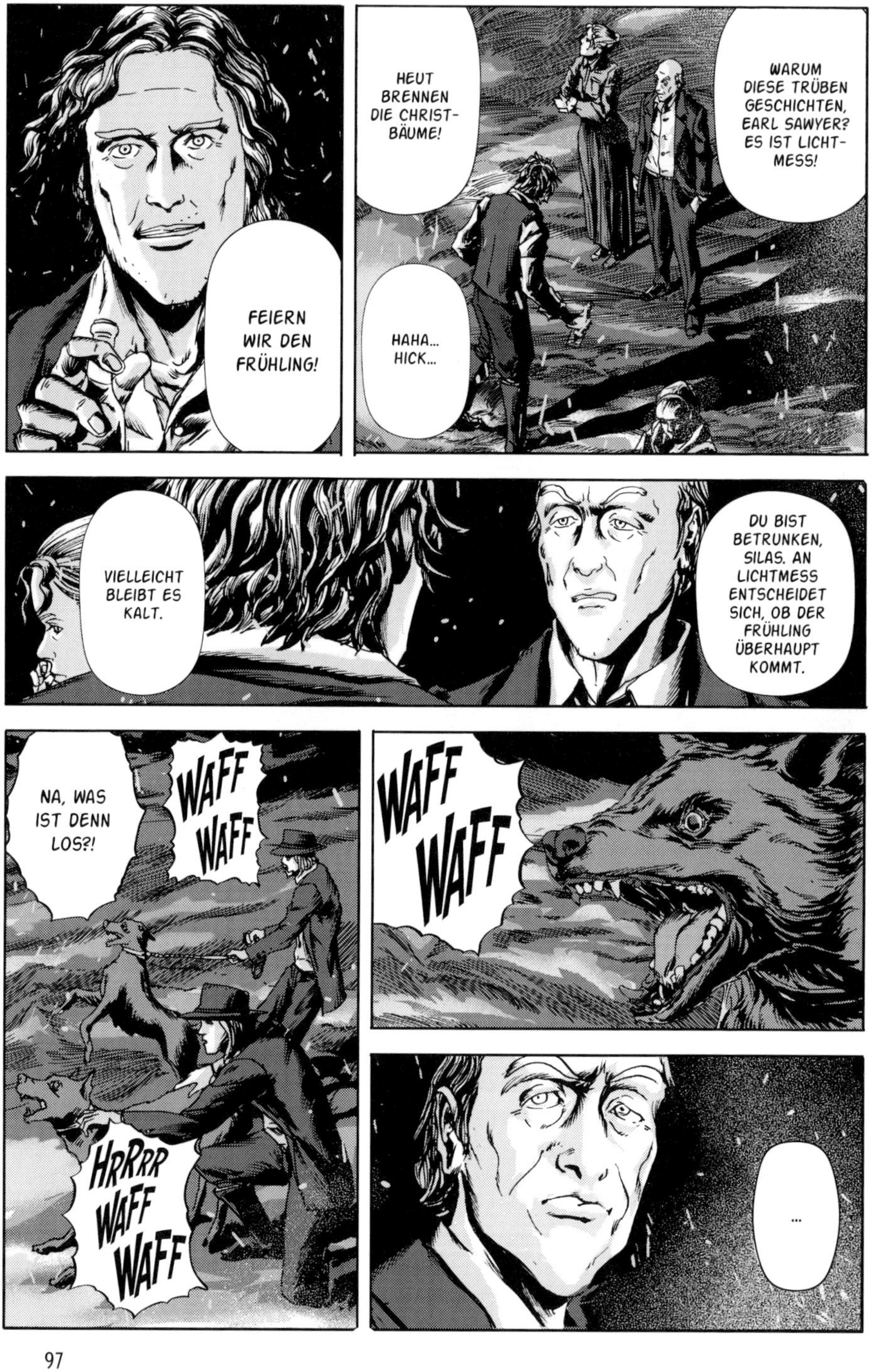

FEIERN WIR DEN FRÜHLING!
HEUT BRENNEN DIE CHRIST-BÄUME!
HAHA... HICK...
WARUM DIESE TRÜBEN GESCHICHTEN, EARL SAWYER? ES IST LICHT-MESS!
VIELLEICHT BLEIBT ES KALT.
DU BIST BETRUNKEN, SILAS. AN LICHTMESS ENTSCHEIDET SICH, OB DER FRÜHLING ÜBERHAUPT KOMMT.
NA, WAS IST DENN LOS?!
WAFF WAFF
HRRRR WAFF WAFF
WAFF WAFF
...

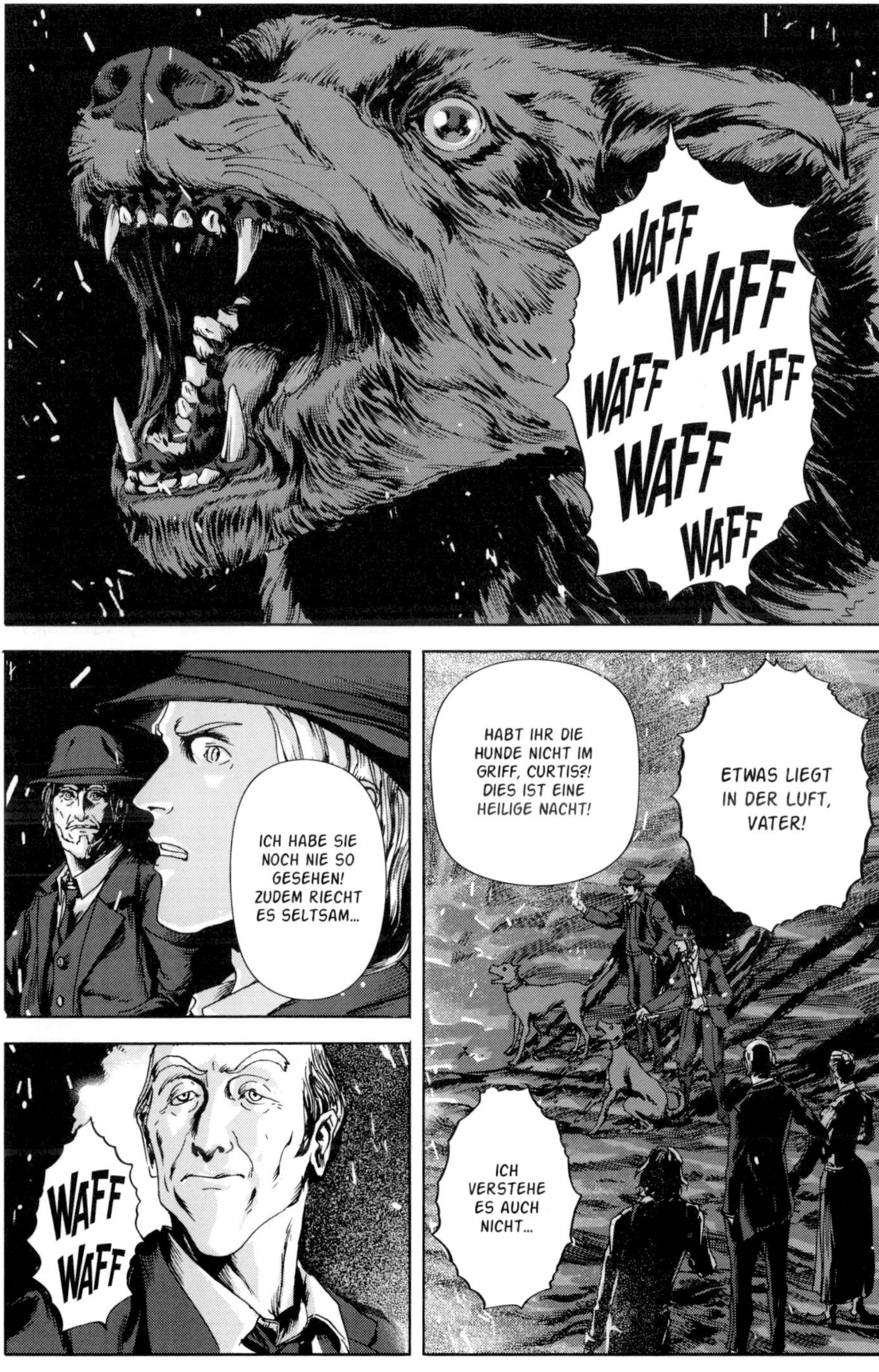
WAFF
WAFF
WAFF
WAFF
WAFF
WAFF
HABT IHR DIE HUNDE NICHT IM GRIFF, CURTIS?! DIES IST EINE HEILIGE NACHT!
ETWAS LIEGT IN DER LUFT, VATER!
ICH HABE SIE NOCH NIE SO GESEHEN! ZUDEM RIECHT ES SELTSAM...
ICH VERSTEHE ES AUCH NICHT...
WAFF
WAFF

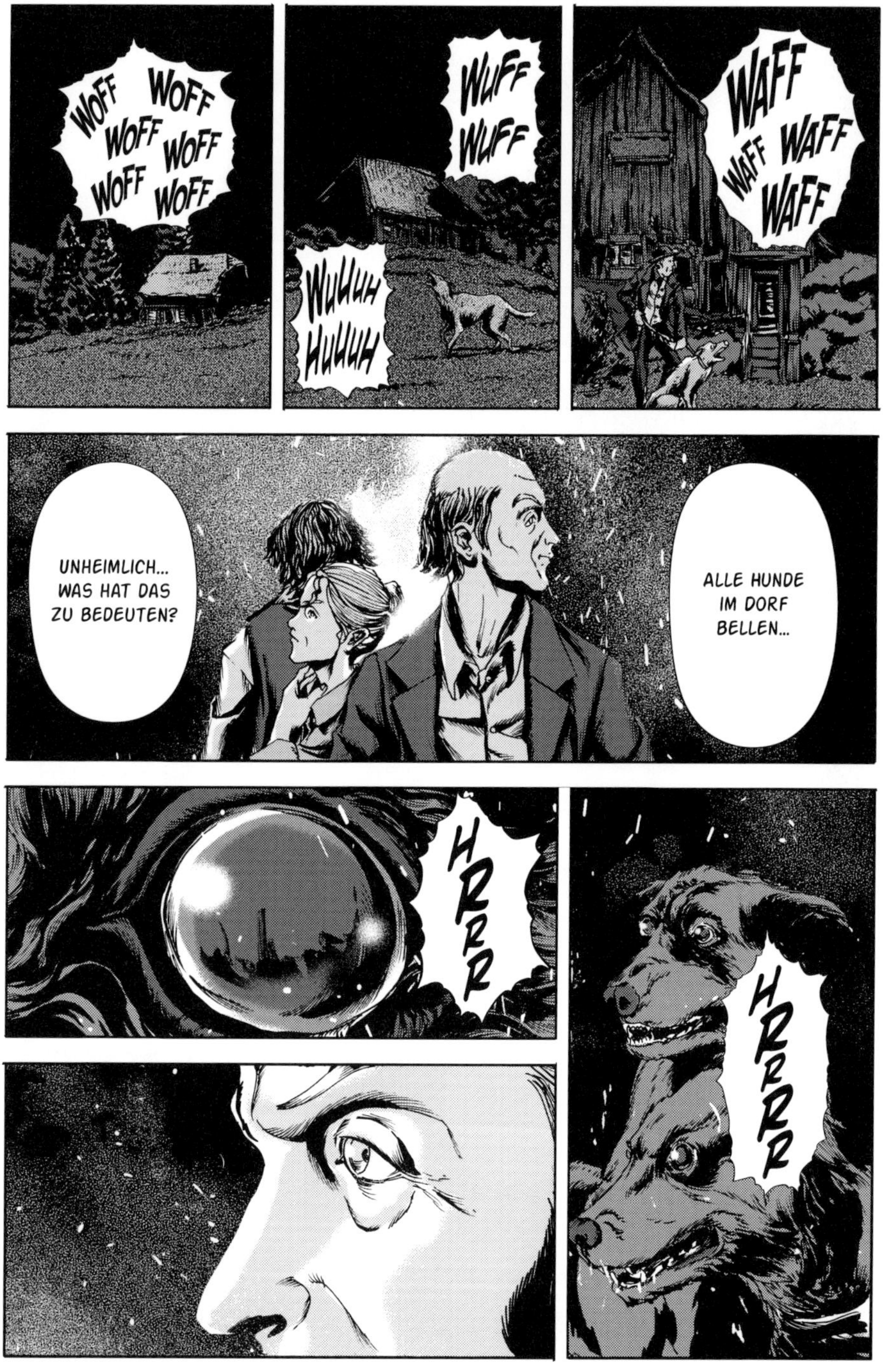
WOFF WOFF WOFF WOFF WOFF WOFF
WUFF WUFF
WUUUH HUUUH
WAFF WAFF WAFF WAFF
UNHEIMLICH... WAS HAT DAS ZU BEDEUTEN?
ALLE HUNDE IM DORF BELLEN...
HRRR
HRRRR

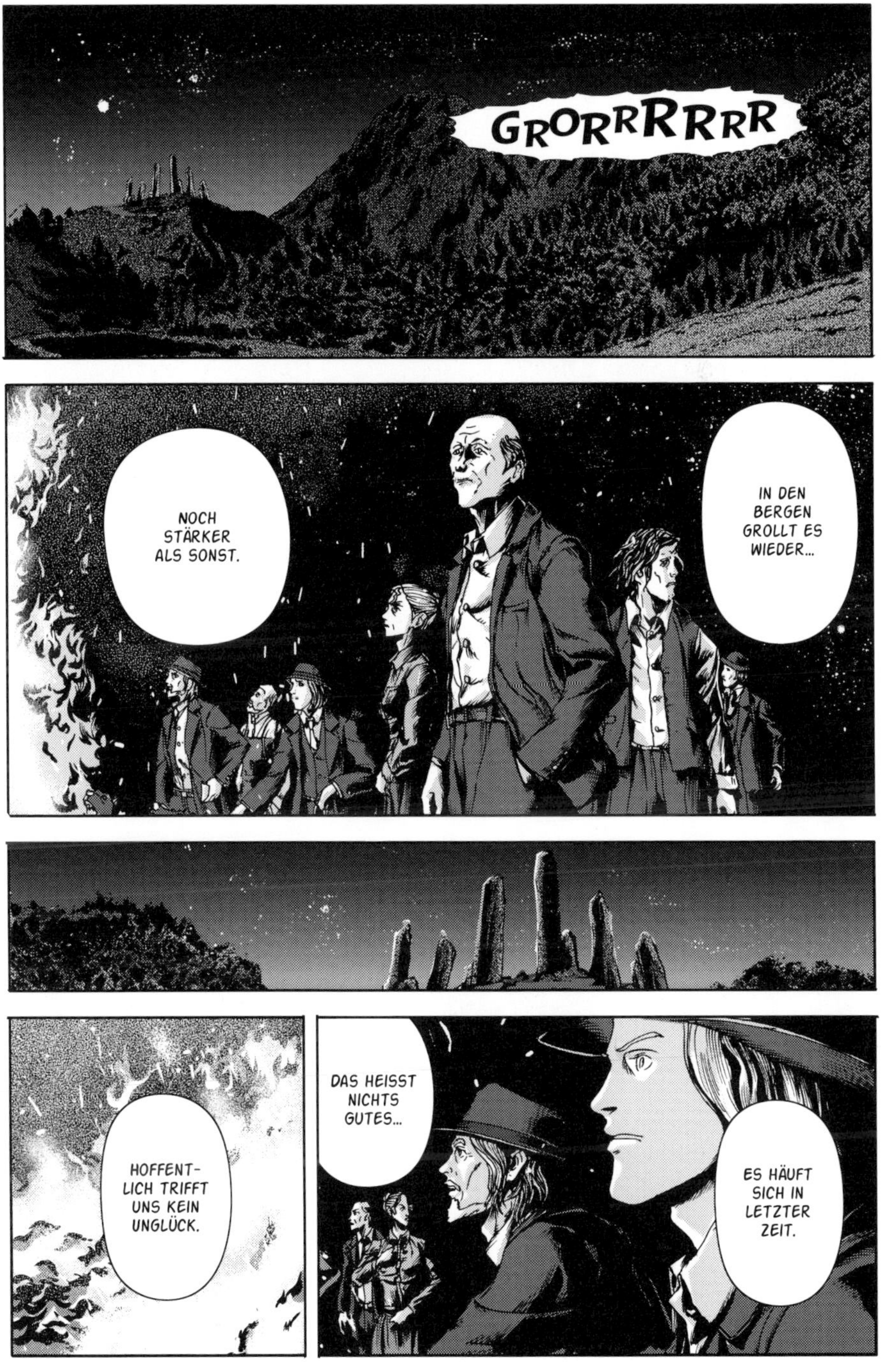
GRORRRRRR
IN DEN BERGEN GROLLT ES WIEDER...
NOCH STÄRKER ALS SONST.
ES HÄUFT SICH IN LETZTER ZEIT.
DAS HEISST NICHTS GUTES...
HOFFENT-LICH TRIFFT UNS KEIN UNGLÜCK.

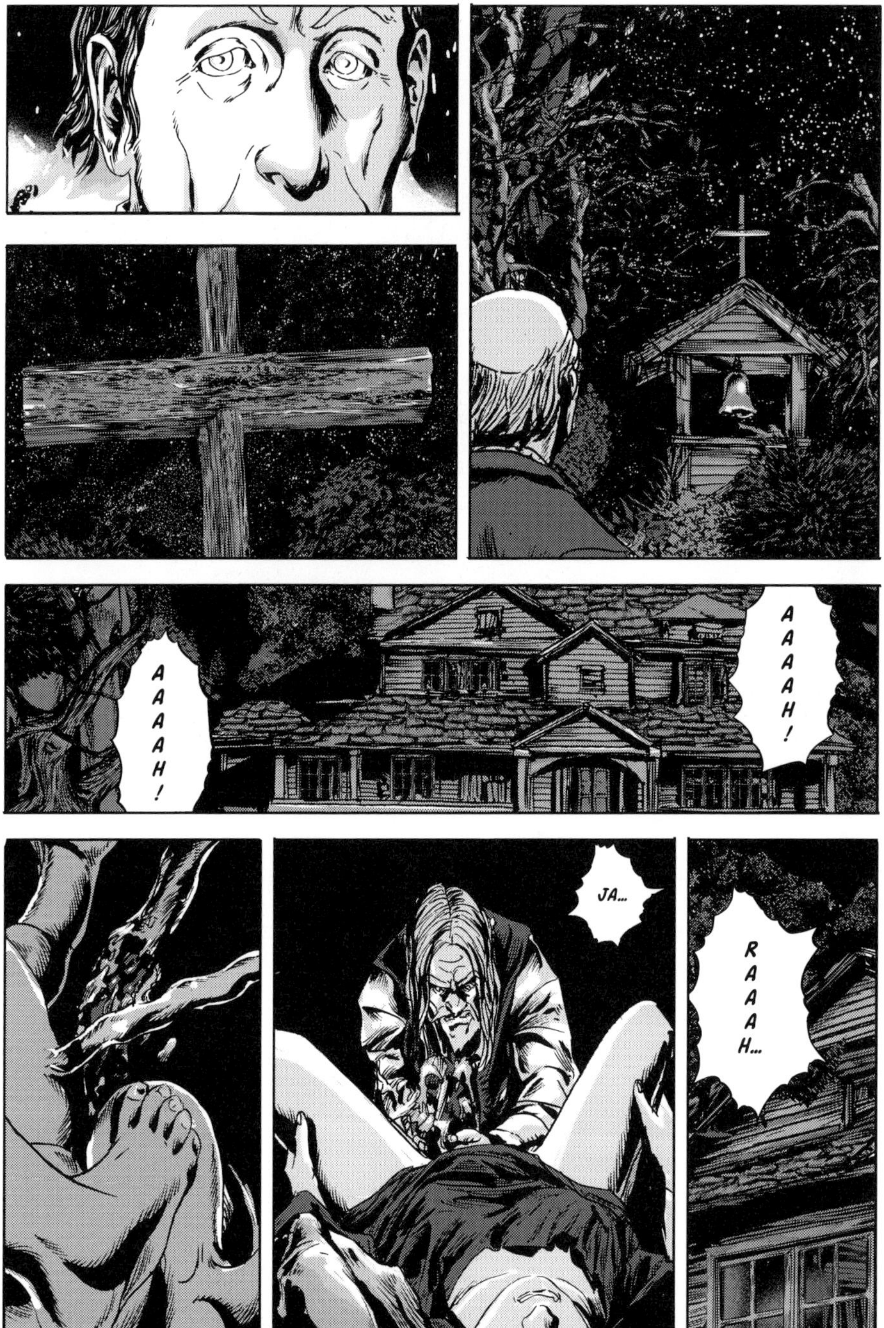
AAAAAH!
AAAAAH!
JA...
RAAAAH...

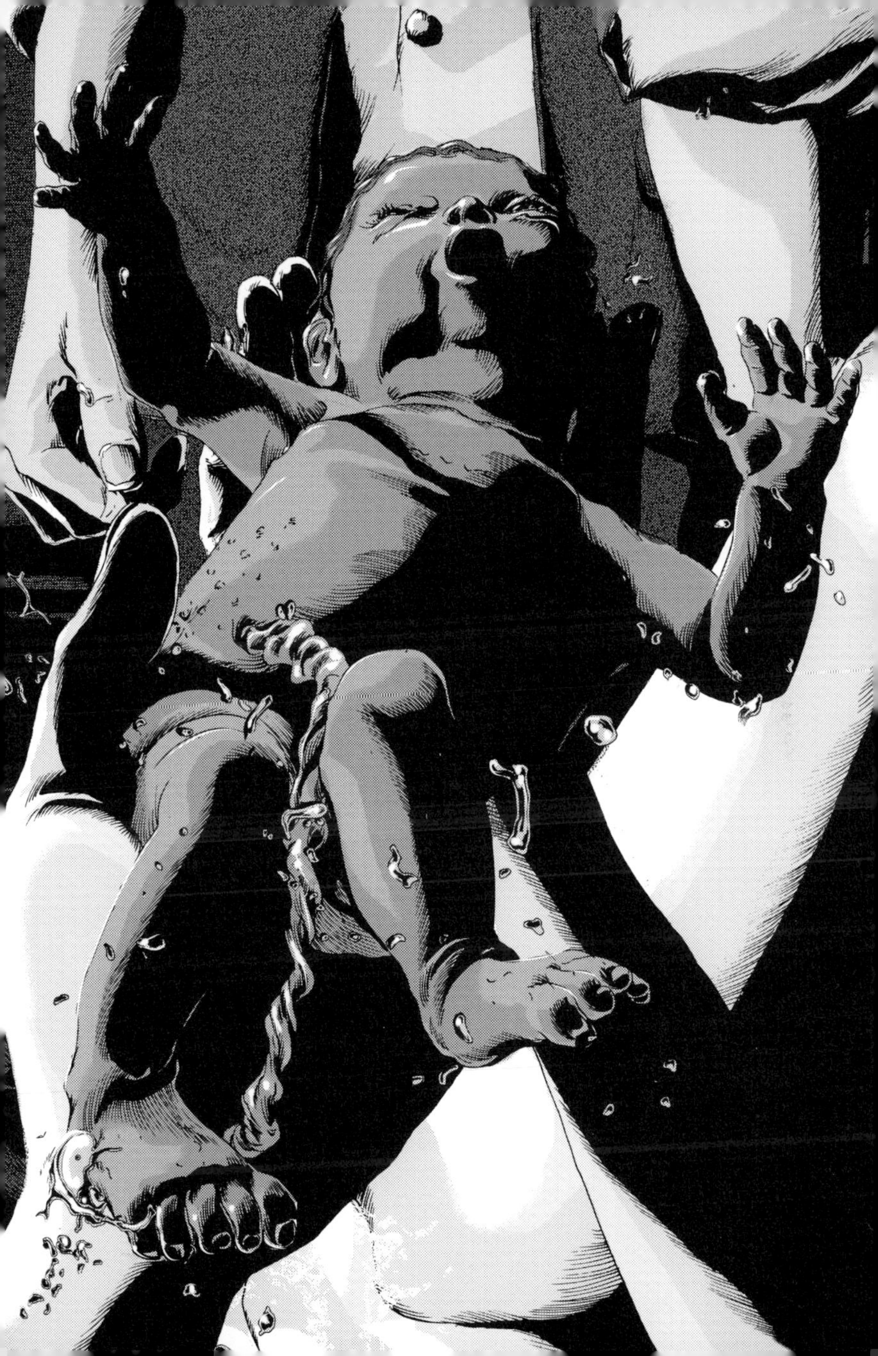

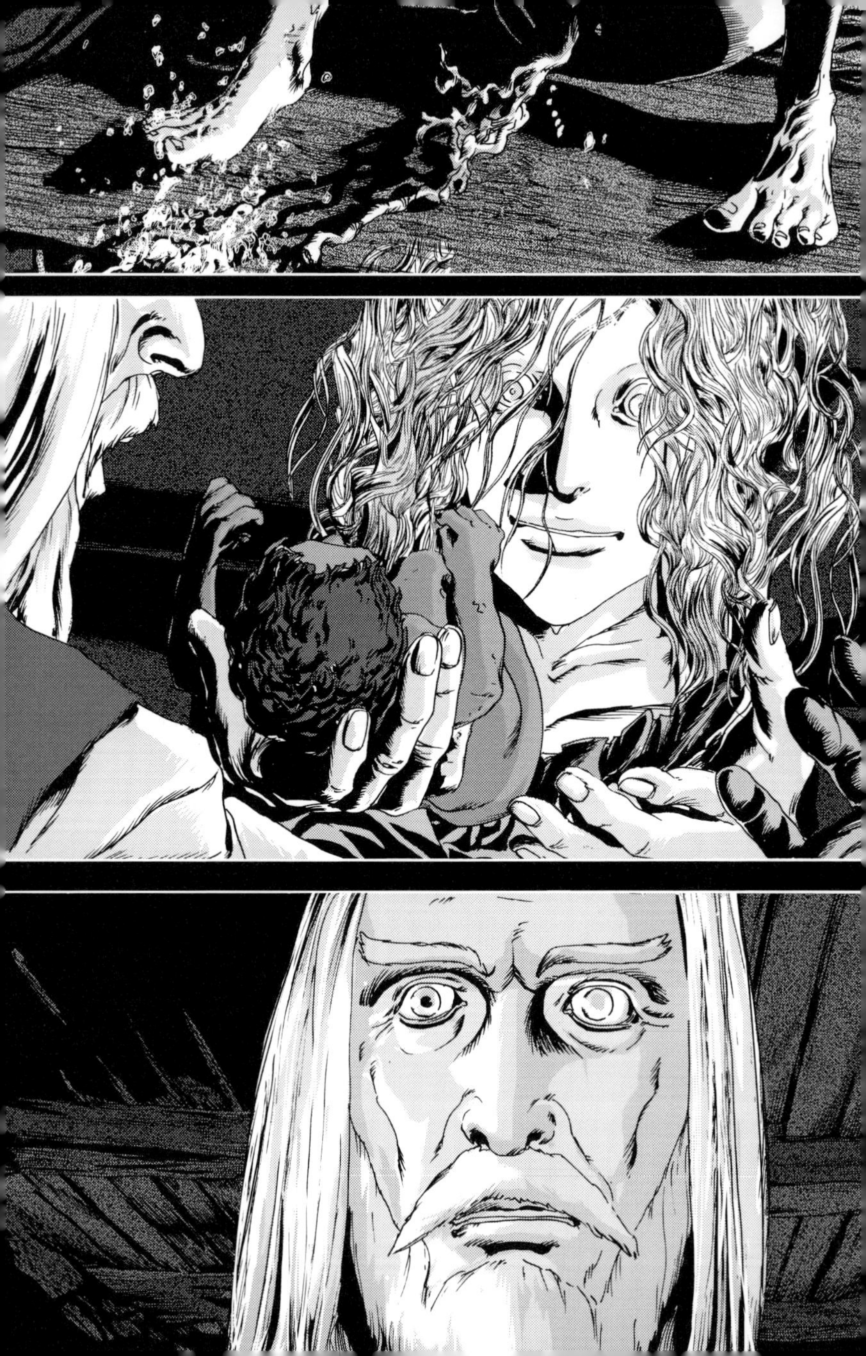

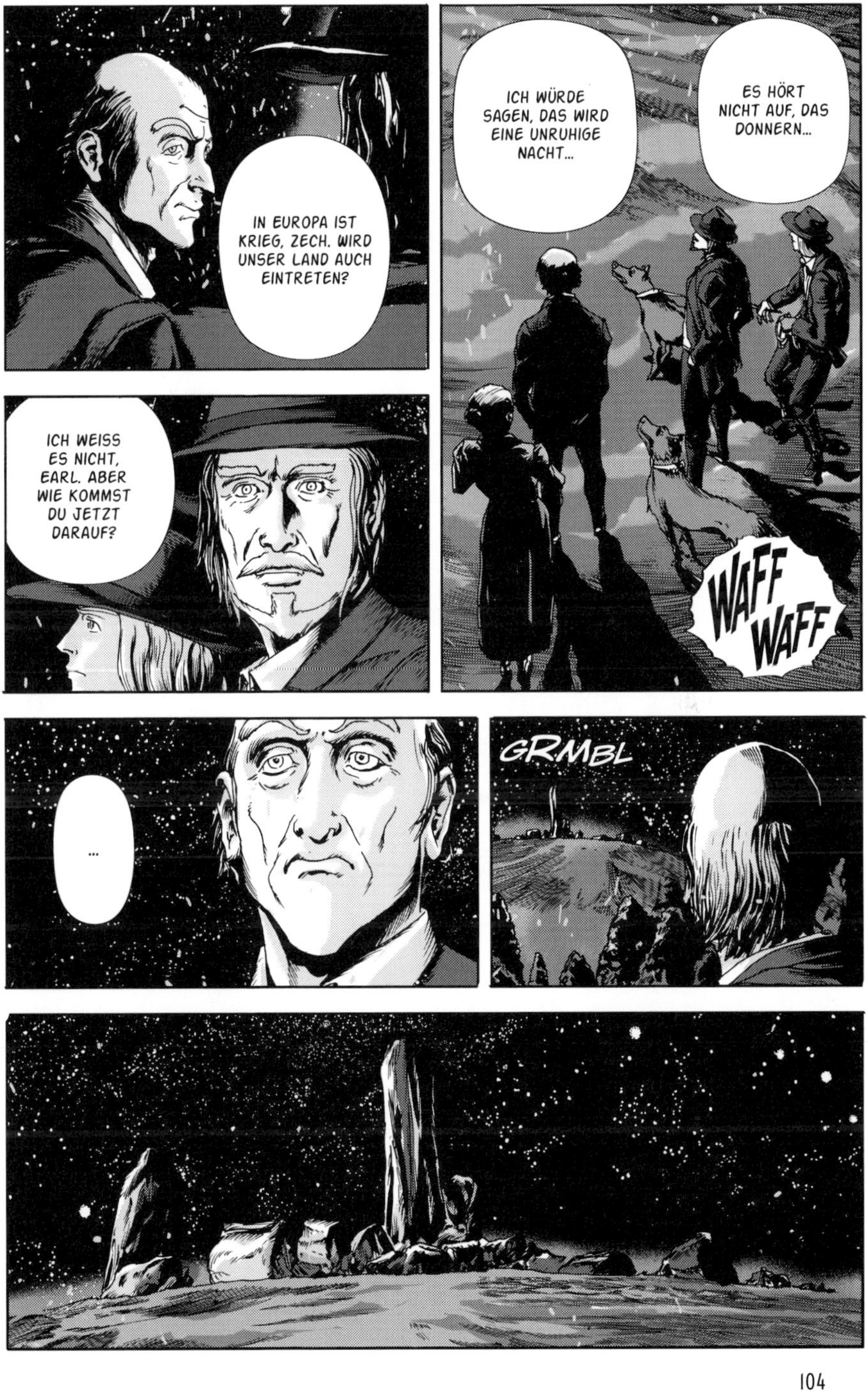

IN EUROPA IST KRIEG, ZECH. WIRD UNSER LAND AUCH EINTRETEN?
ICH WEISS ES NICHT, EARL. ABER WIE KOMMST DU JETZT DARAUF?
ICH WÜRDE SAGEN, DAS WIRD EINE UNRUHIGE NACHT...
ES HÖRT NICHT AUF, DAS DONNERN...
WAFF WAFF
...
GRMBL

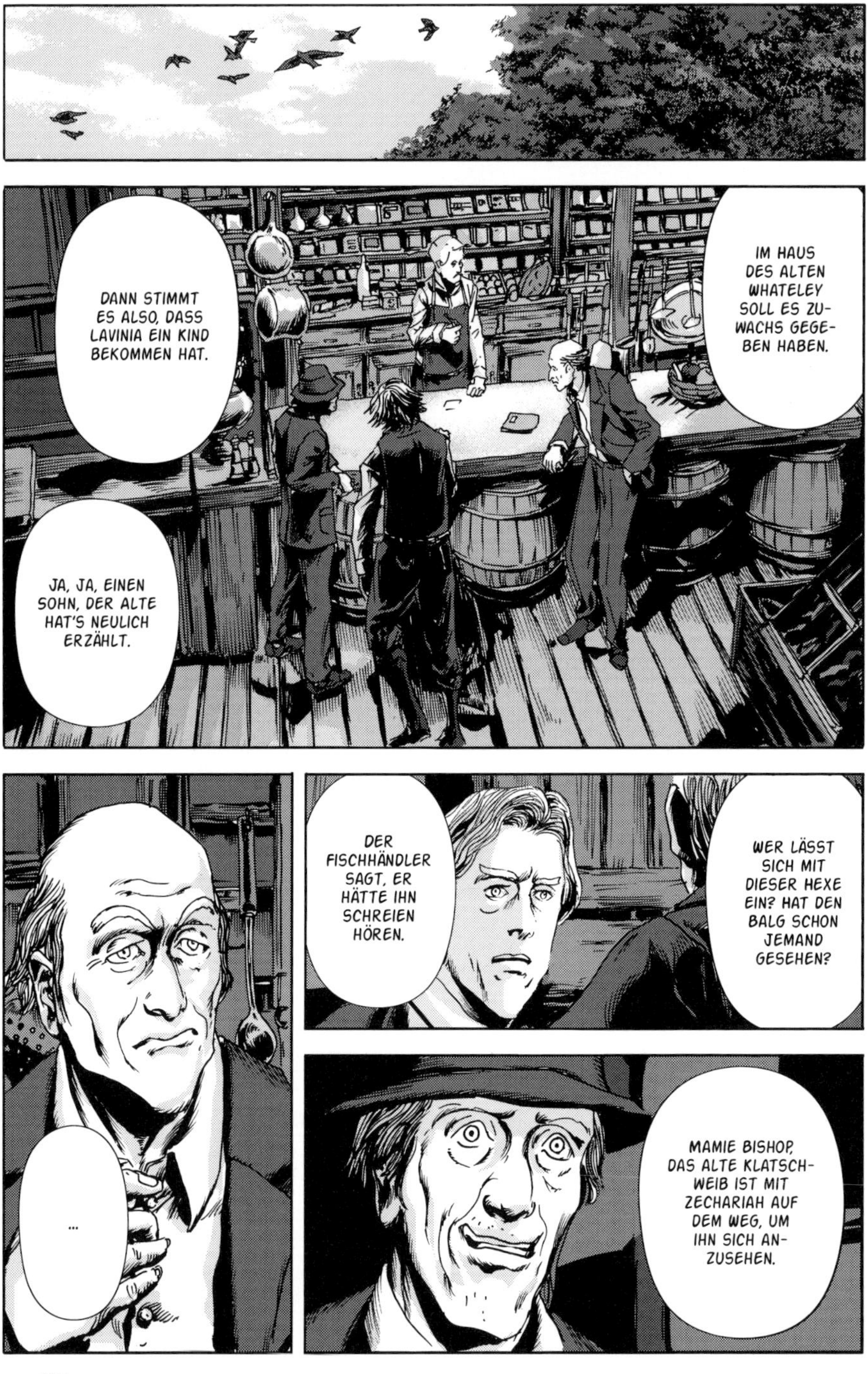
DANN STIMMT ES ALSO, DASS LAVINIA EIN KIND BEKOMMEN HAT.
IM HAUS DES ALTEN WHATELEY SOLL ES ZUWACHS GEGEBEN HABEN.
JA, JA, EINEN SOHN, DER ALTE HAT'S NEULICH ERZÄHLT.
WER LÄSST SICH MIT DIESER HEXE EIN? HAT DEN BALG SCHON JEMAND GESEHEN?
DER FISCHHÄNDLER SAGT, ER HÄTTE IHN SCHREIEN HÖREN.
MAMIE BISHOP, DAS ALTE KLATSCHWEIB IST MIT ZECHARIAH AUF DEM WEG, UM IHN SICH ANZUSEHEN.
...

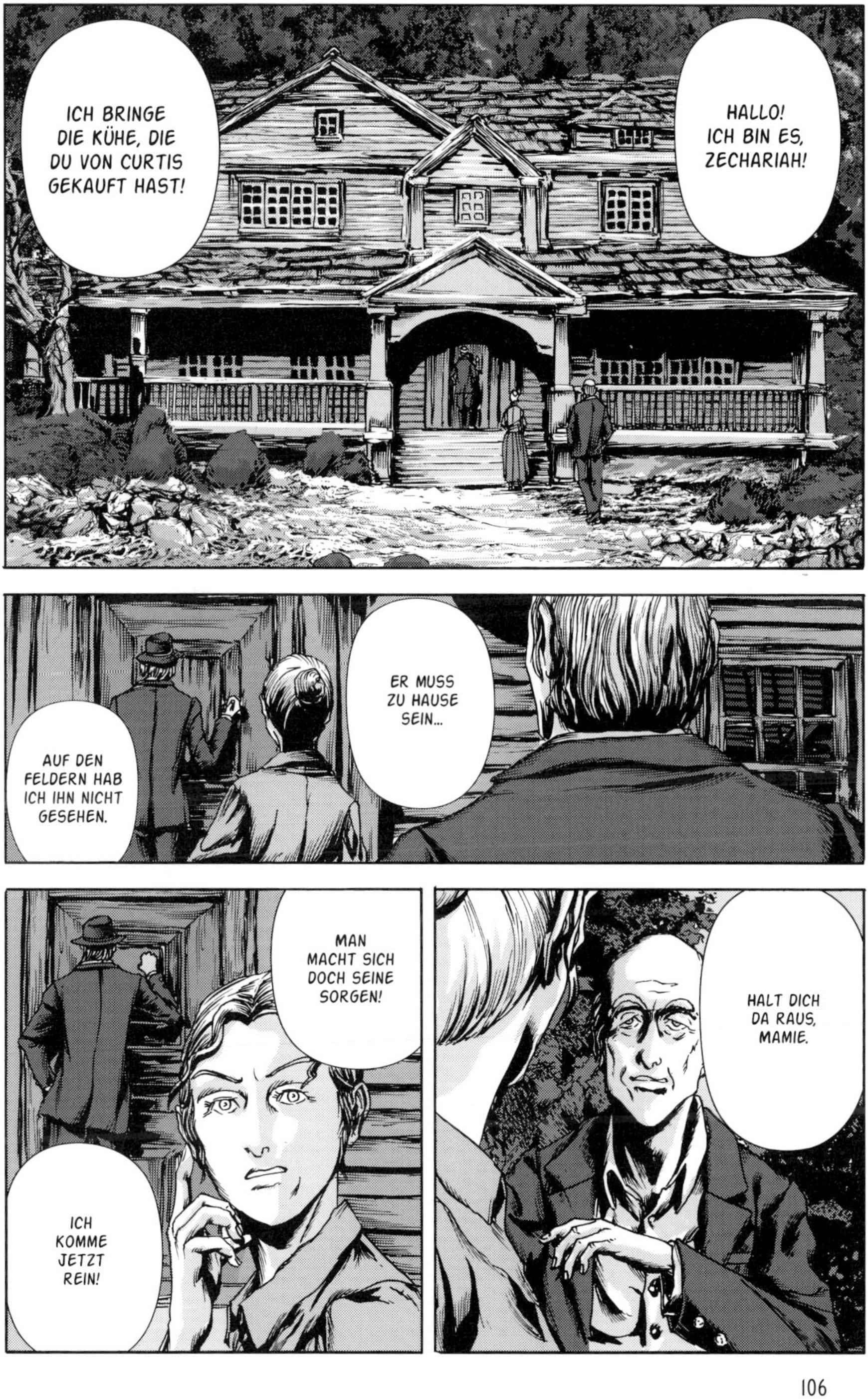

ICH BRINGE DIE KÜHE, DIE DU VON CURTIS GEKAUFT HAST!
HALLO! ICH BIN ES, ZECHARIAH!
AUF DEN FELDERN HAB ICH IHN NICHT GESEHEN.
ER MUSS ZU HAUSE SEIN...
MAN MACHT SICH DOCH SEINE SORGEN!
ICH KOMME JETZT REIN!
HALT DICH DA RAUS, MAMIE.

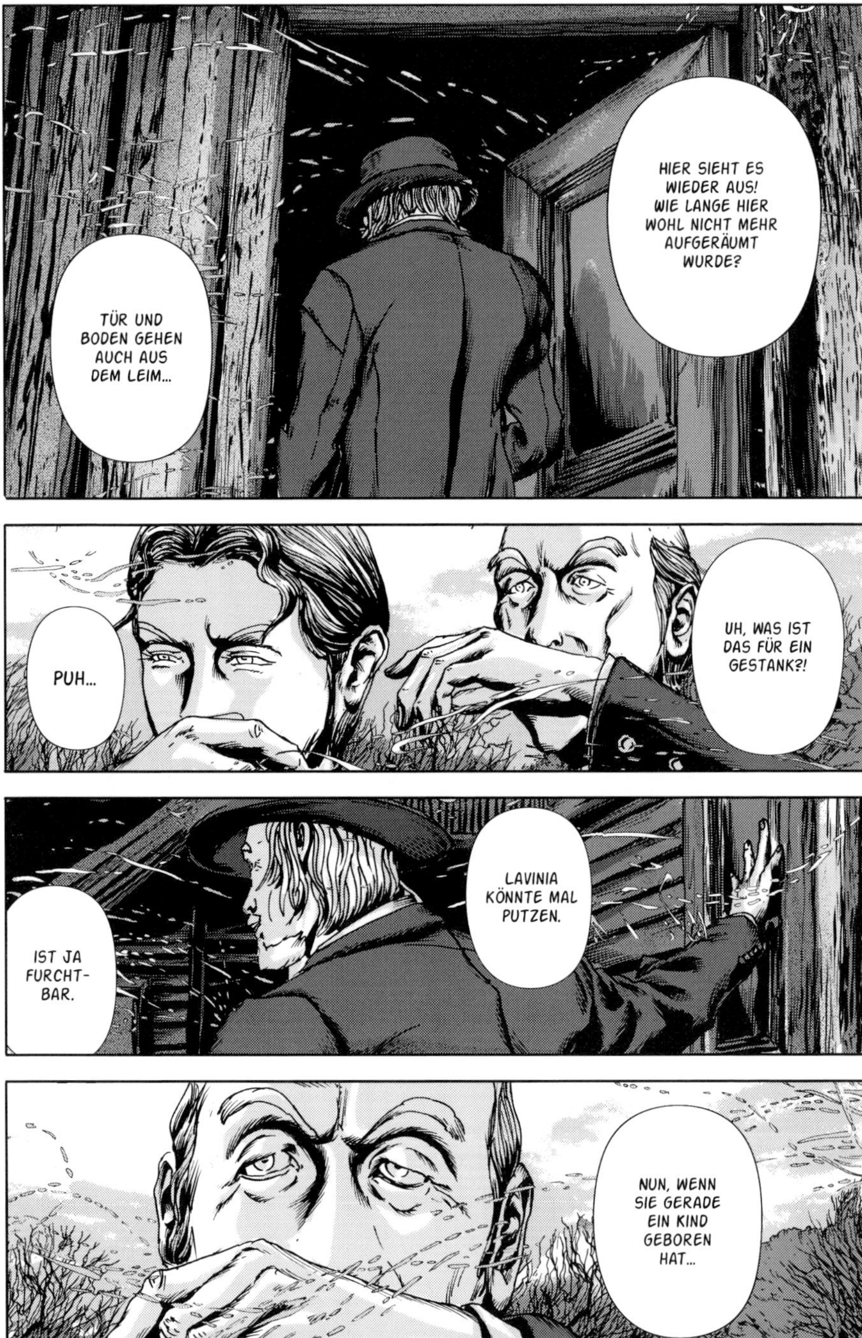
HIER SIEHT ES WIEDER AUS! WIE LANGE HIER WOHL NICHT MEHR AUFGERÄUMT WURDE?
TÜR UND BODEN GEHEN AUCH AUS DEM LEIM…
PUH…
UH, WAS IST DAS FÜR EIN GESTANK?!
IST JA FURCHT-BAR.
LAVINIA KÖNNTE MAL PUTZEN.
NUN, WENN SIE GERADE EIN KIND GEBOREN HAT…

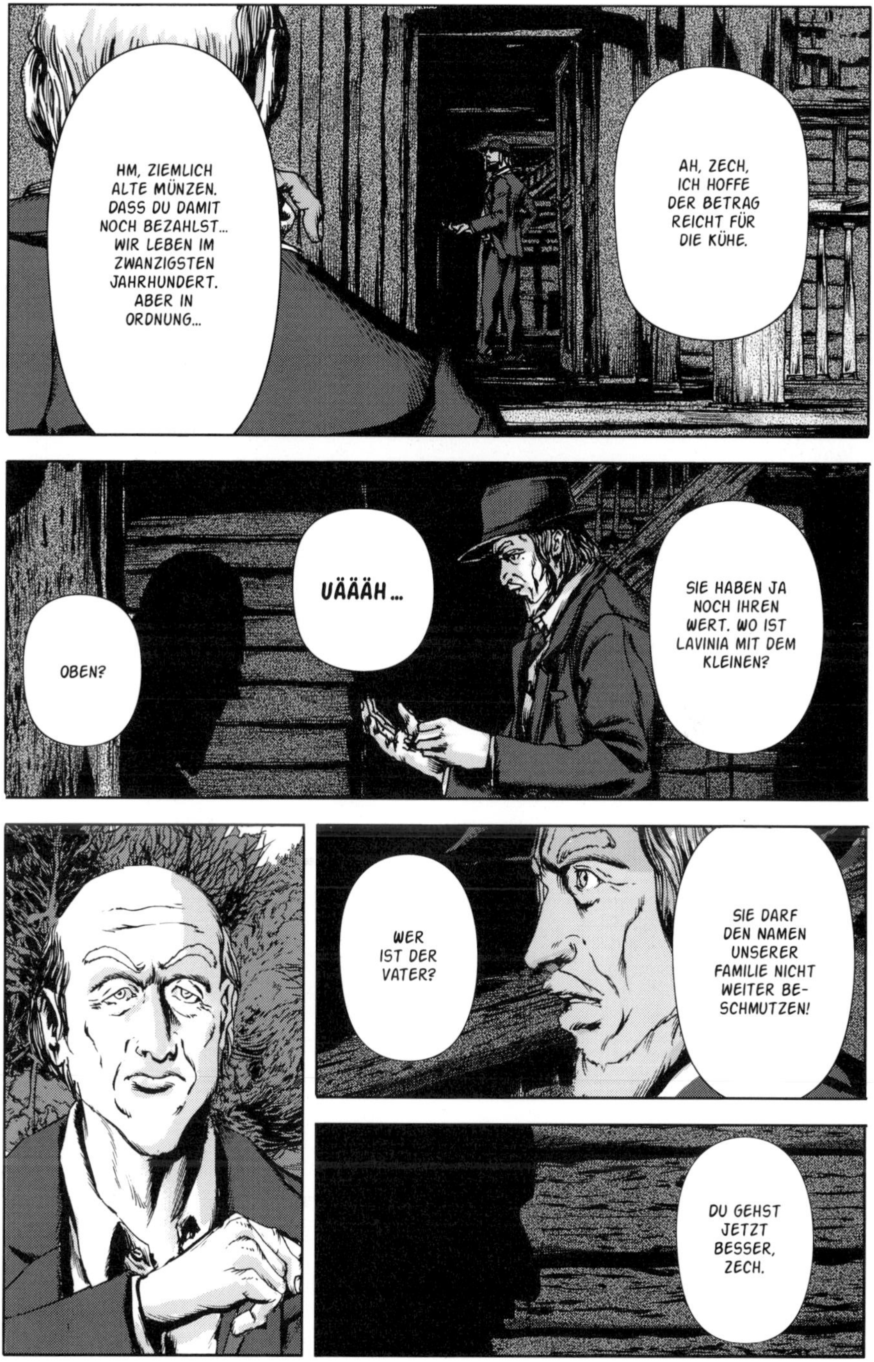
HM, ZIEMLICH ALTE MÜNZEN. DASS DU DAMIT NOCH BEZAHLST... WIR LEBEN IM ZWANZIGSTEN JAHRHUNDERT. ABER IN ORDNUNG...
AH, ZECH, ICH HOFFE DER BETRAG REICHT FÜR DIE KÜHE.
SIE HABEN JA NOCH IHREN WERT. WO IST LAVINIA MIT DEM KLEINEN?
UÄÄÄH...
OBEN?
SIE DARF DEN NAMEN UNSERER FAMILIE NICHT WEITER BE-SCHMUTZEN!
WER IST DER VATER?
DU GEHST JETZT BESSER, ZECH.

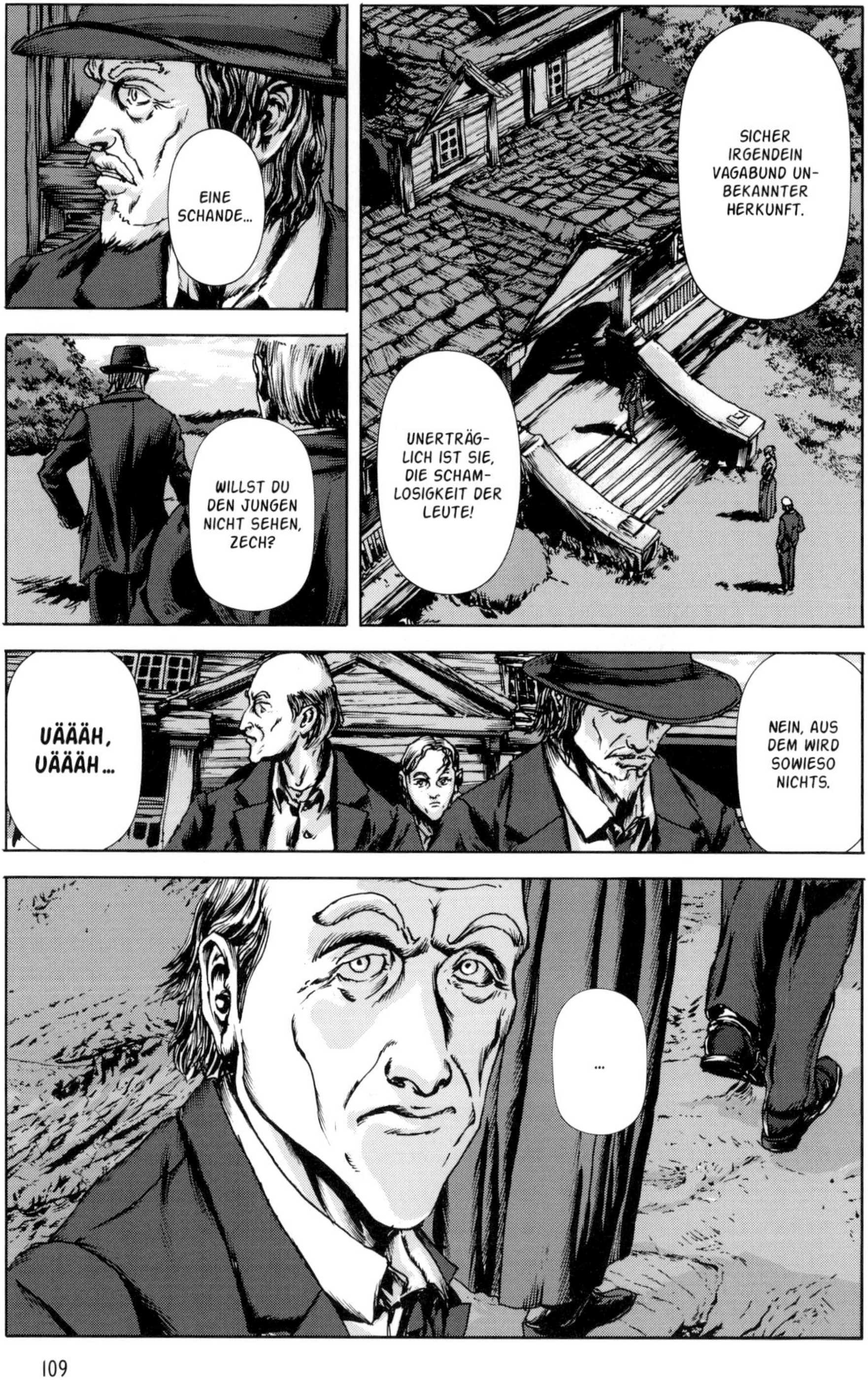
SICHER IRGENDEIN VAGABUND UN-BEKANNTER HERKUNFT.
UNERTRÄG-LICH IST SIE, DIE SCHAM-LOSIGKEIT DER LEUTE!
EINE SCHANDE...
WILLST DU DEN JUNGEN NICHT SEHEN, ZECH?
NEIN, AUS DEM WIRD SOWIESO NICHTS.
UÄÄÄH, UÄÄÄH...
...

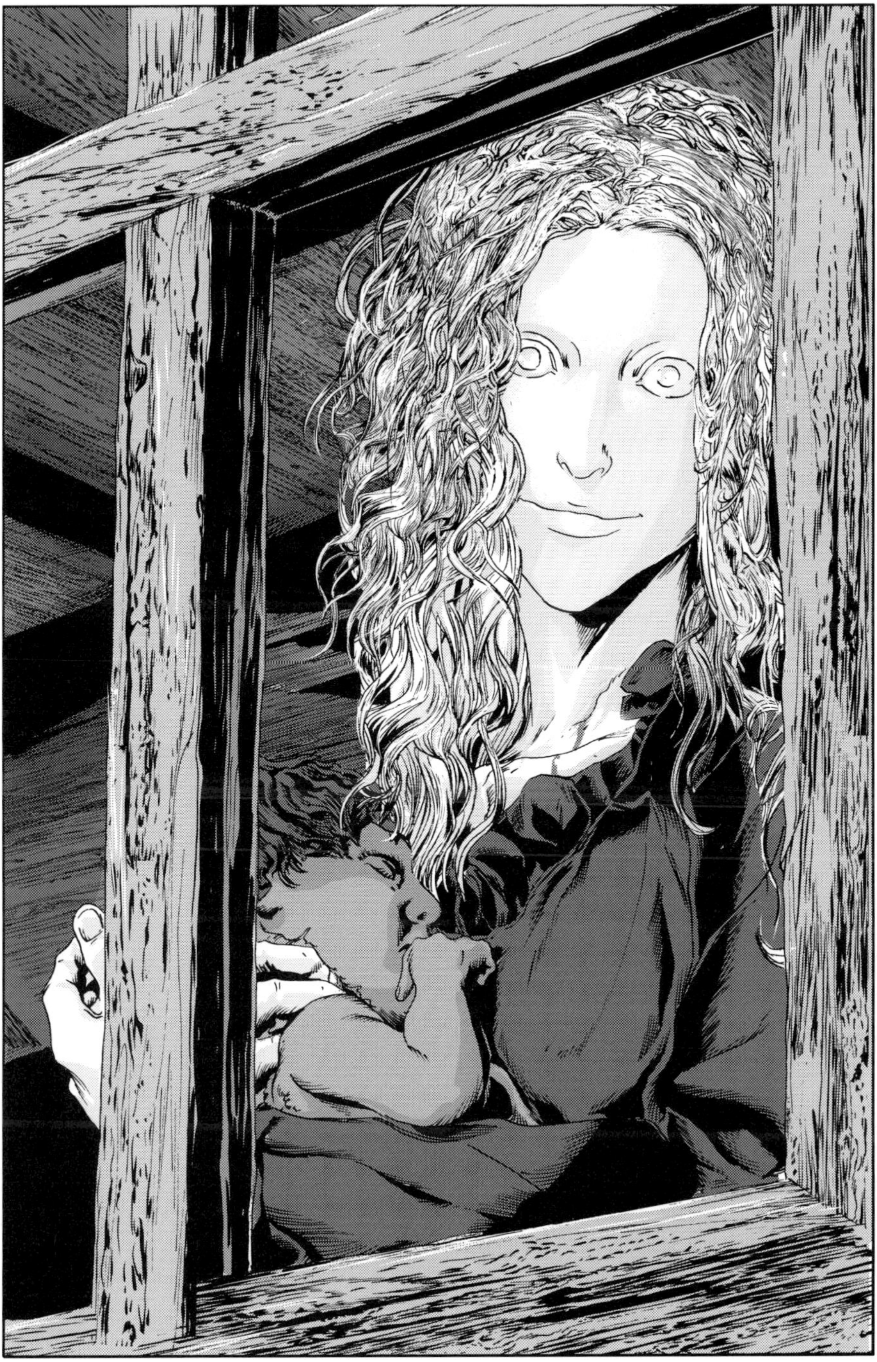

4 DER JUNGE

The Boy

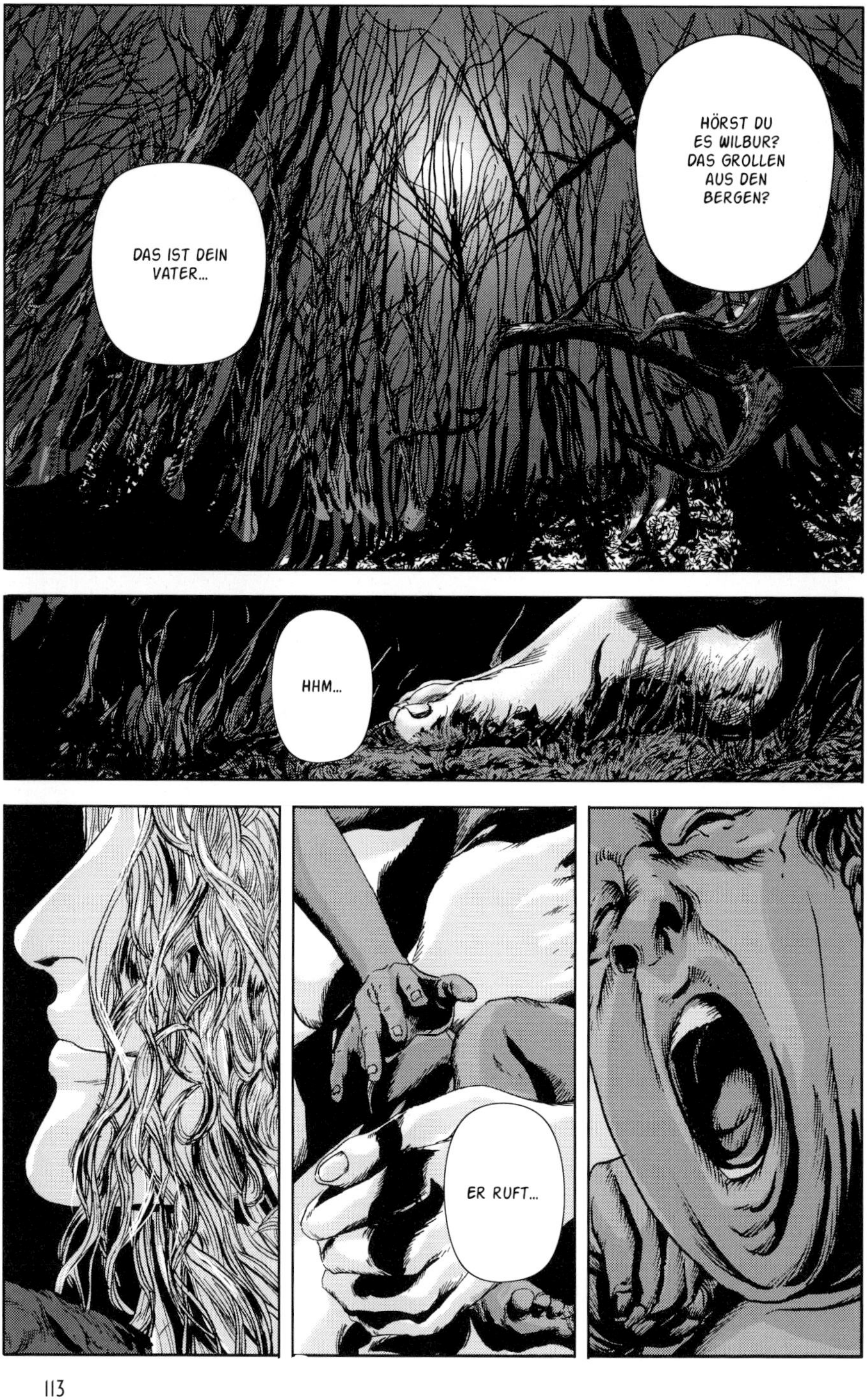
HÖRST DU ES WILBUR? DAS GROLLEN AUS DEN BERGEN?
DAS IST DEIN VATER...
HHM...
ER RUFT...

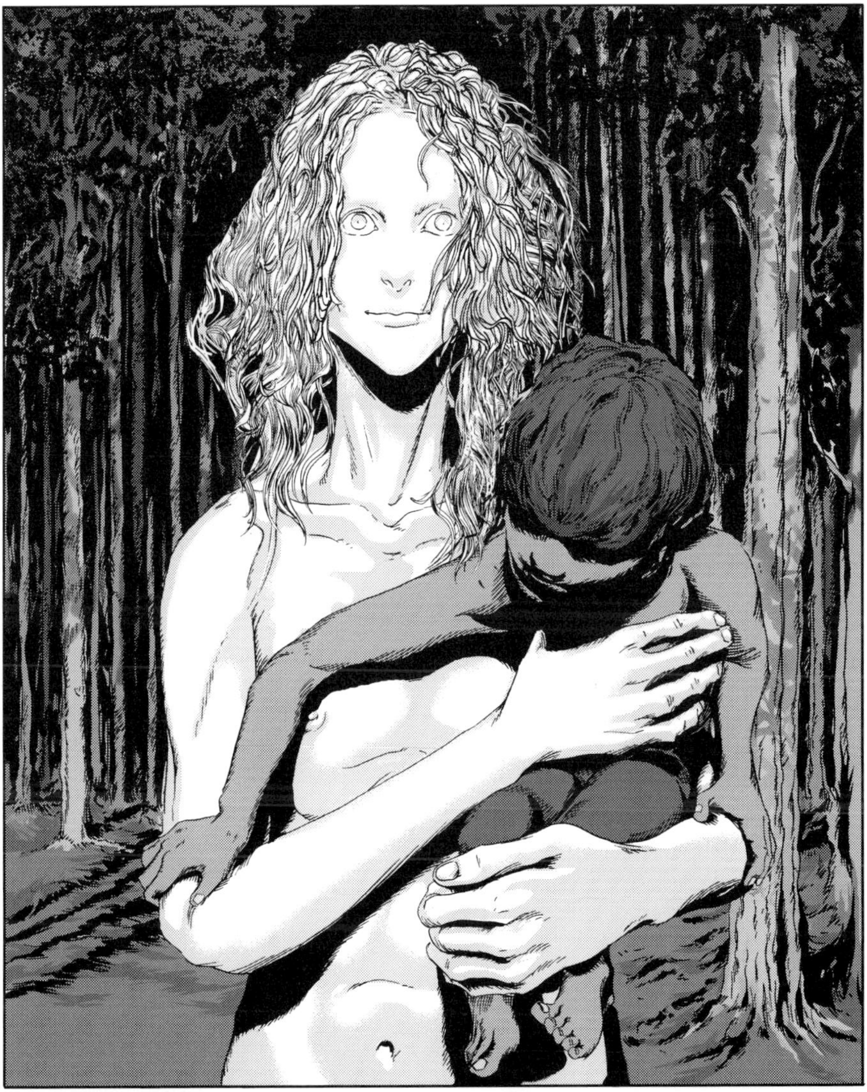

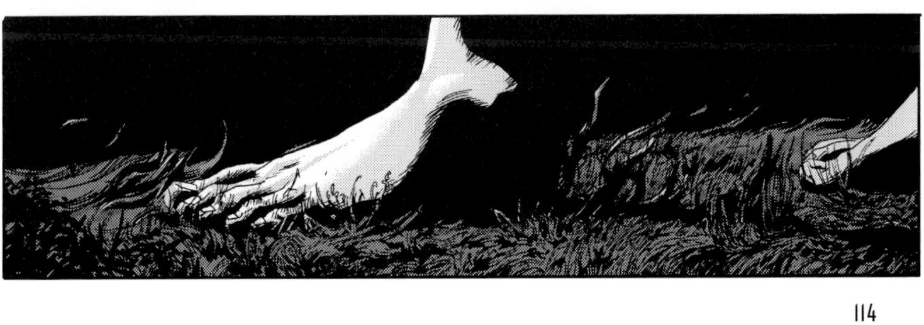

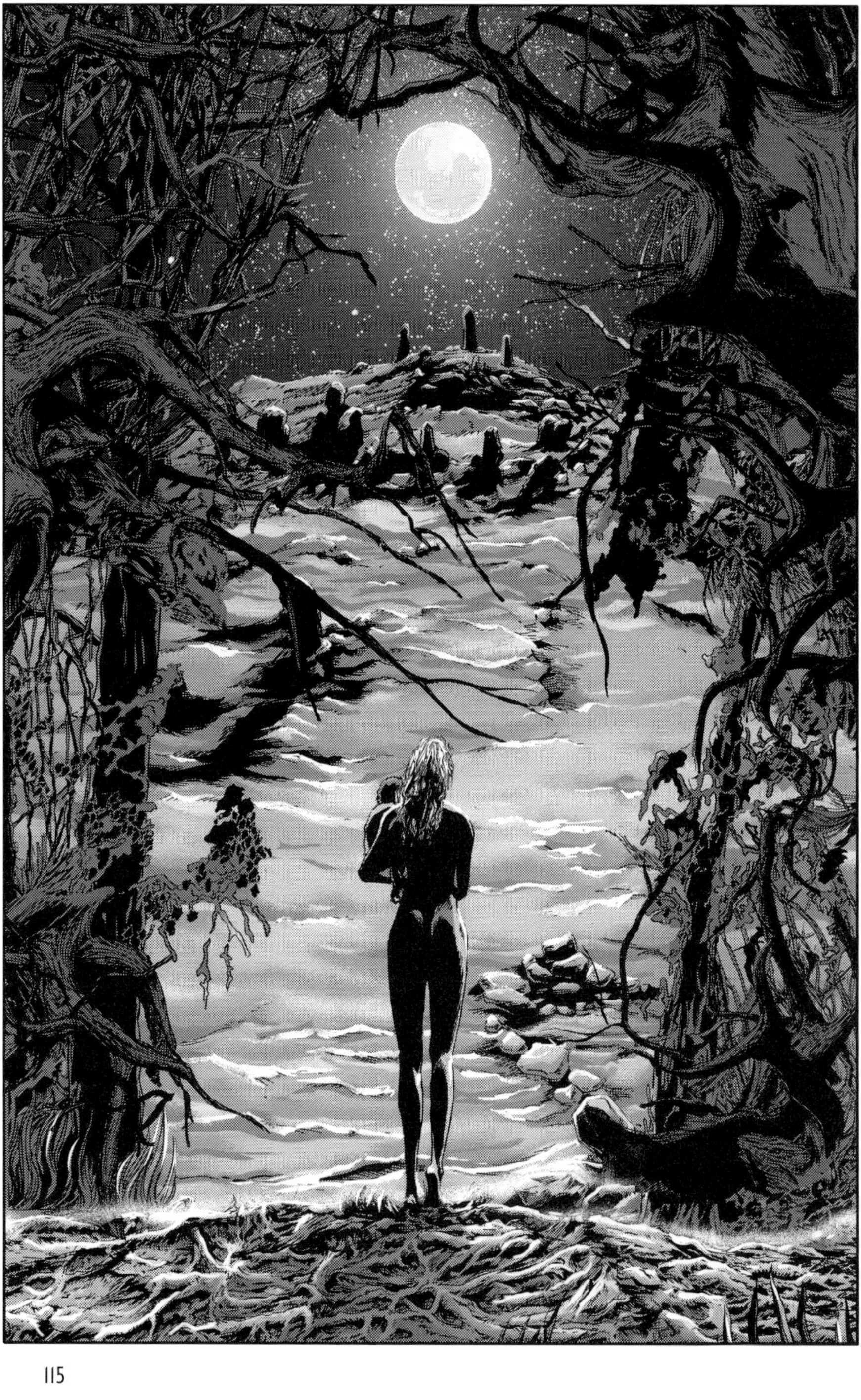

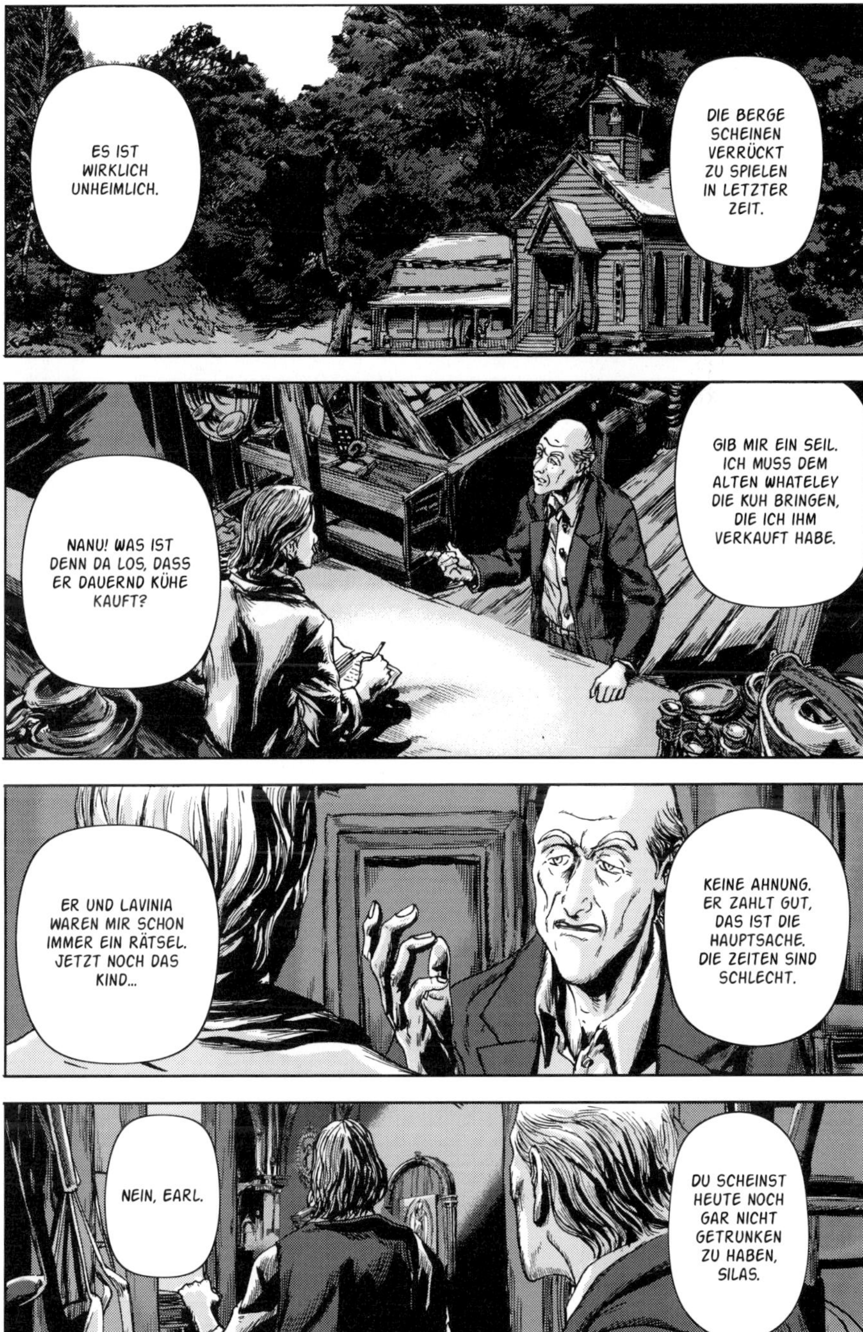
ES IST WIRKLICH UNHEIMLICH.
DIE BERGE SCHEINEN VERRÜCKT ZU SPIELEN IN LETZTER ZEIT.
GIB MIR EIN SEIL. ICH MUSS DEM ALTEN WHATELEY DIE KUH BRINGEN, DIE ICH IHM VERKAUFT HABE.
NANU! WAS IST DENN DA LOS, DASS ER DAUERND KÜHE KAUFT?
KEINE AHNUNG. ER ZAHLT GUT, DAS IST DIE HAUPTSACHE. DIE ZEITEN SIND SCHLECHT.
ER UND LAVINIA WAREN MIR SCHON IMMER EIN RÄTSEL. JETZT NOCH DAS KIND...
DU SCHEINST HEUTE NOCH GAR NICHT GETRUNKEN ZU HABEN, SILAS.
NEIN, EARL.

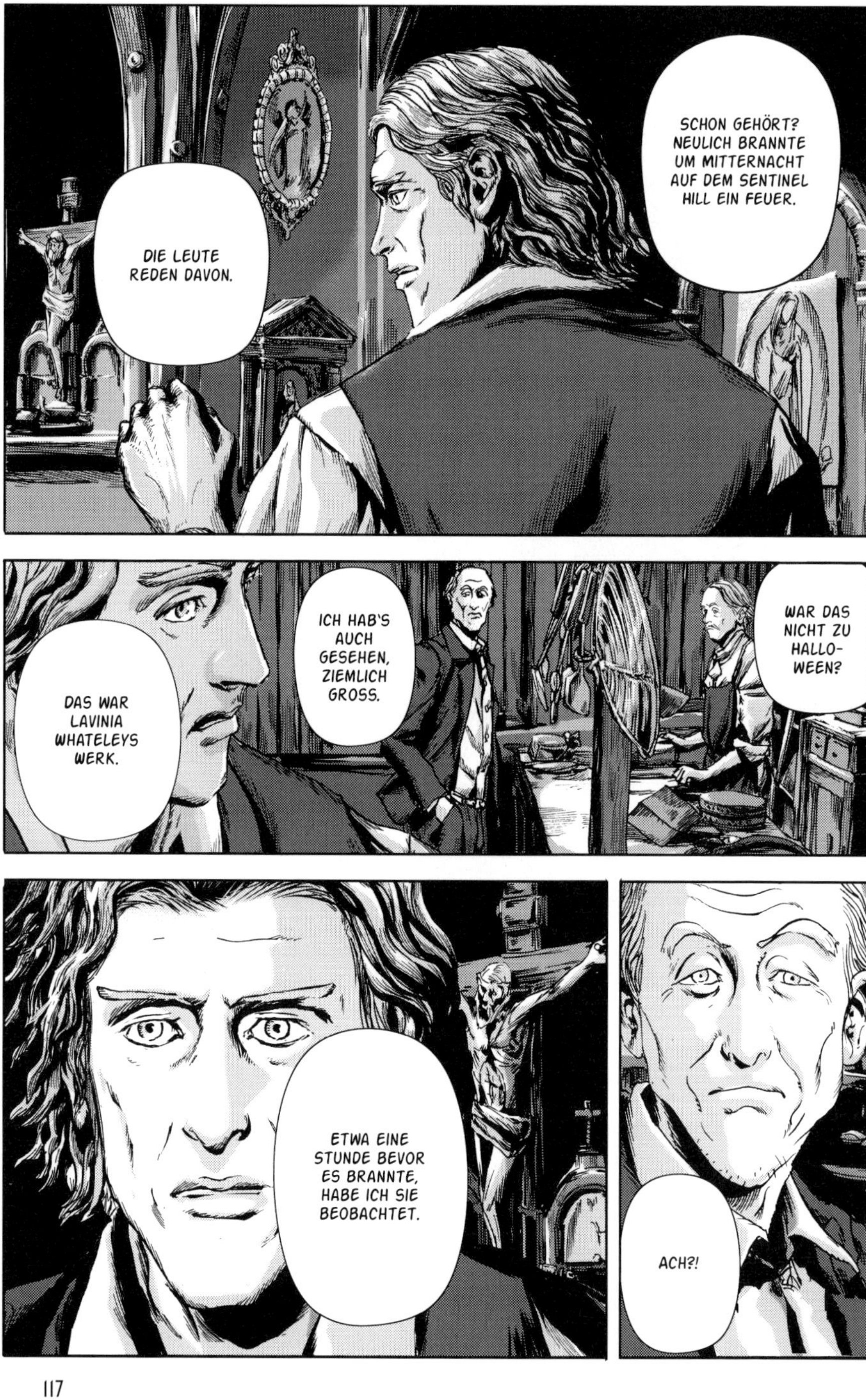
SCHON GEHÖRT? NEULICH BRANNTE UM MITTERNACHT AUF DEM SENTINEL HILL EIN FEUER.
DIE LEUTE REDEN DAVON.
WAR DAS NICHT ZU HALLO-WEEN?
ICH HAB'S AUCH GESEHEN, ZIEMLICH GROSS.
DAS WAR LAVINIA WHATELEYS WERK.
ETWA EINE STUNDE BEVOR ES BRANNTE, HABE ICH SIE BEOBACHTET.
ACH?!

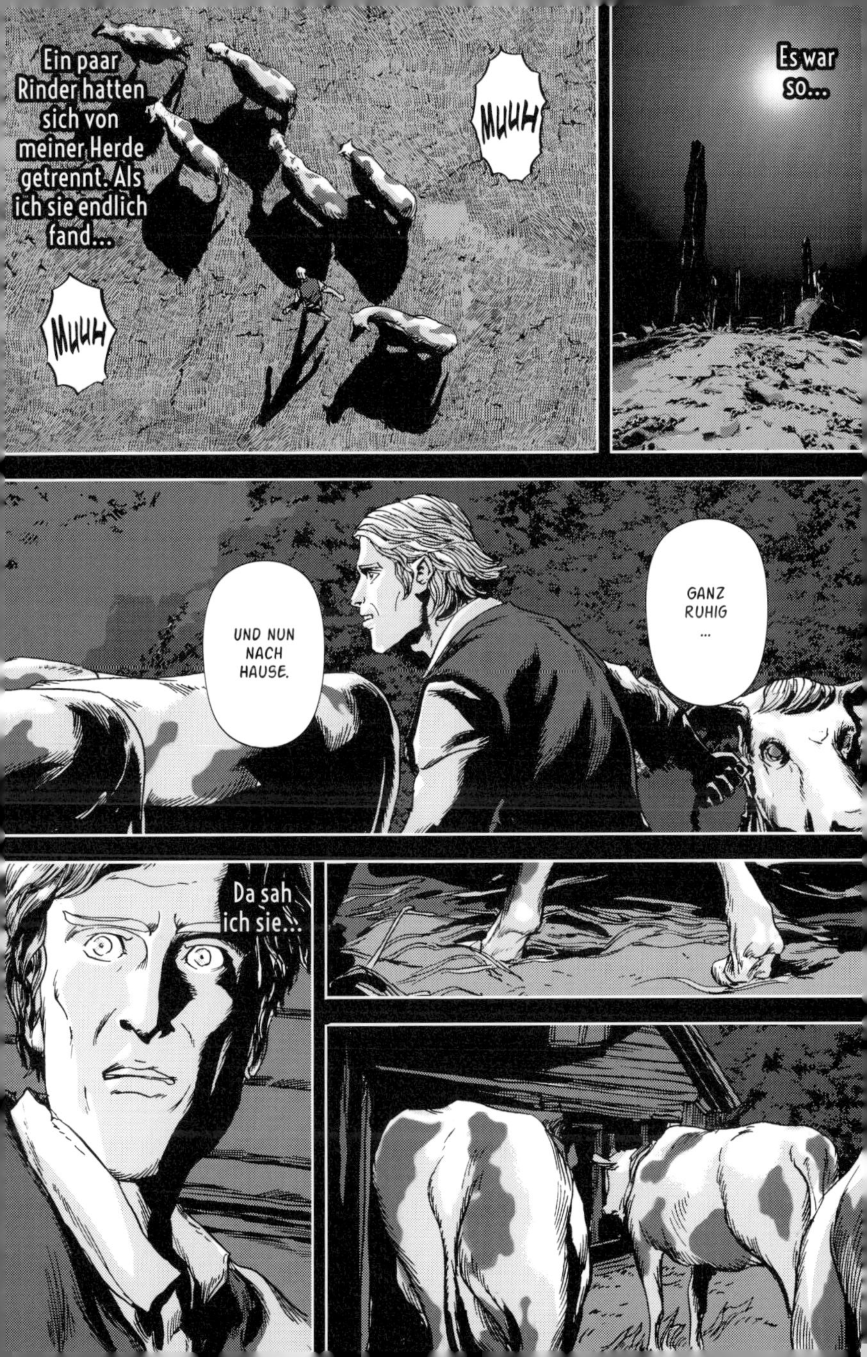
Ein paar Rinder hatten sich von meiner Herde getrennt. Als ich sie endlich fand...
MUUH
MUUH
Es war so...
GANZ RUHIG ...
UND NUN NACH HAUSE.
Da sah ich sie...

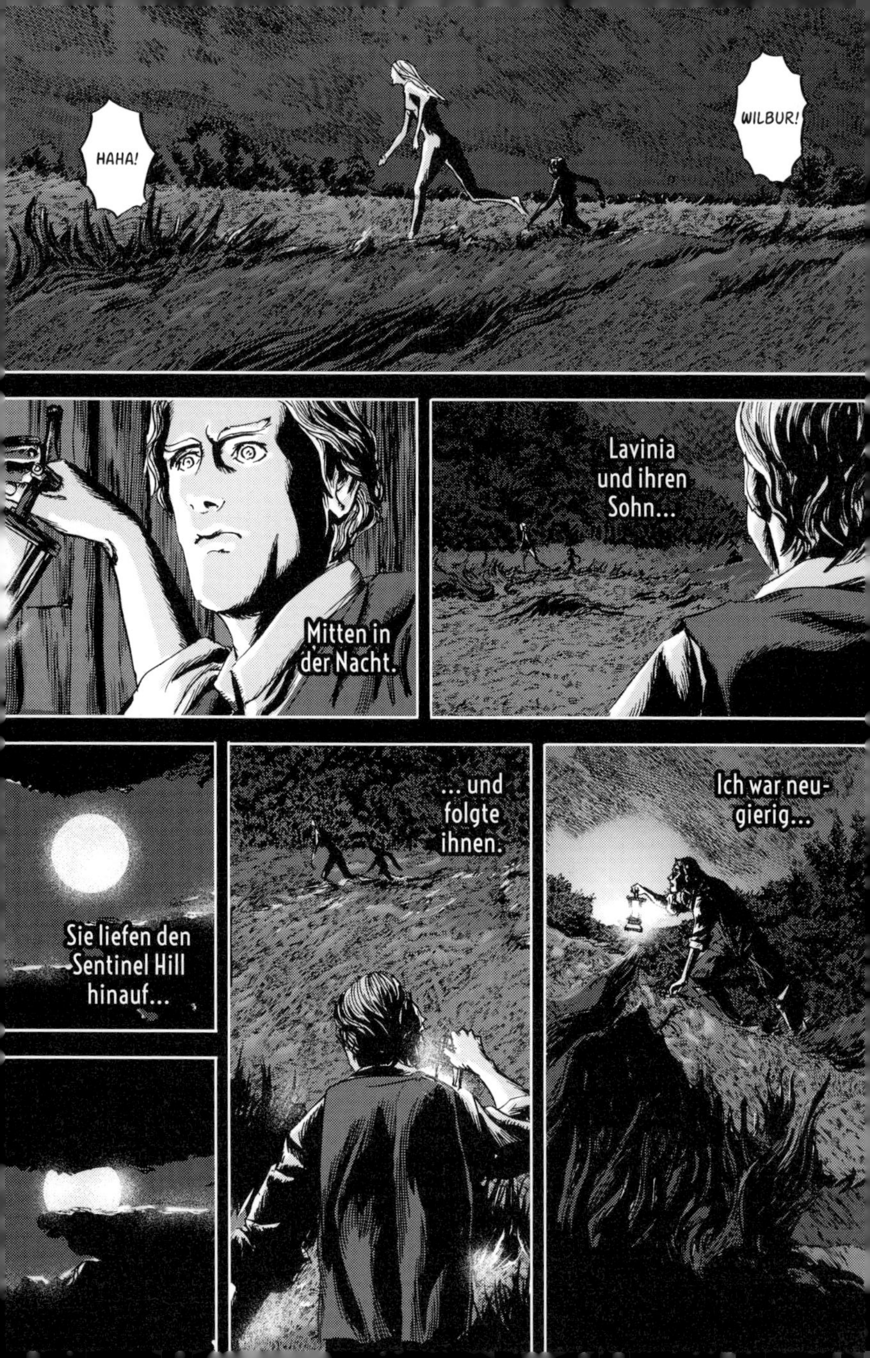
HAHA!
WILBUR!
Mitten in der Nacht.
Lavinia und ihren Sohn...
Ich war neugierig...
... und folgte ihnen.
Sie liefen den Sentinel Hill hinauf...

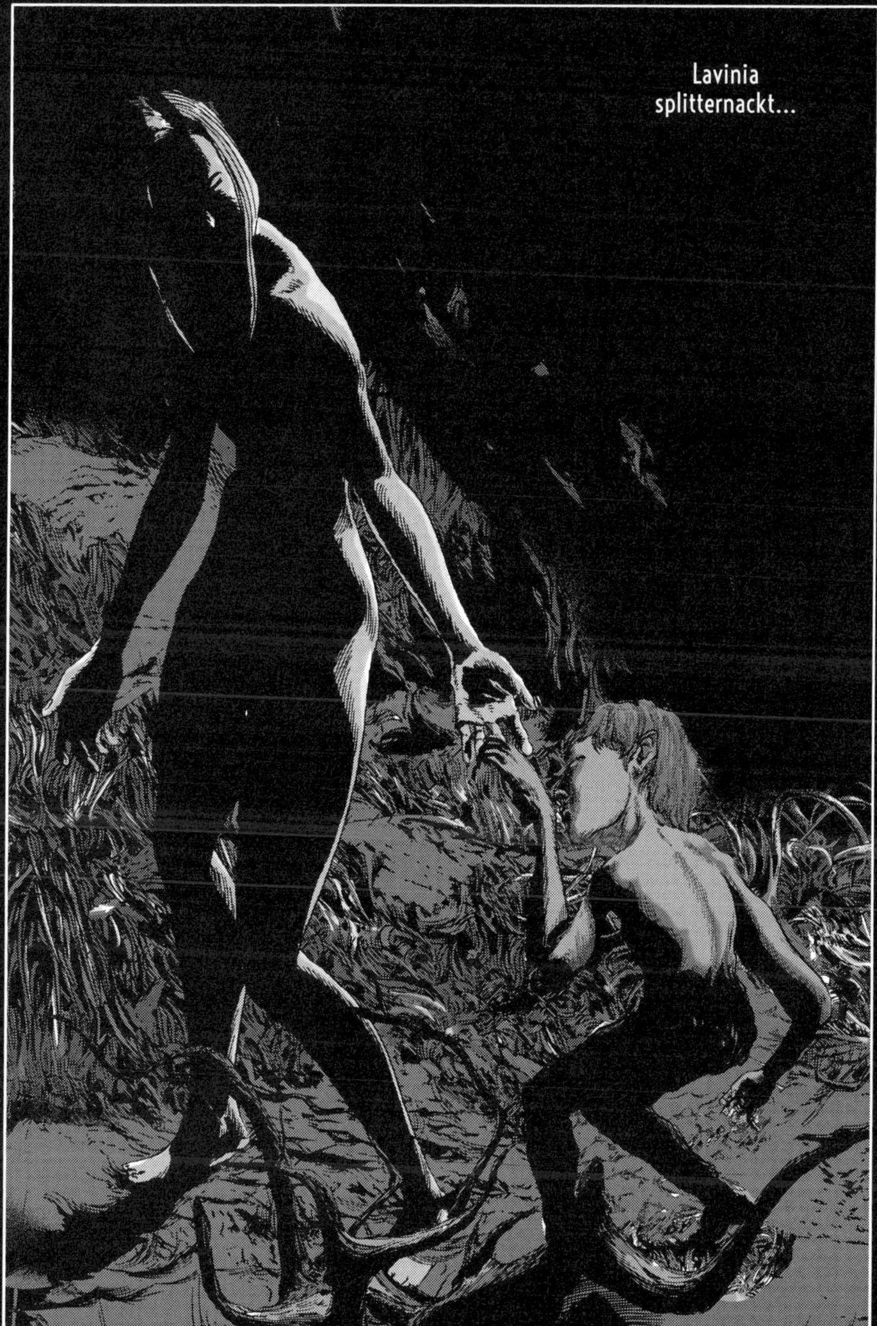
Lavinia
splitternackt…

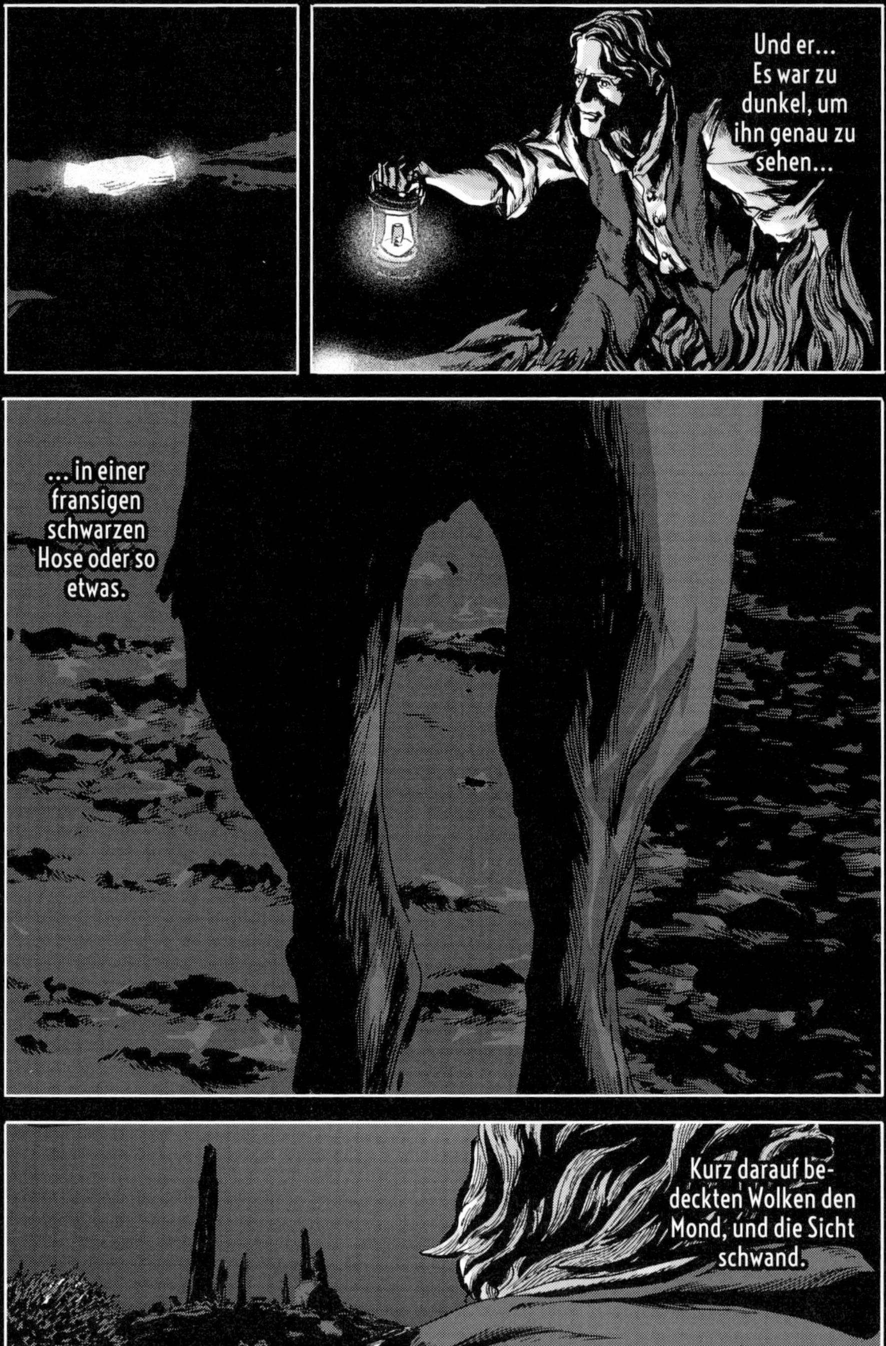
Und er…
Es war zu
dunkel, um
ihn genau zu
sehen…
… in einer
fransigen
schwarzen
Hose oder so
etwas.
Kurz darauf be-
deckten Wolken den
Mond, und die Sicht
schwand.

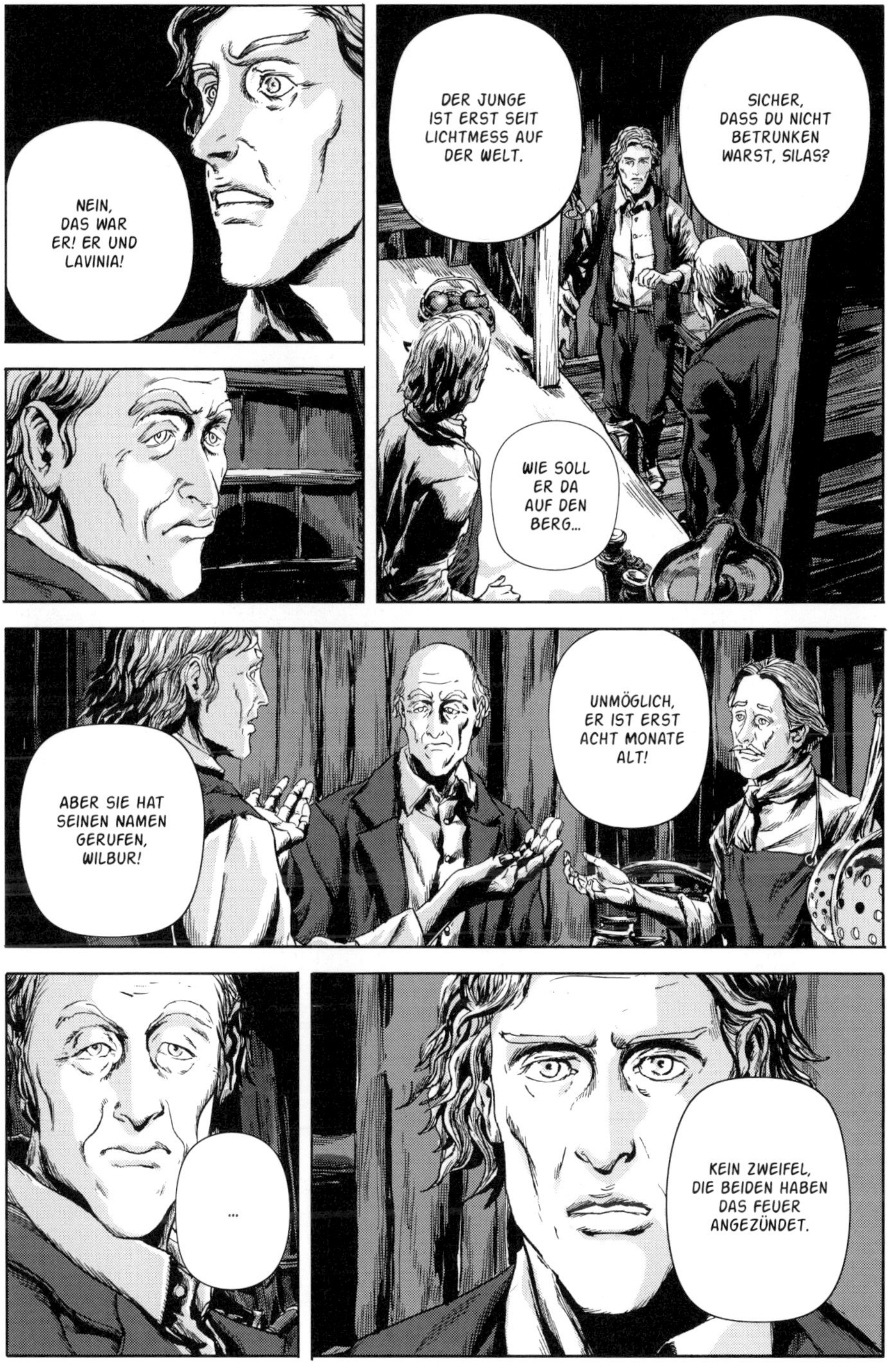
NEIN, DAS WAR ER! ER UND LAVINIA!
DER JUNGE IST ERST SEIT LICHTMESS AUF DER WELT.
SICHER, DASS DU NICHT BETRUNKEN WARST, SILAS?
WIE SOLL ER DA AUF DEN BERG...
UNMÖGLICH, ER IST ERST ACHT MONATE ALT!
ABER SIE HAT SEINEN NAMEN GERUFEN, WILBUR!
KEIN ZWEIFEL, DIE BEIDEN HABEN DAS FEUER ANGEZÜNDET.
...

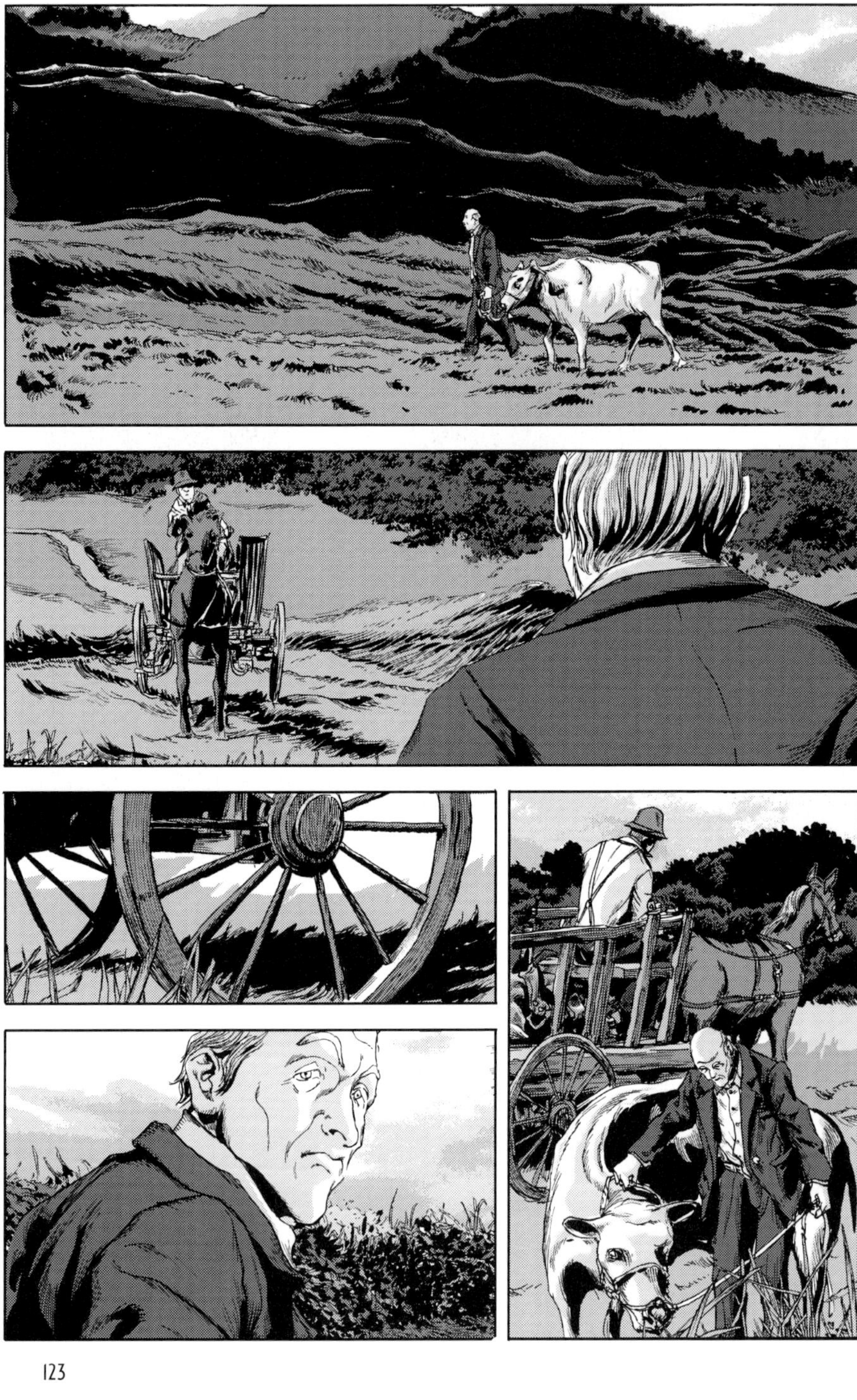

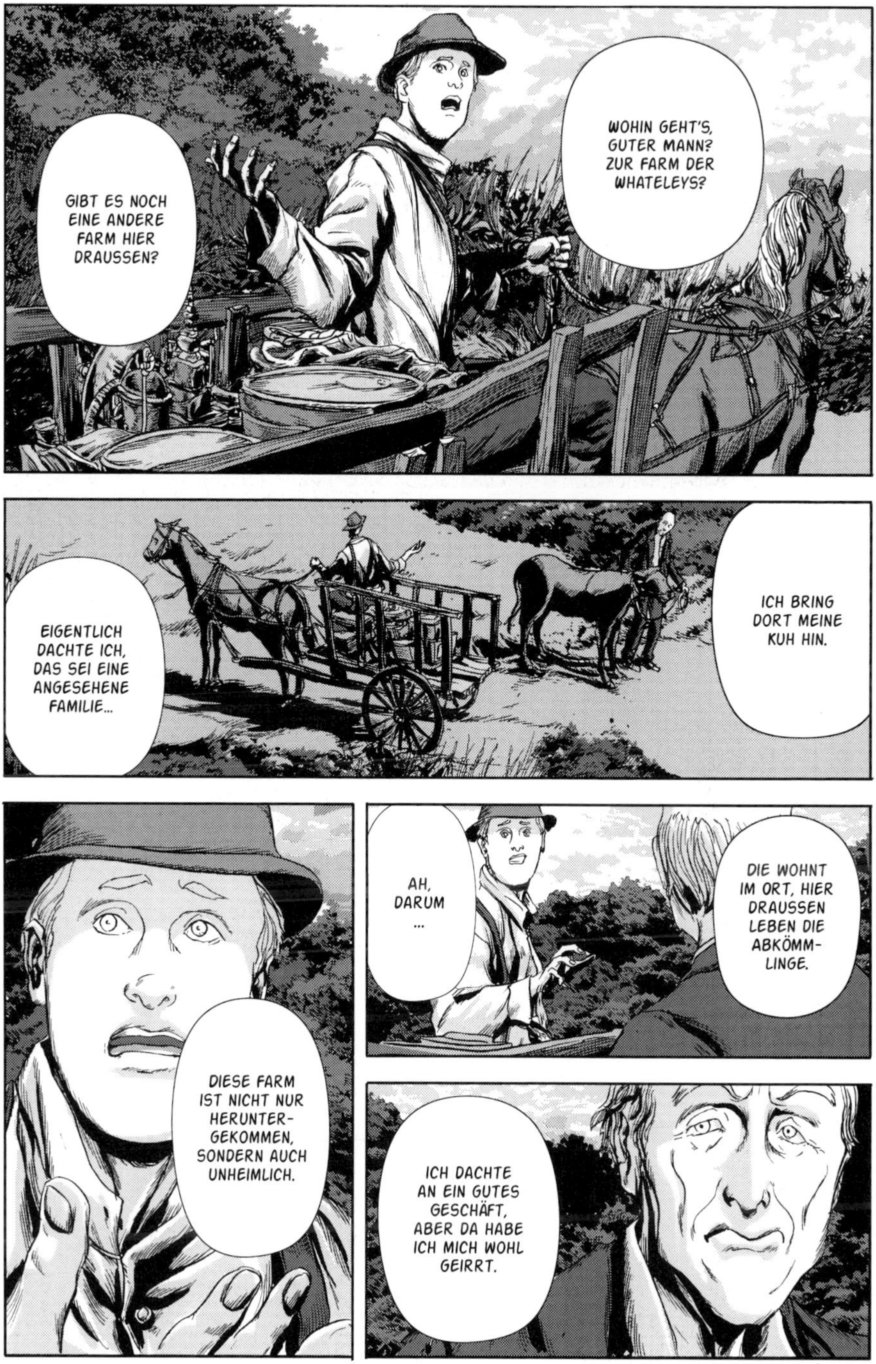
WOHIN GEHT'S, GUTER MANN? ZUR FARM DER WHATELEYS?
GIBT ES NOCH EINE ANDERE FARM HIER DRAUSSEN?
ICH BRING DORT MEINE KUH HIN.
EIGENTLICH DACHTE ICH, DAS SEI EINE ANGESEHENE FAMILIE...
DIE WOHNT IM ORT, HIER DRAUSSEN LEBEN DIE ABKÖMM-LINGE.
AH, DARUM ...
ICH DACHTE AN EIN GUTES GESCHÄFT, ABER DA HABE ICH MICH WOHL GEIRRT.
DIESE FARM IST NICHT NUR HERUNTER-GEKOMMEN, SONDERN AUCH UNHEIMLICH.

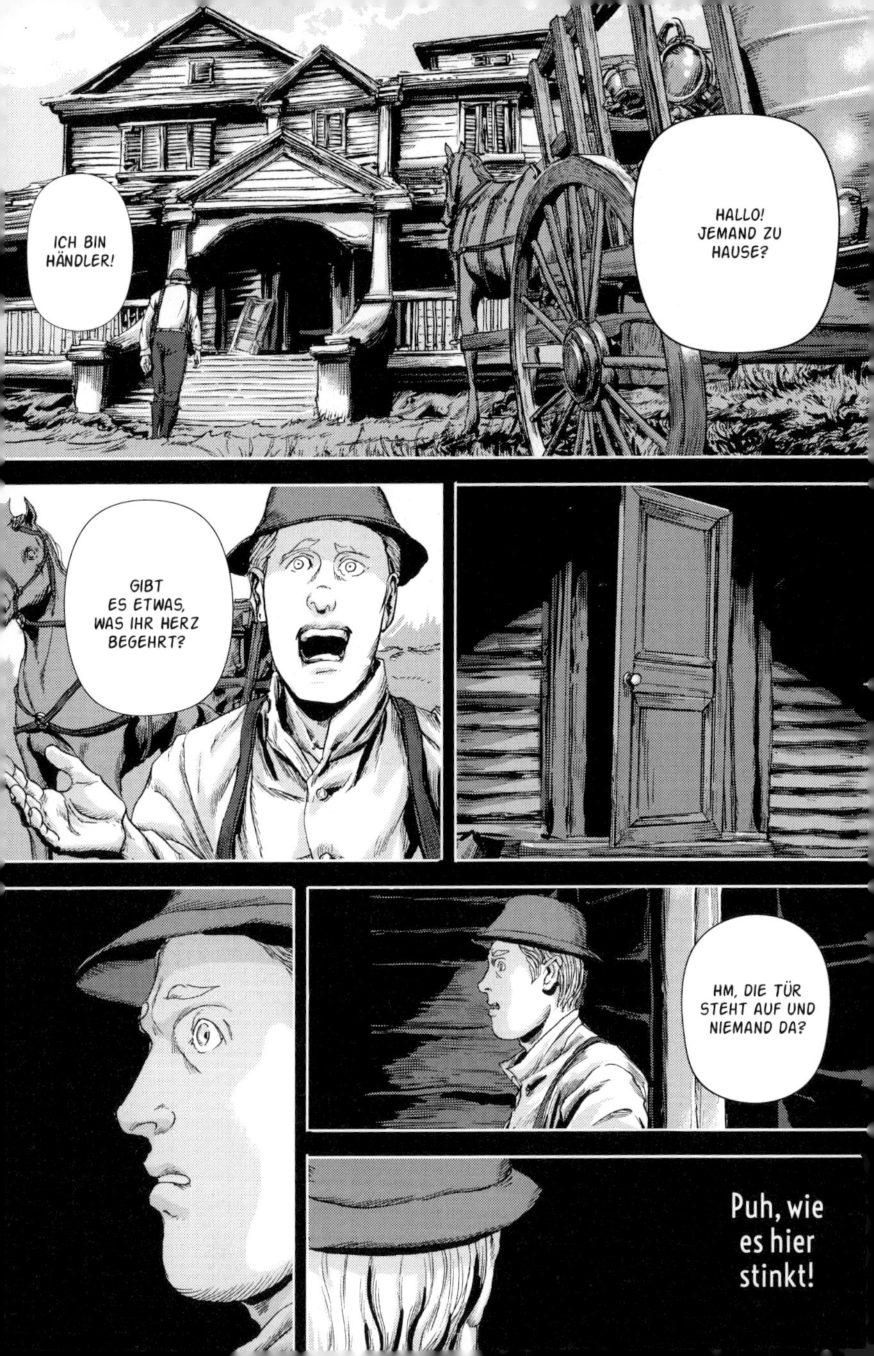
HALLO! JEMAND ZU HAUSE?
ICH BIN HÄNDLER!
GIBT ES ETWAS, WAS IHR HERZ BEGEHRT?
HM, DIE TÜR STEHT AUF UND NIEMAND DA?
Puh, wie es hier stinkt!

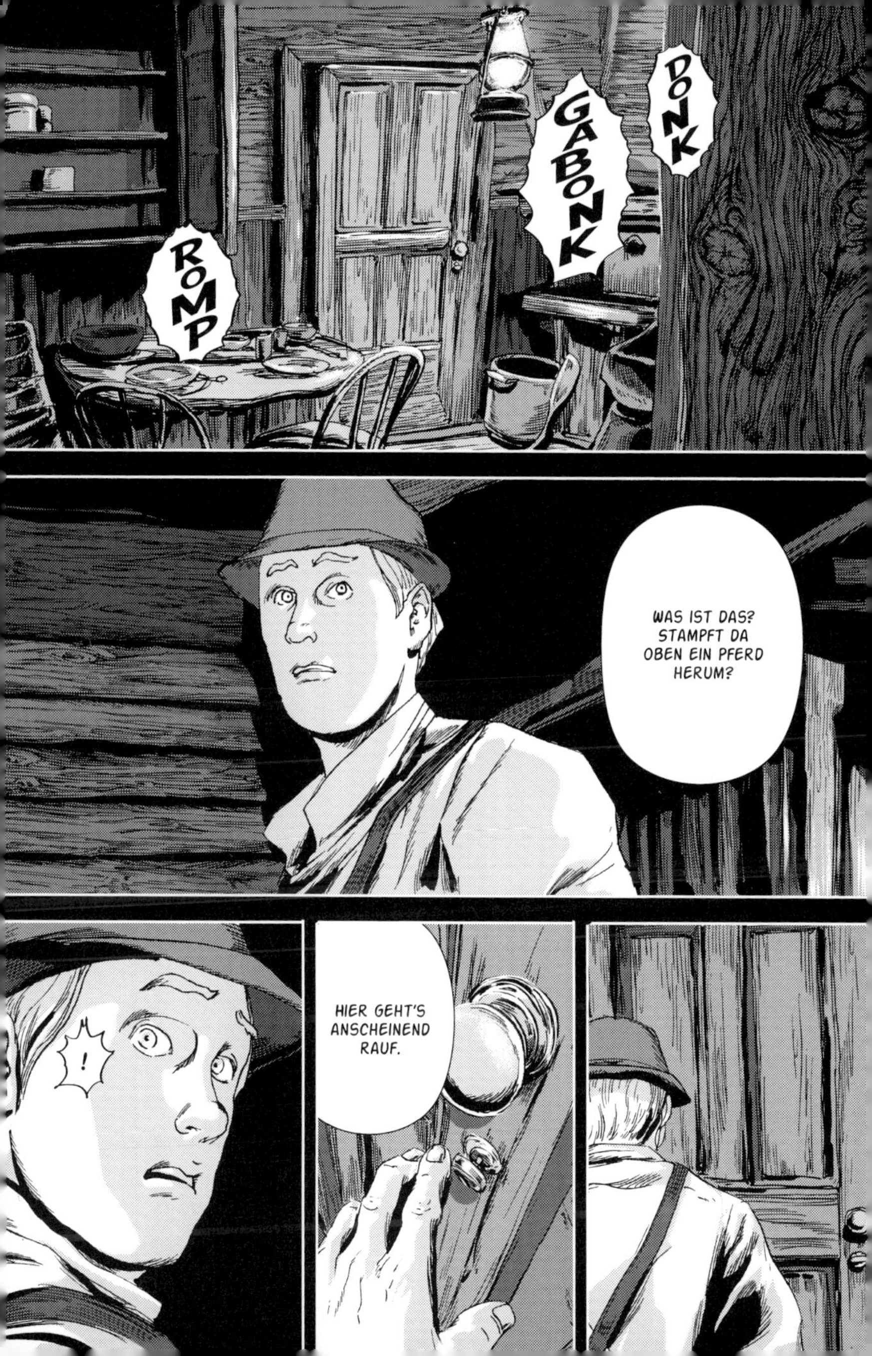
DONK
GABONK
ROMP
WAS IST DAS? STAMPFT DA OBEN EIN PFERD HERUM?
!
HIER GEHT'S ANSCHEINEND RAUF.

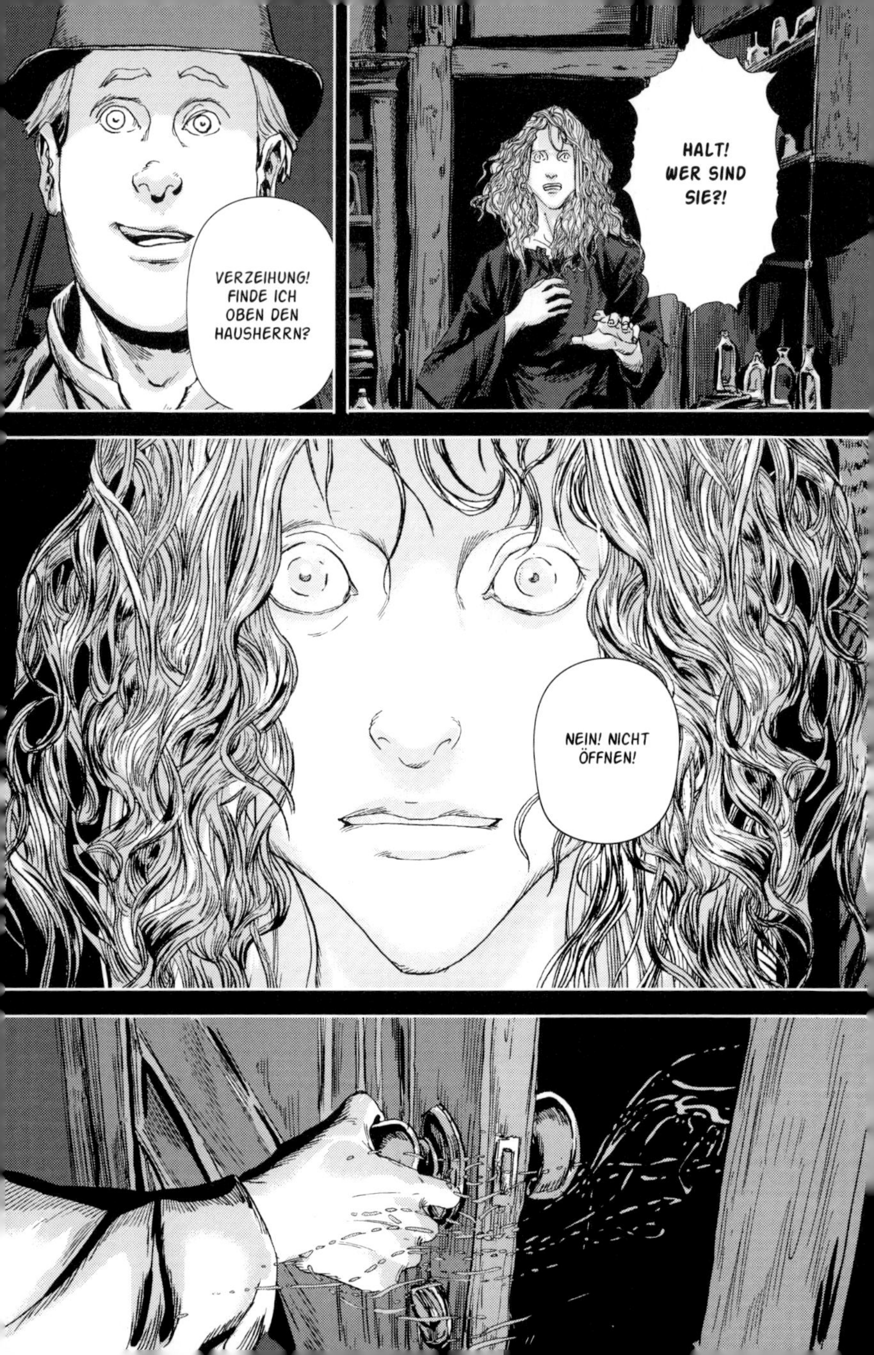
VERZEIHUNG! FINDE ICH OBEN DEN HAUSHERRN?
HALT! WER SIND SIE?!
NEIN! NICHT ÖFFNEN!

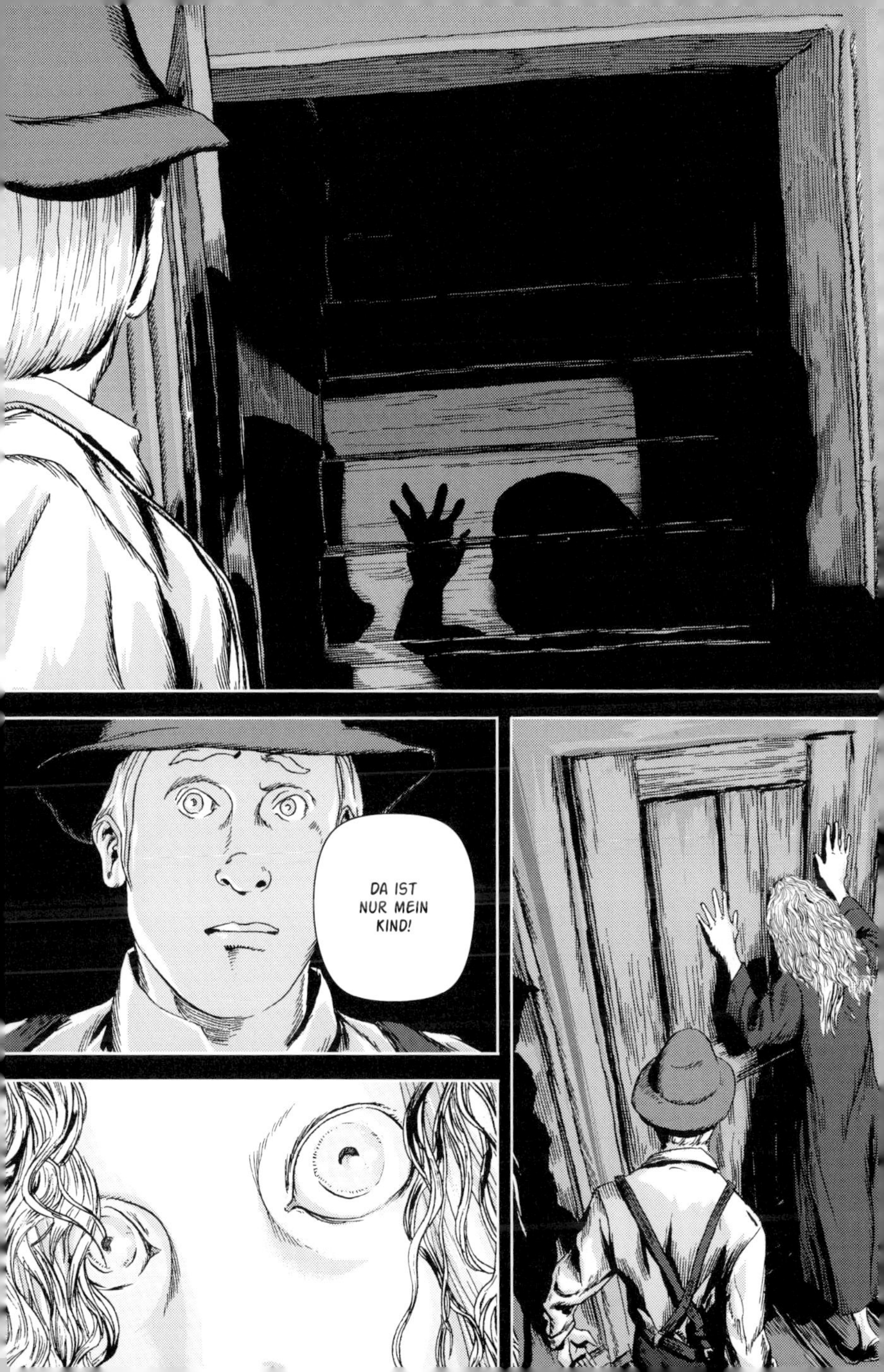
DA IST
NUR MEIN
KIND!

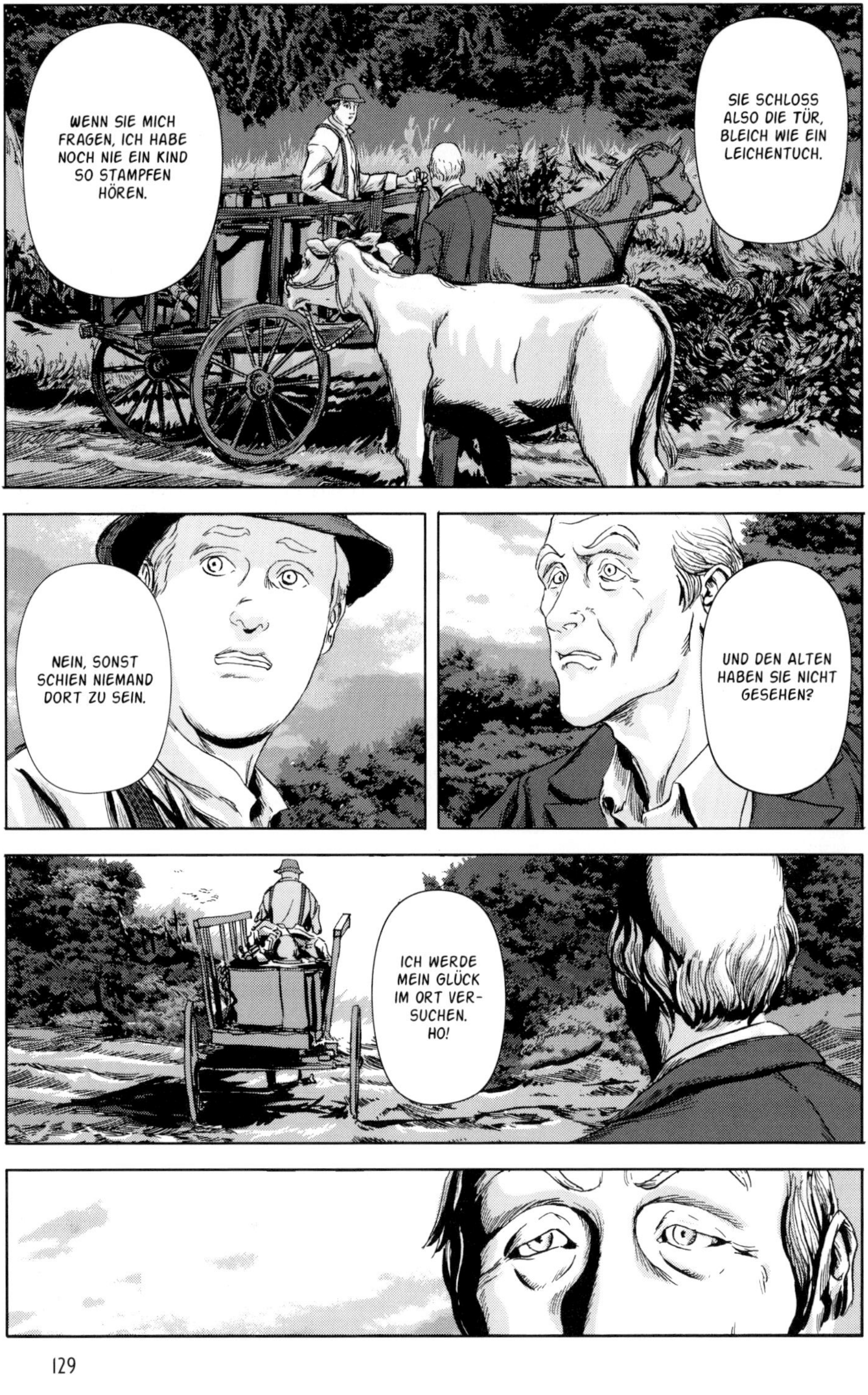
SIE SCHLOSS ALSO DIE TÜR, BLEICH WIE EIN LEICHENTUCH.
WENN SIE MICH FRAGEN, ICH HABE NOCH NIE EIN KIND SO STAMPFEN HÖREN.
UND DEN ALTEN HABEN SIE NICHT GESEHEN?
NEIN, SONST SCHIEN NIEMAND DORT ZU SEIN.
ICH WERDE MEIN GLÜCK IM ORT VER- SUCHEN. HO!

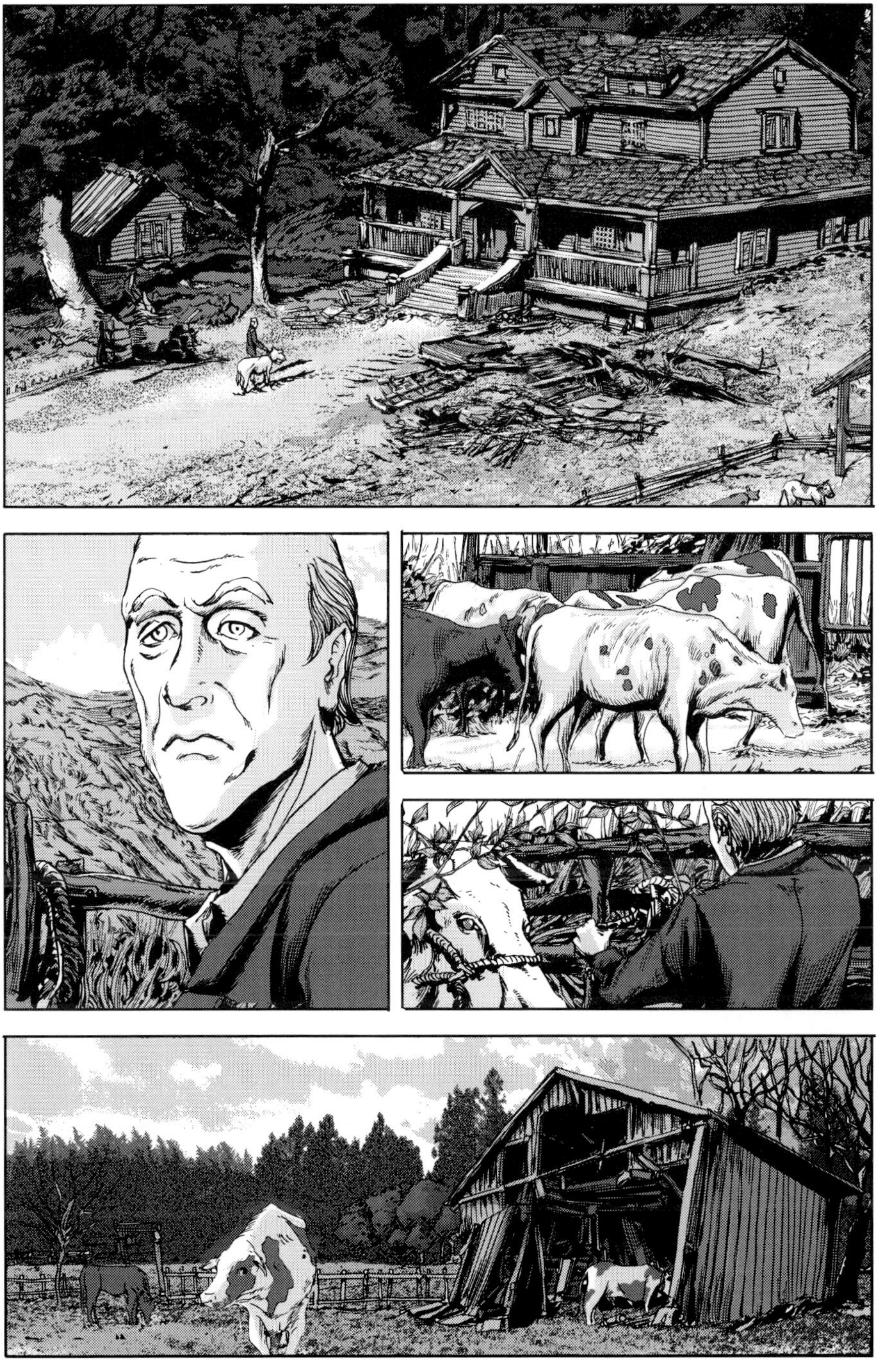

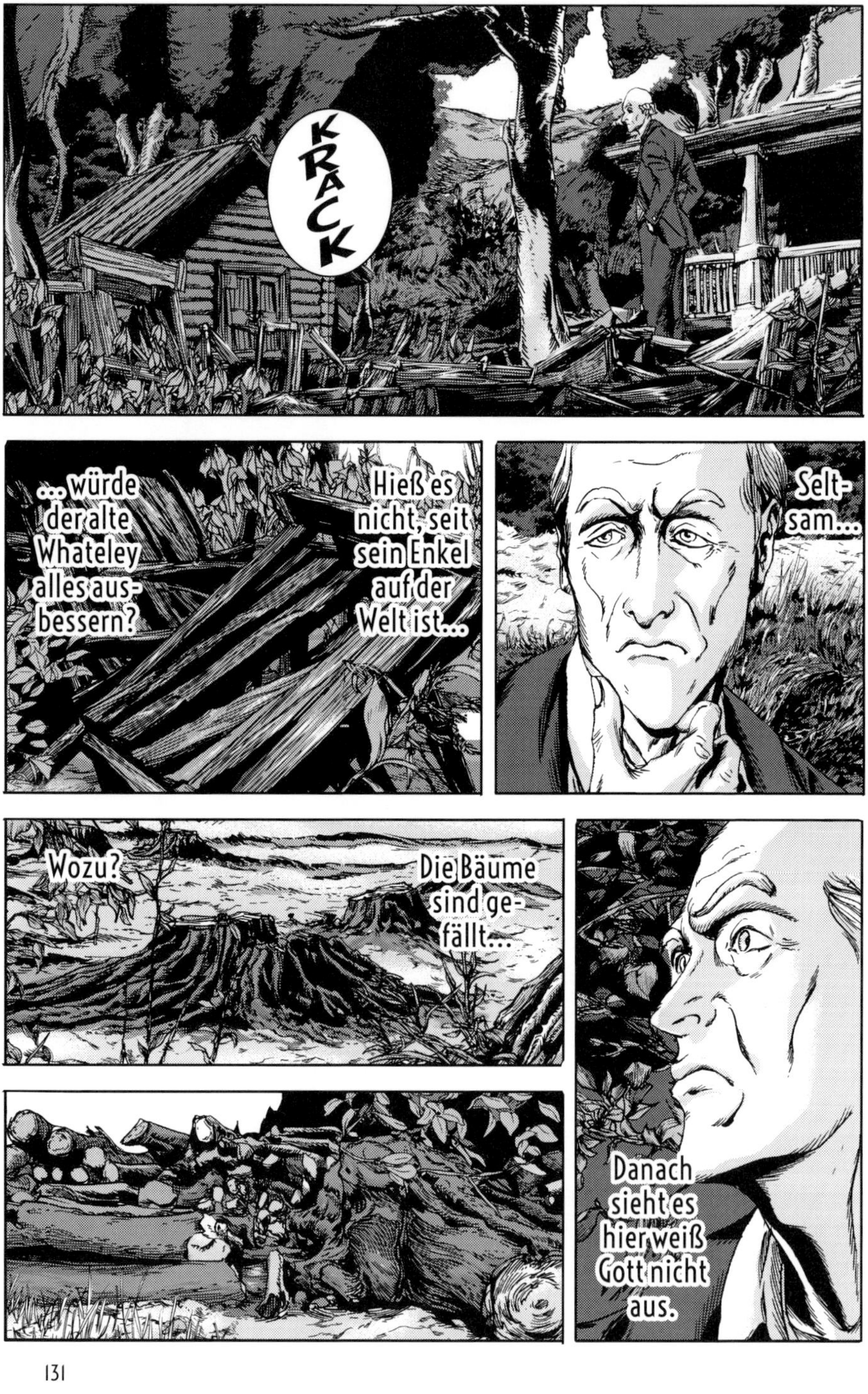
KRACK
Hieß es nicht, seit sein Enkel auf der Welt ist...
... würde der alte Whateley alles ausbessern?
Seltsam...
Die Bäume sind gefällt...
Wozu?
Danach sieht es hier weiß Gott nicht aus.

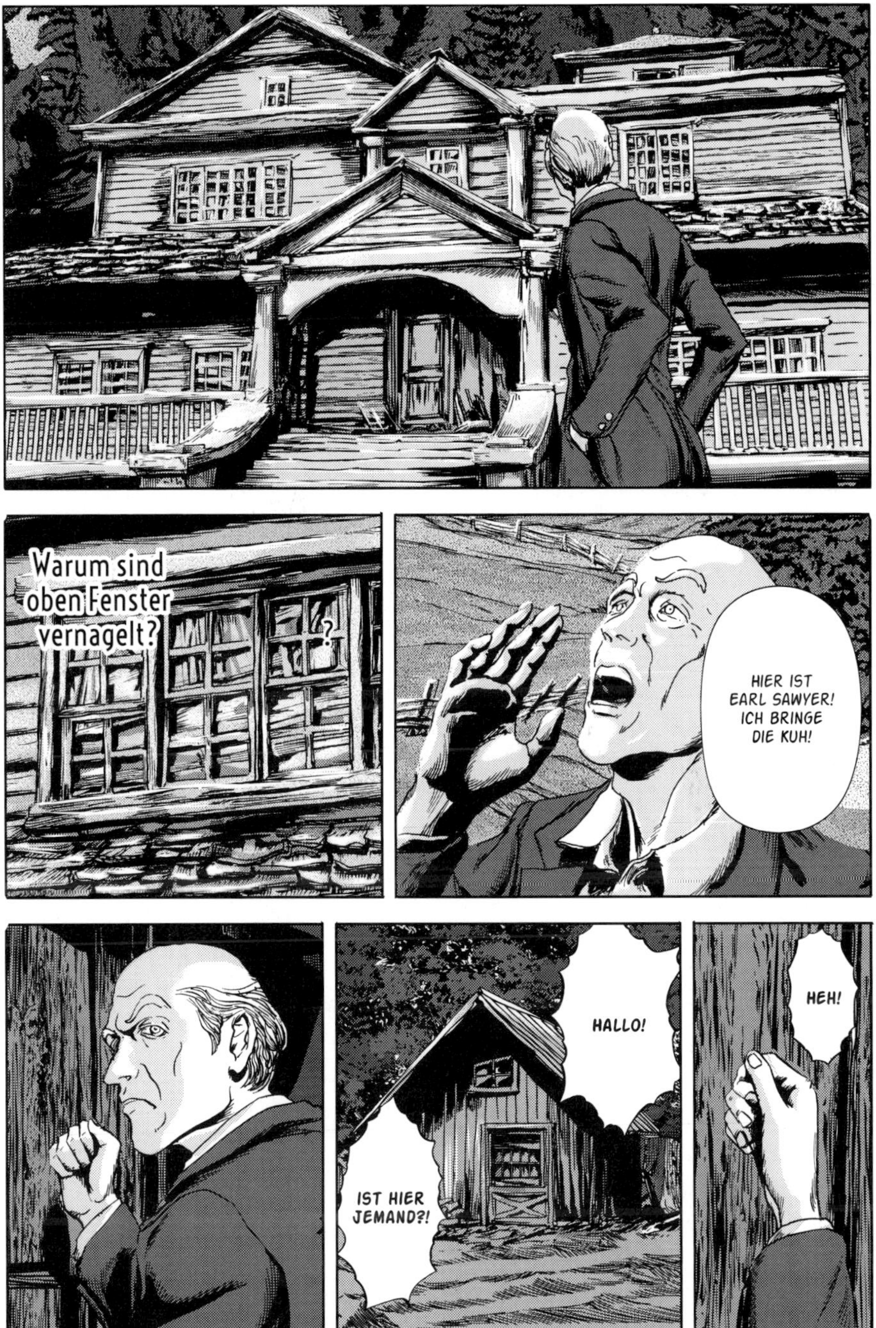
Warum sind oben Fenster vernagelt?
?
HIER IST EARL SAWYER! ICH BRINGE DIE KUH!
HALLO!
IST HIER JEMAND?!
HEH!

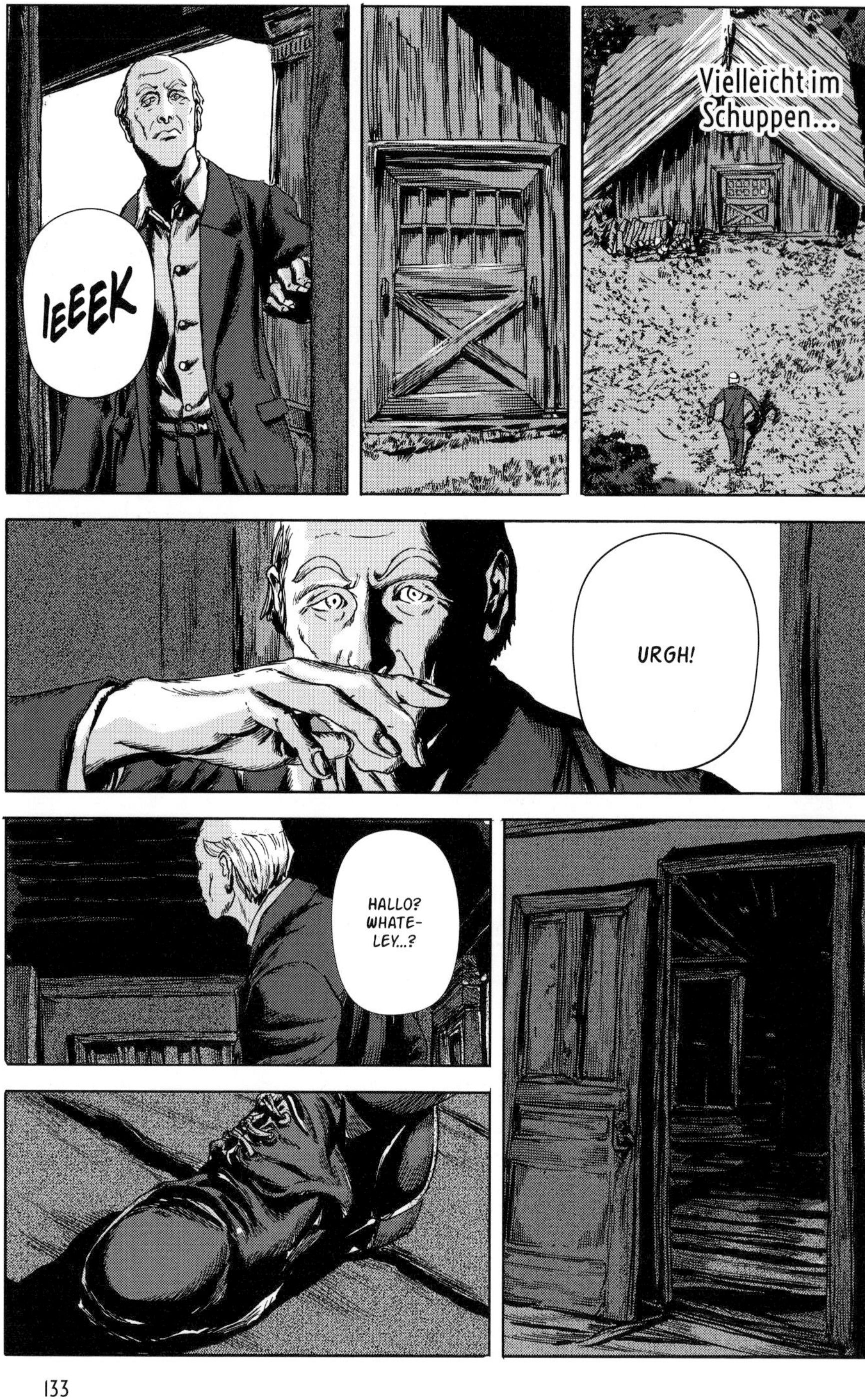
IEEEK
Vielleicht im Schuppen...
URGH!
HALLO? WHATE-LEY...?

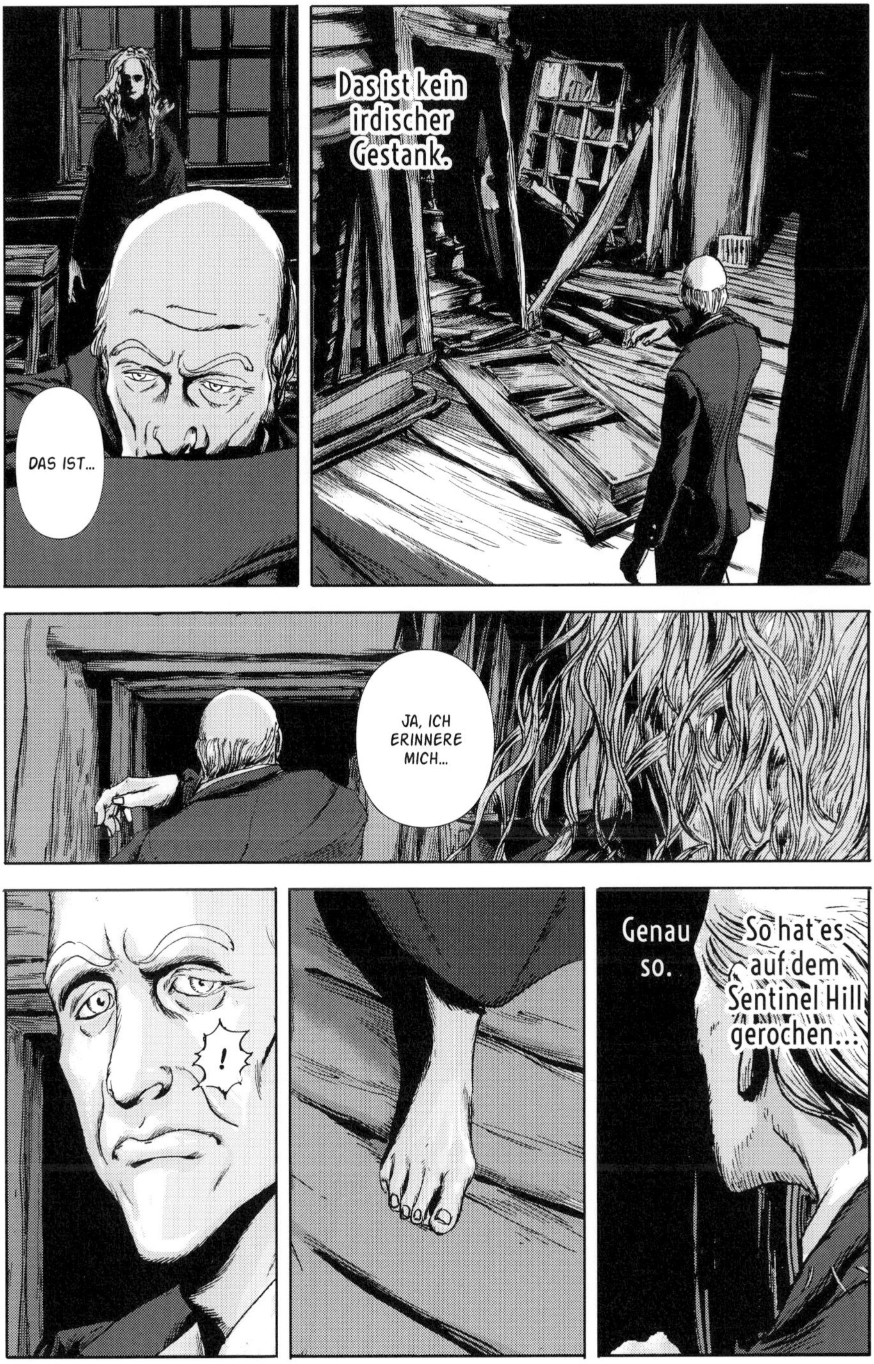
Das ist...
Das ist kein irdischer Gestank.
Ja, ich erinnere mich...
!
Genau so.
So hat es auf dem Sentinel Hill gerochen...

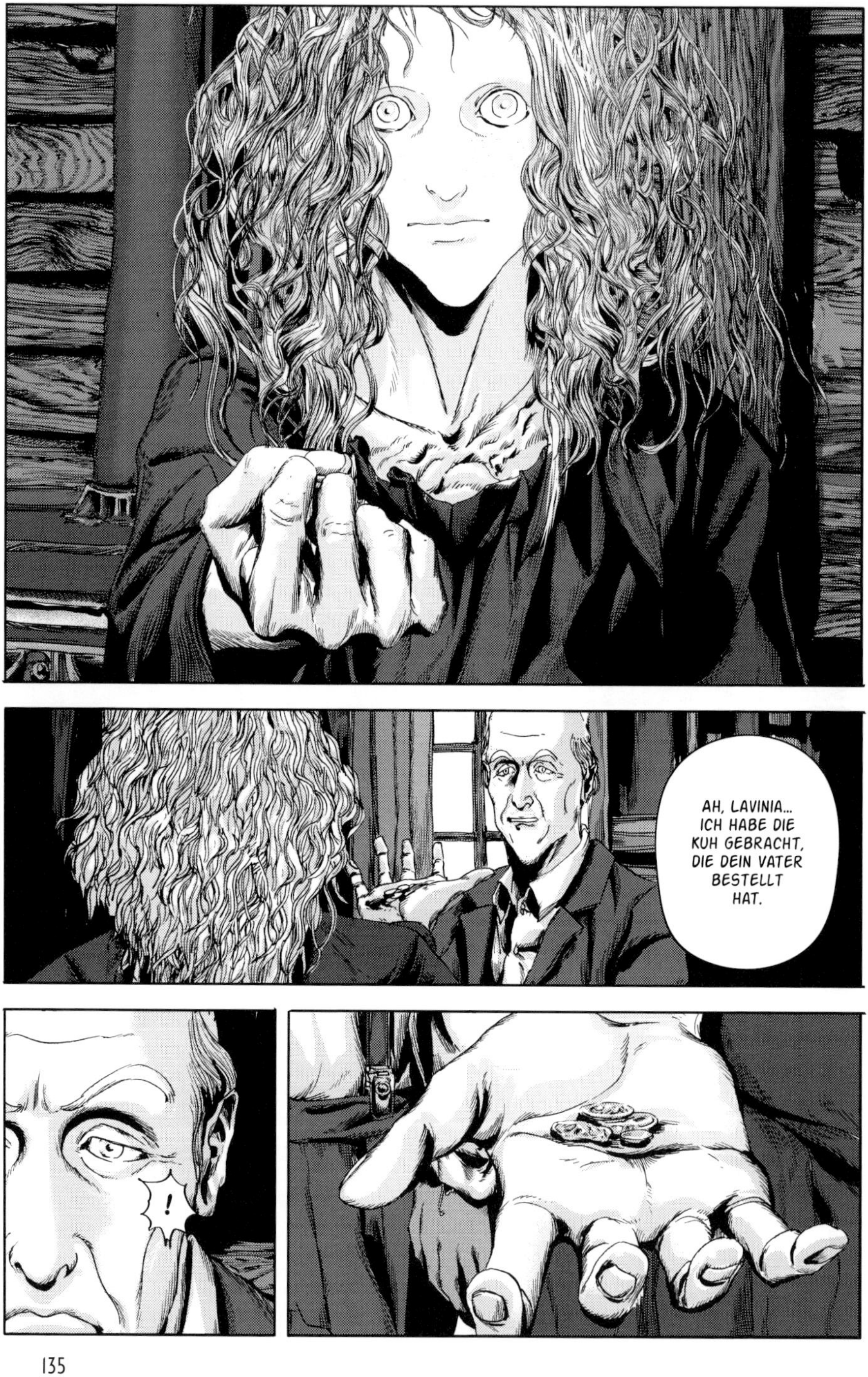
AH, LAVINIA... ICH HABE DIE KUH GEBRACHT, DIE DEIN VATER BESTELLT HAT.
!

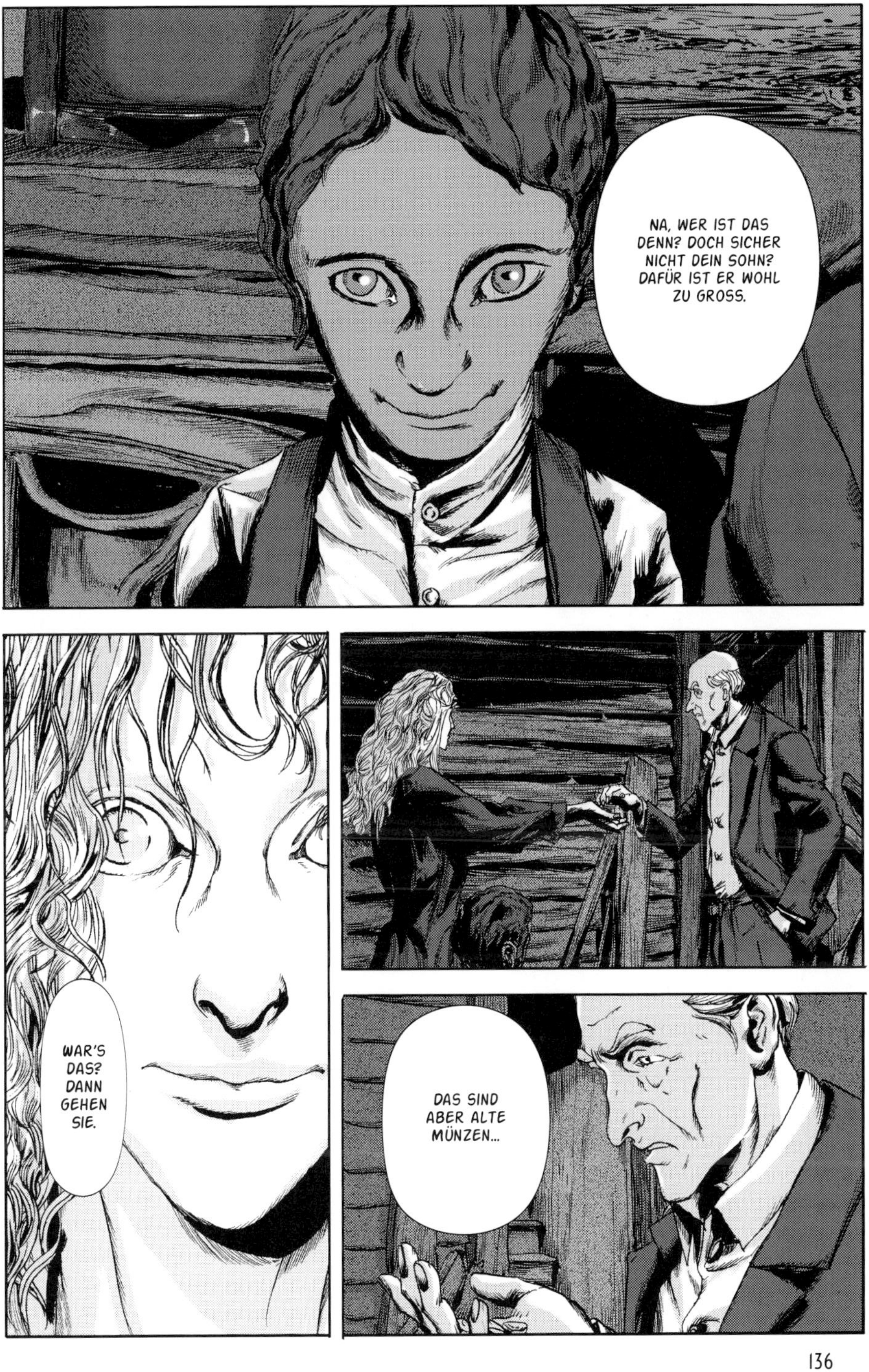
NA, WER IST DAS DENN? DOCH SICHER NICHT DEIN SOHN? DAFÜR IST ER WOHL ZU GROSS.
WAR'S DAS? DANN GEHEN SIE.
DAS SIND ABER ALTE MÜNZEN...

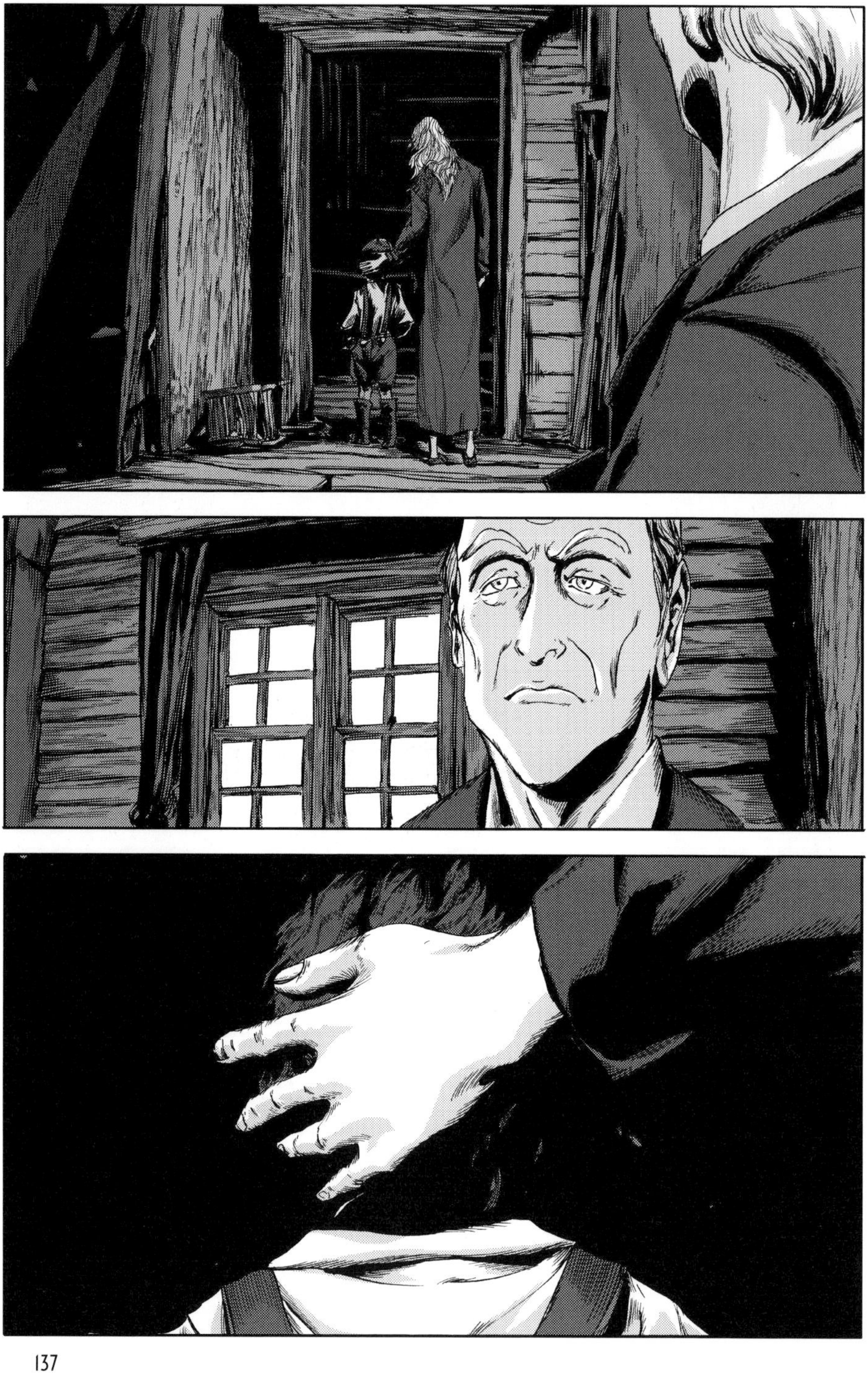

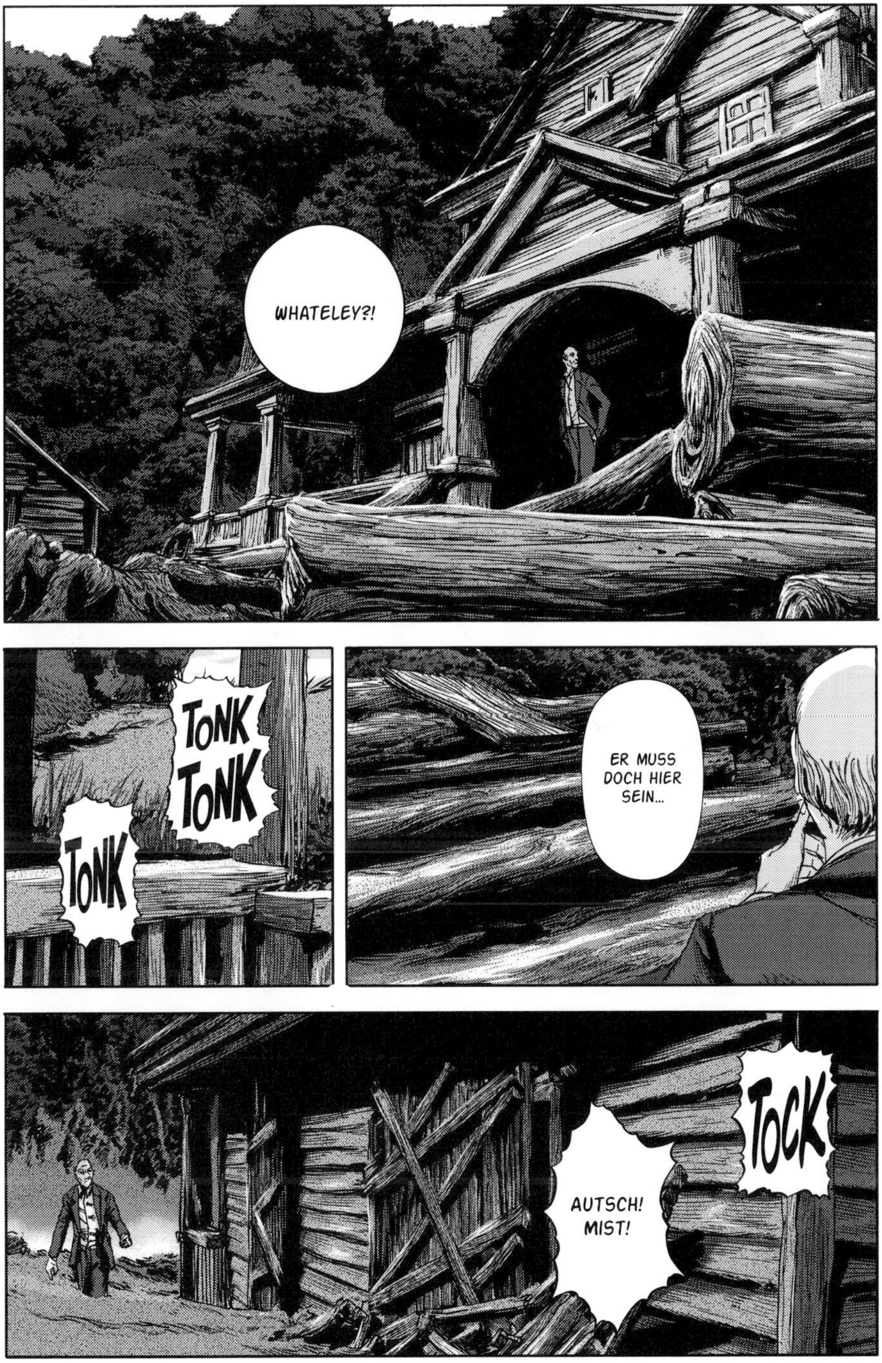
WHATELEY?!
TONK TONK
TONK
ER MUSS DOCH HIER SEIN...
TOCK
AUTSCH! MIST!

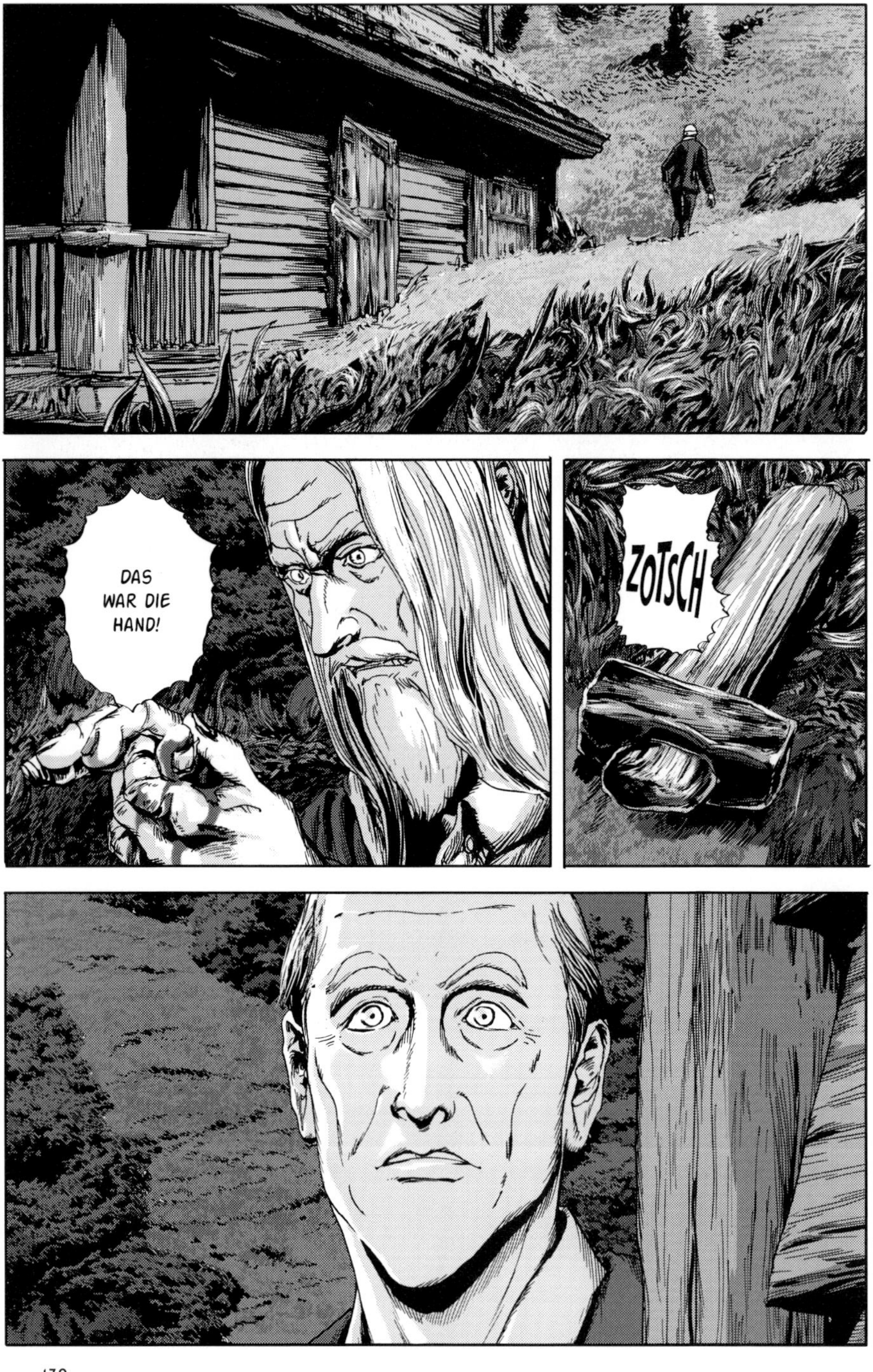
DAS WAR DIE HAND!
ZOTSCH

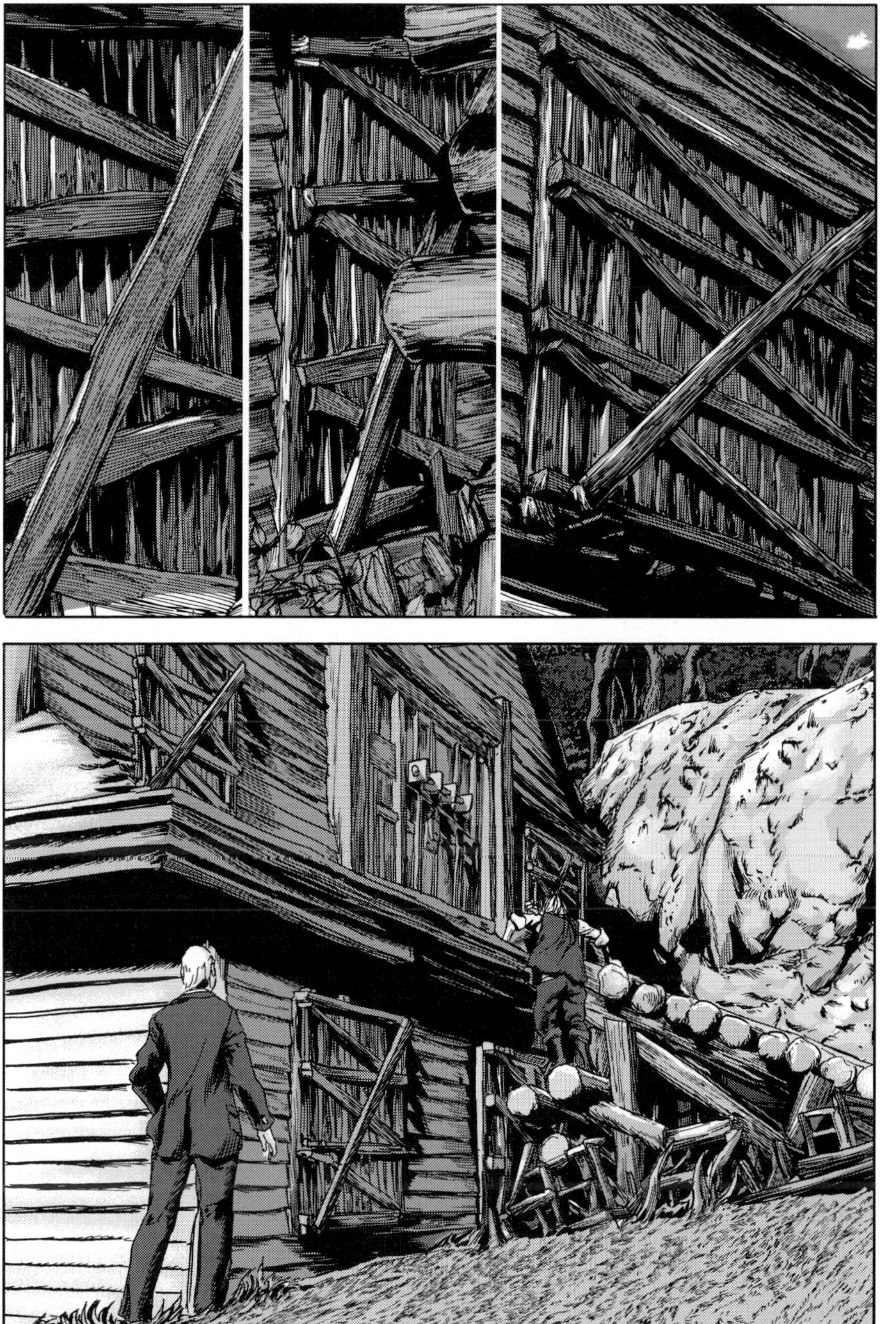

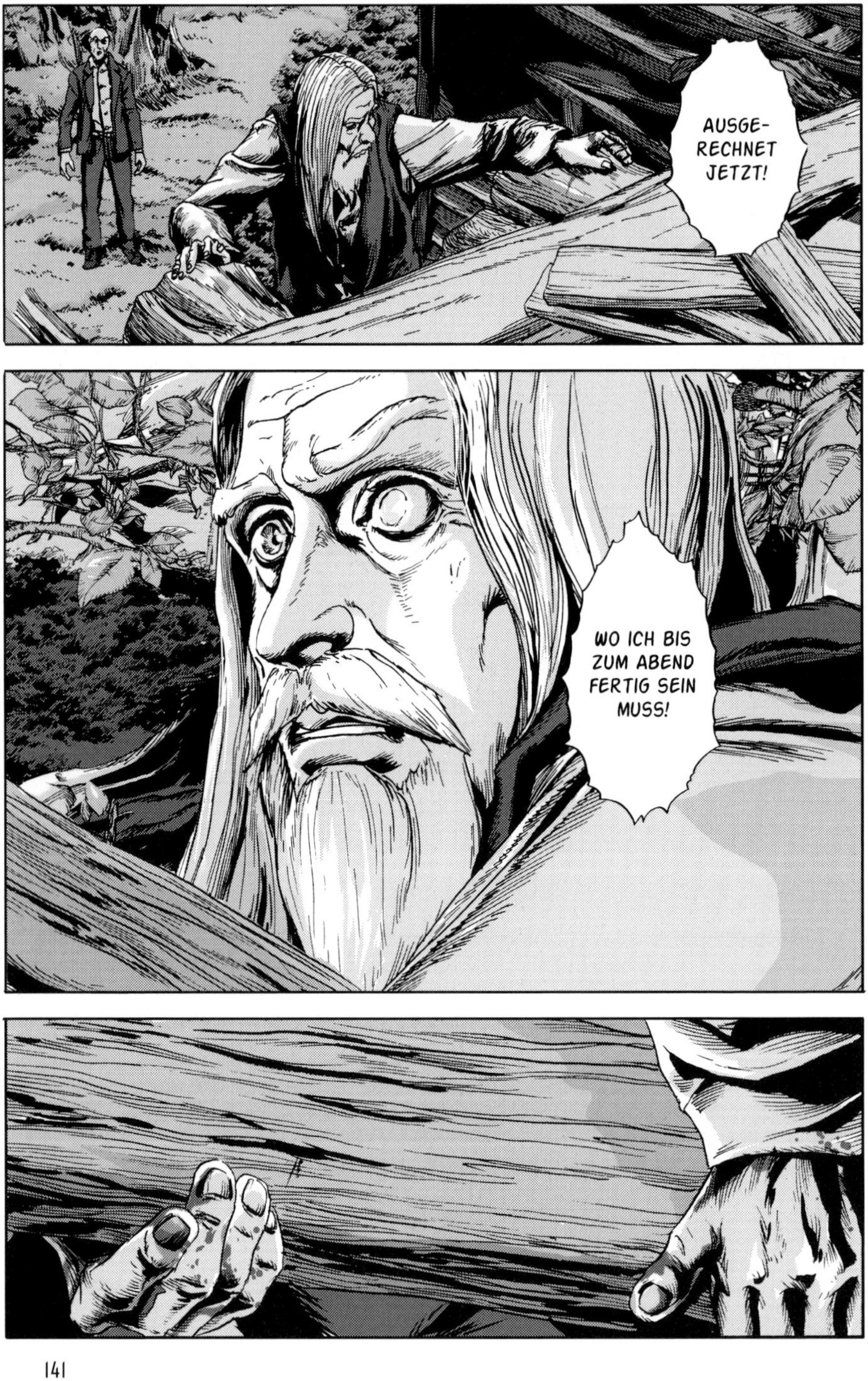
AUSGE-
RECHNET
JETZT!
WO ICH BIS
ZUM ABEND
FERTIG SEIN
MUSS!

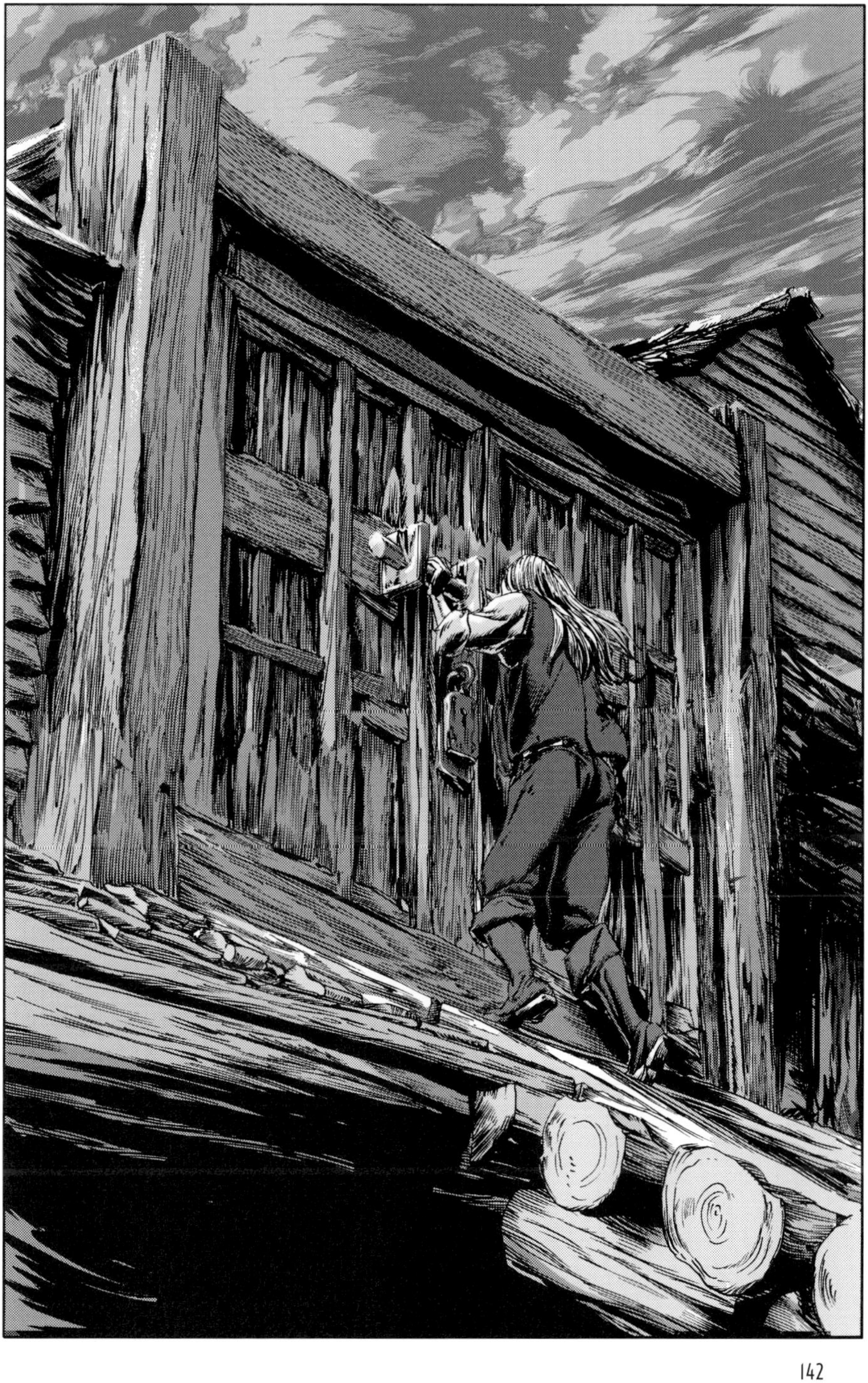

5 NACHTSCHWALBEN

Whippoorwills

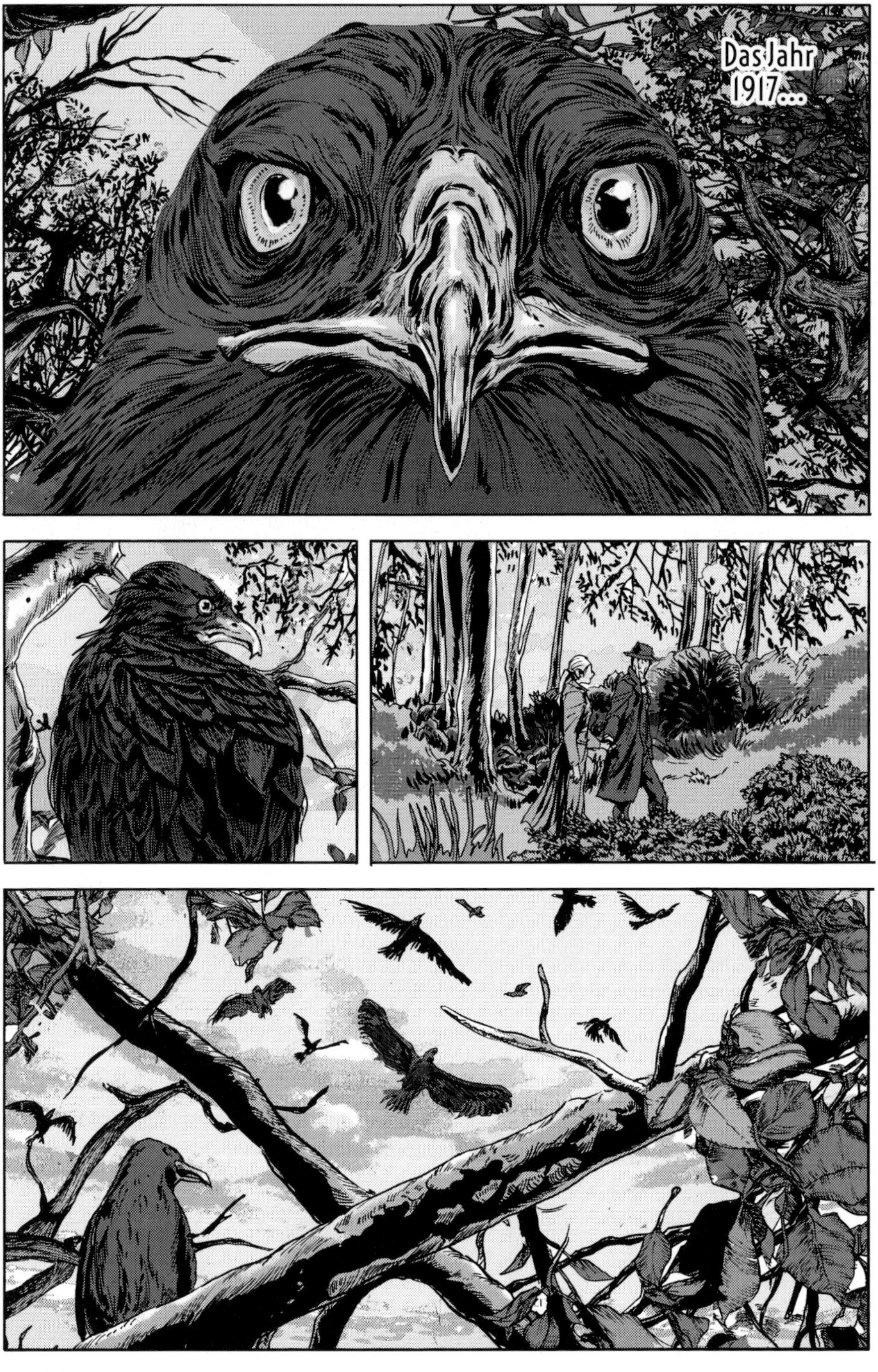
Das Jahr
1917...

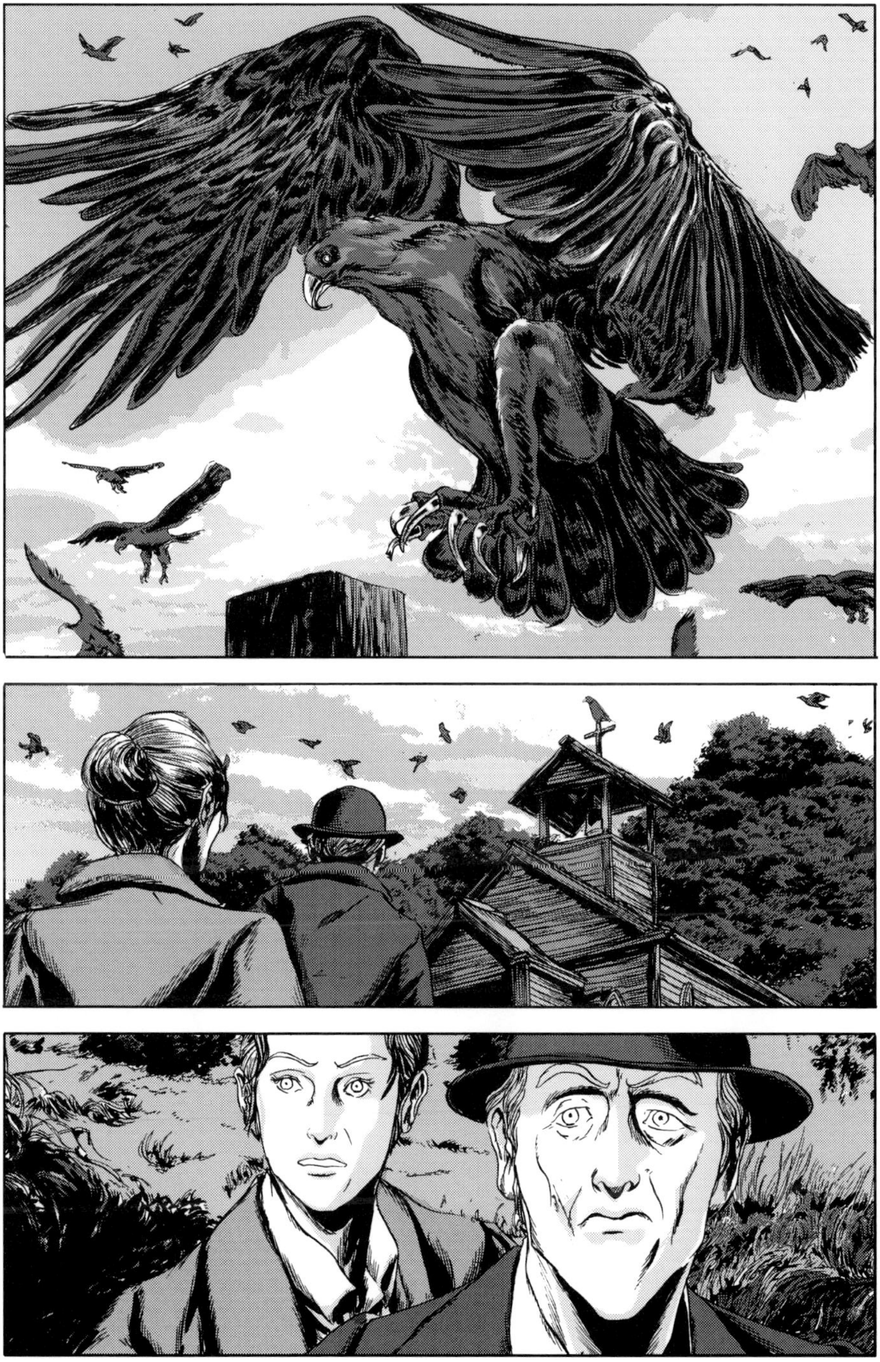

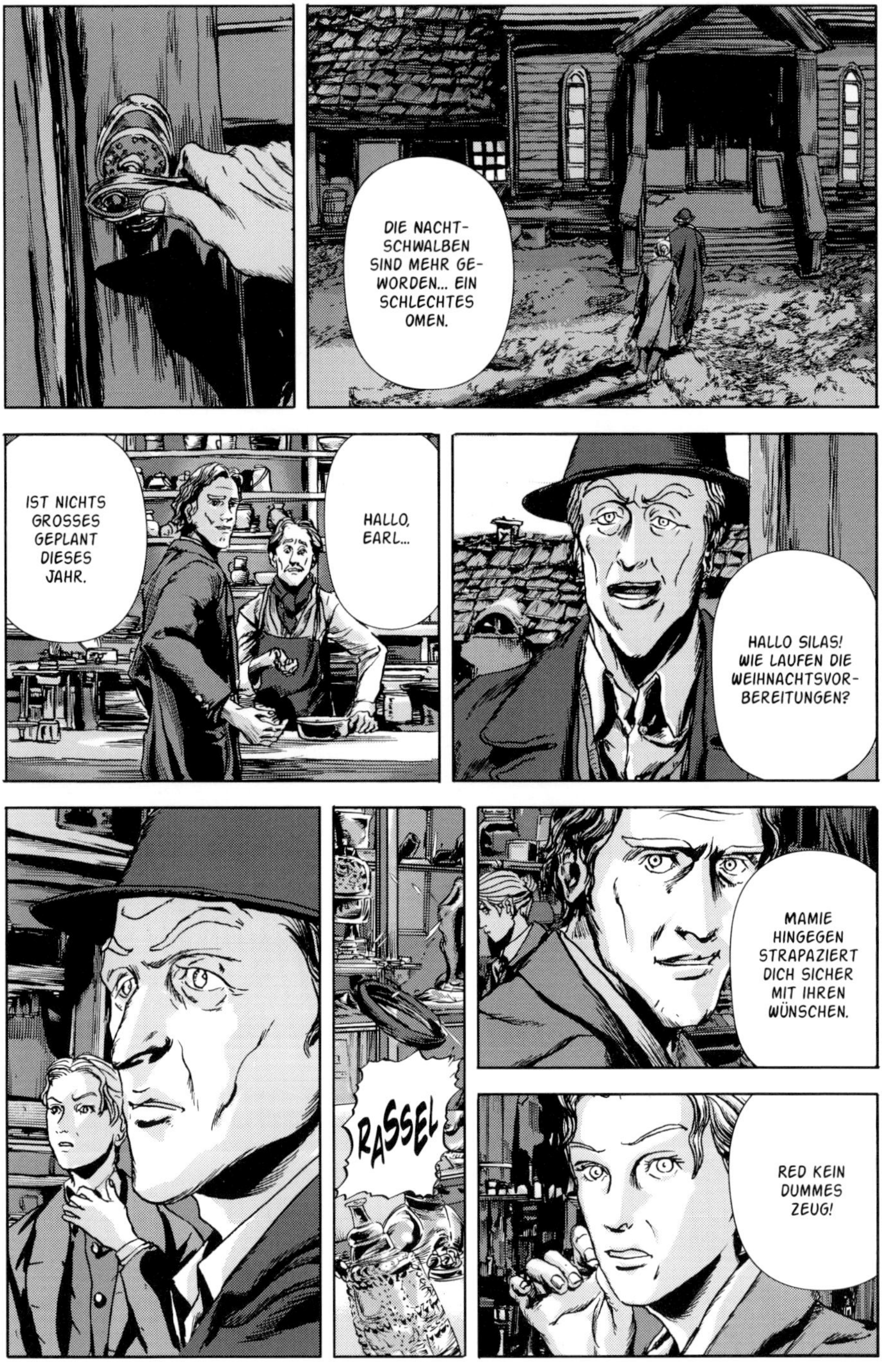
DIE NACHT-SCHWALBEN SIND MEHR GE-WORDEN... EIN SCHLECHTES OMEN.
HALLO, EARL...
IST NICHTS GROSSES GEPLANT DIESES JAHR.
HALLO SILAS! WIE LAUFEN DIE WEIHNACHTSVOR-BEREITUNGEN?
MAMIE HINGEGEN STRAPAZIERT DICH SICHER MIT IHREN WÜNSCHEN.
RASSEL
RED KEIN DUMMES ZEUG!

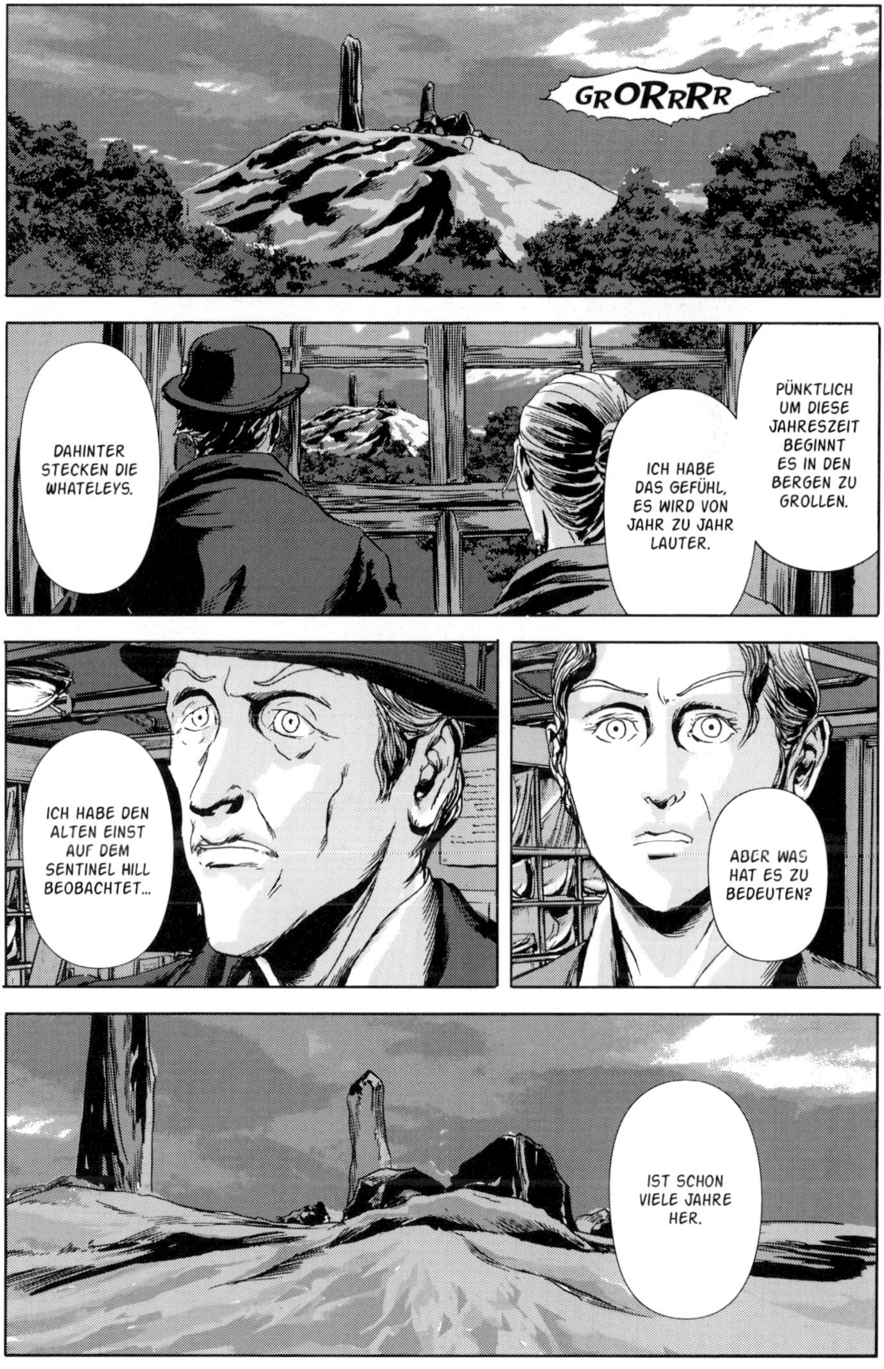
GRORRRR
PÜNKTLICH UM DIESE JAHRESZEIT BEGINNT ES IN DEN BERGEN ZU GROLLEN.
ICH HABE DAS GEFÜHL, ES WIRD VON JAHR ZU JAHR LAUTER.
DAHINTER STECKEN DIE WHATELEYS.
ICH HABE DEN ALTEN EINST AUF DEM SENTINEL HILL BEOBACHTET...
ABER WAS HAT ES ZU BEDEUTEN?
IST SCHON VIELE JAHRE HER.

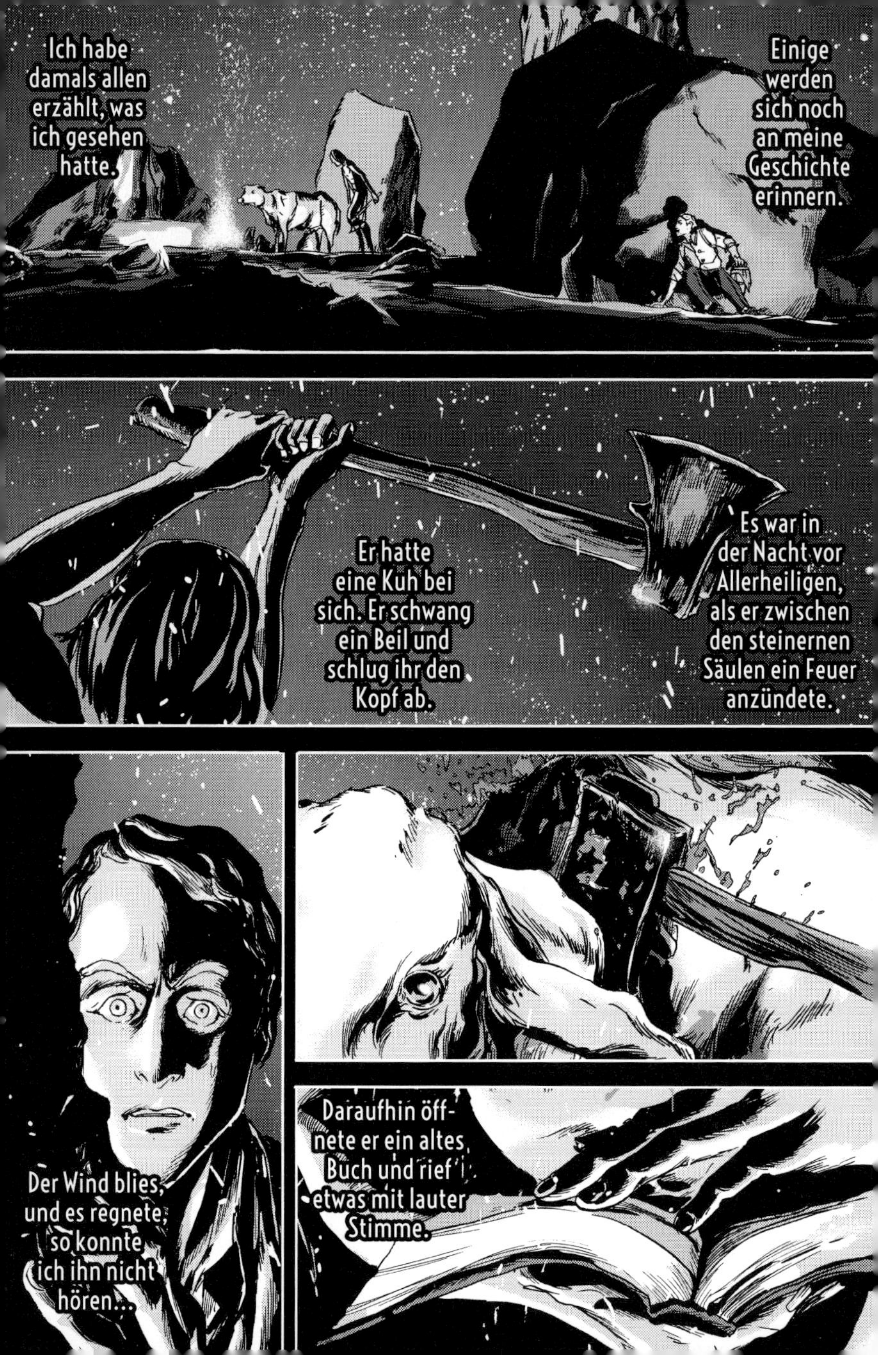
Ich habe damals allen erzählt, was ich gesehen hatte.
Einige werden sich noch an meine Geschichte erinnern.
Es war in der Nacht vor Allerheiligen, als er zwischen den steinernen Säulen ein Feuer anzündete.
Er hatte eine Kuh bei sich. Er schwang ein Beil und schlug ihr den Kopf ab.
Der Wind blies, und es regnete, so konnte ich ihn nicht hören …
Daraufhin öff-nete er ein altes Buch und rief etwas mit lauter Stimme.

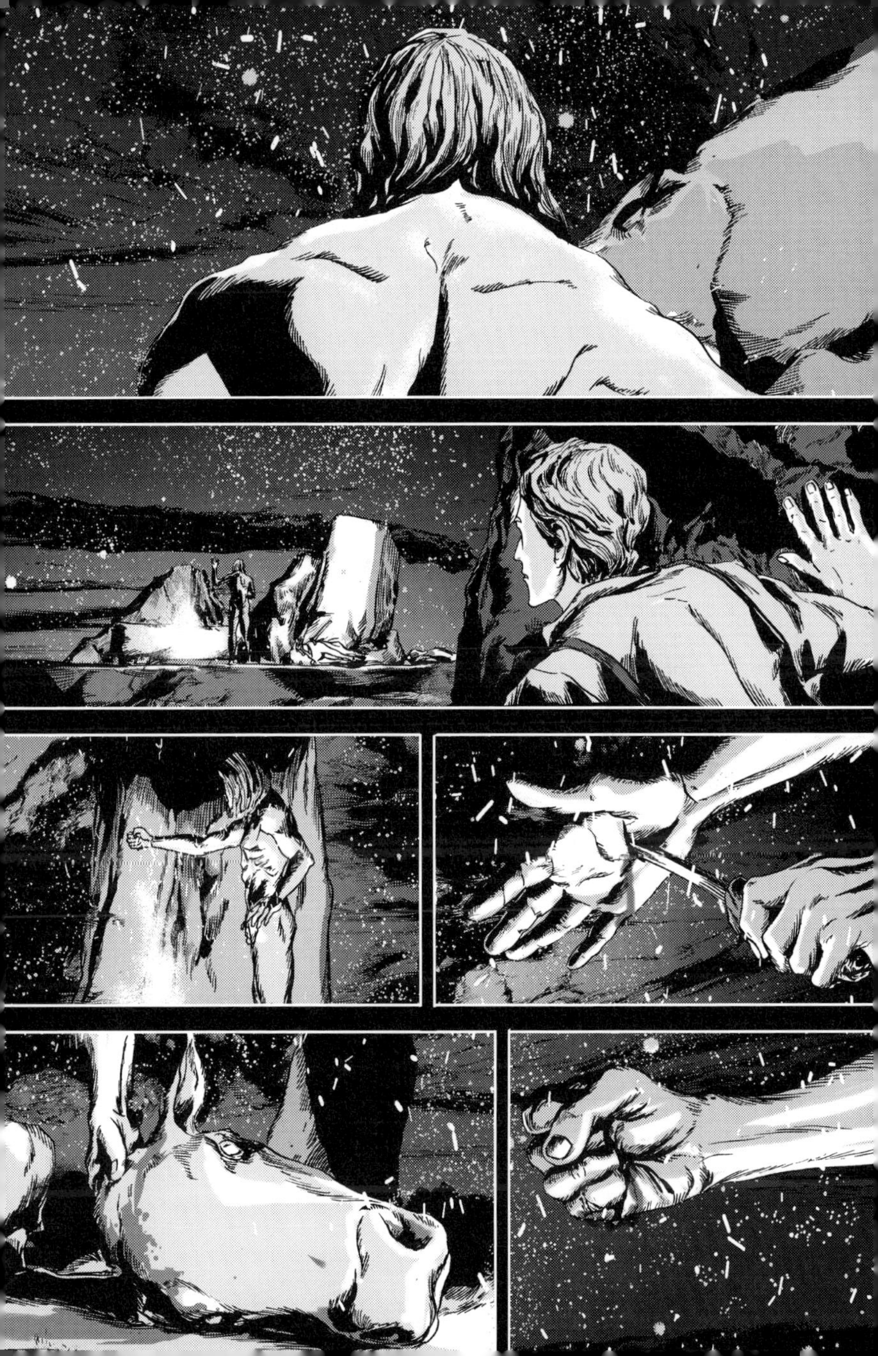

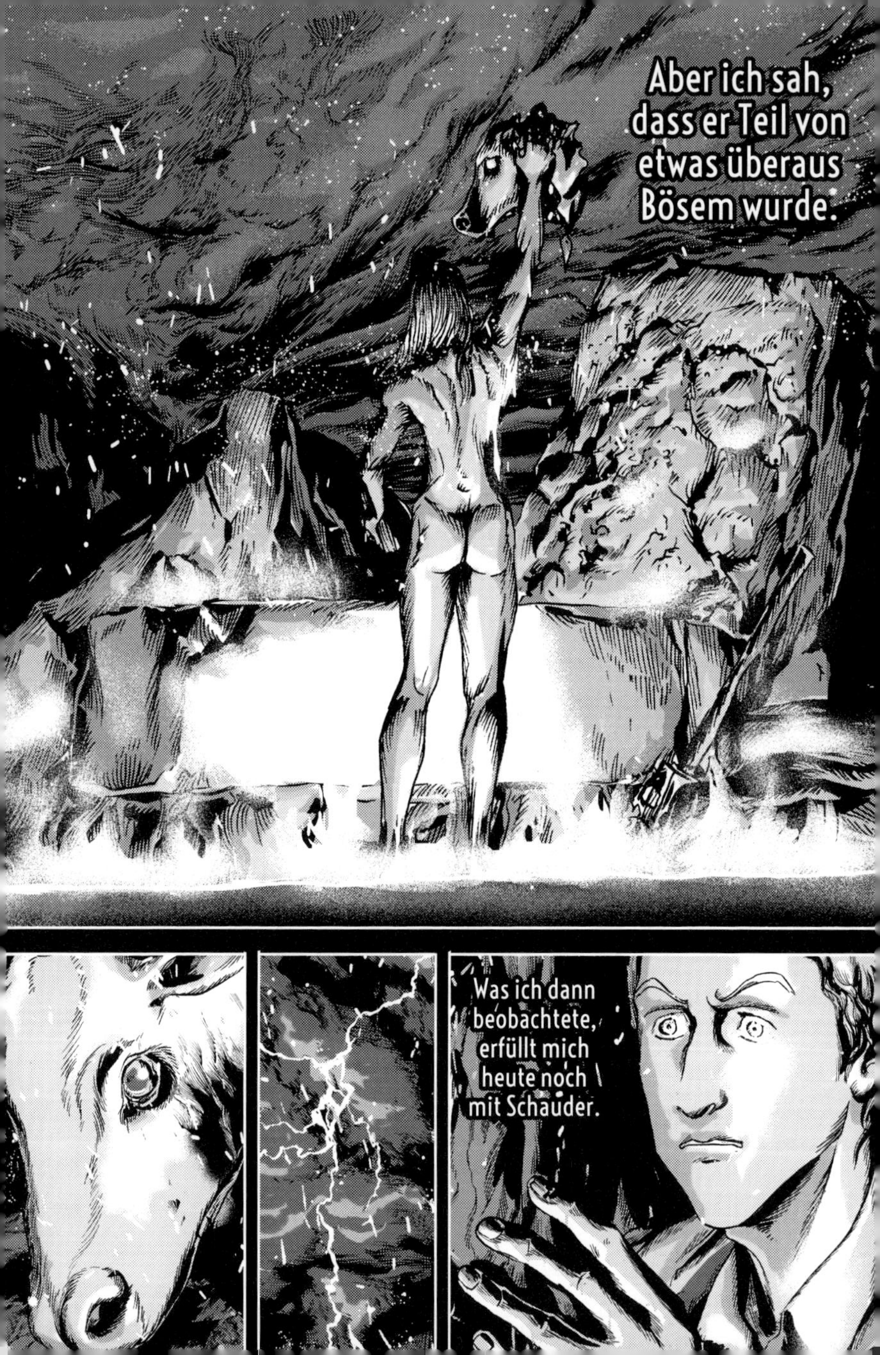
Aber ich sah, dass er Teil von etwas überaus Bösem wurde.
Was ich dann beobachtete, erfüllt mich heute noch mit Schauder.

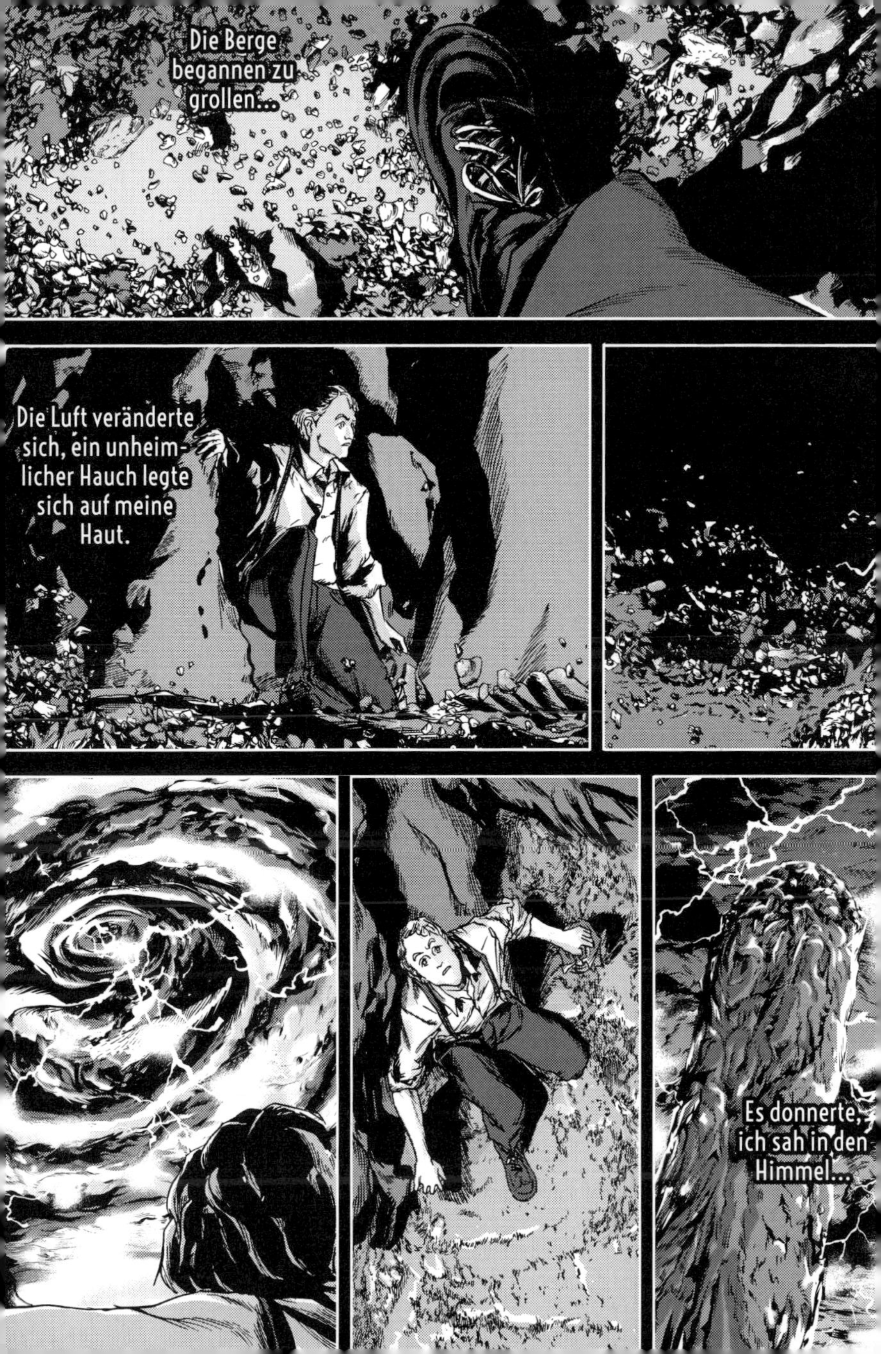
Die Berge begannen zu grollen …
Die Luft veränderte sich, ein unheimlicher Hauch legte sich auf meine Haut.
Es donnerte, ich sah in den Himmel …

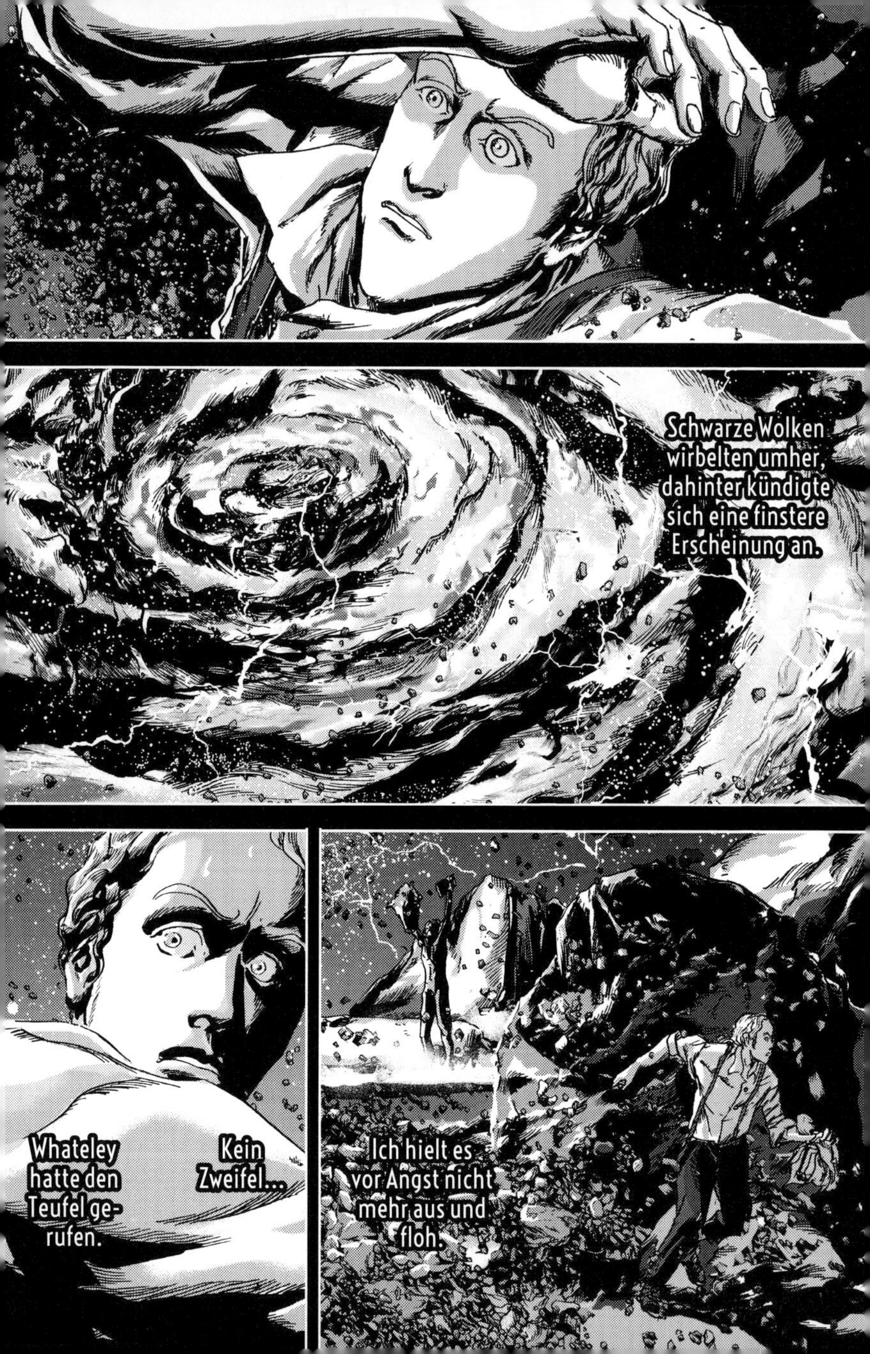
Schwarze Wolken wirbelten umher, dahinter kündigte sich eine finstere Erscheinung an.
Kein Zweifel…
Whateley hatte den Teufel gerufen.
Ich hielt es vor Angst nicht mehr aus und floh.

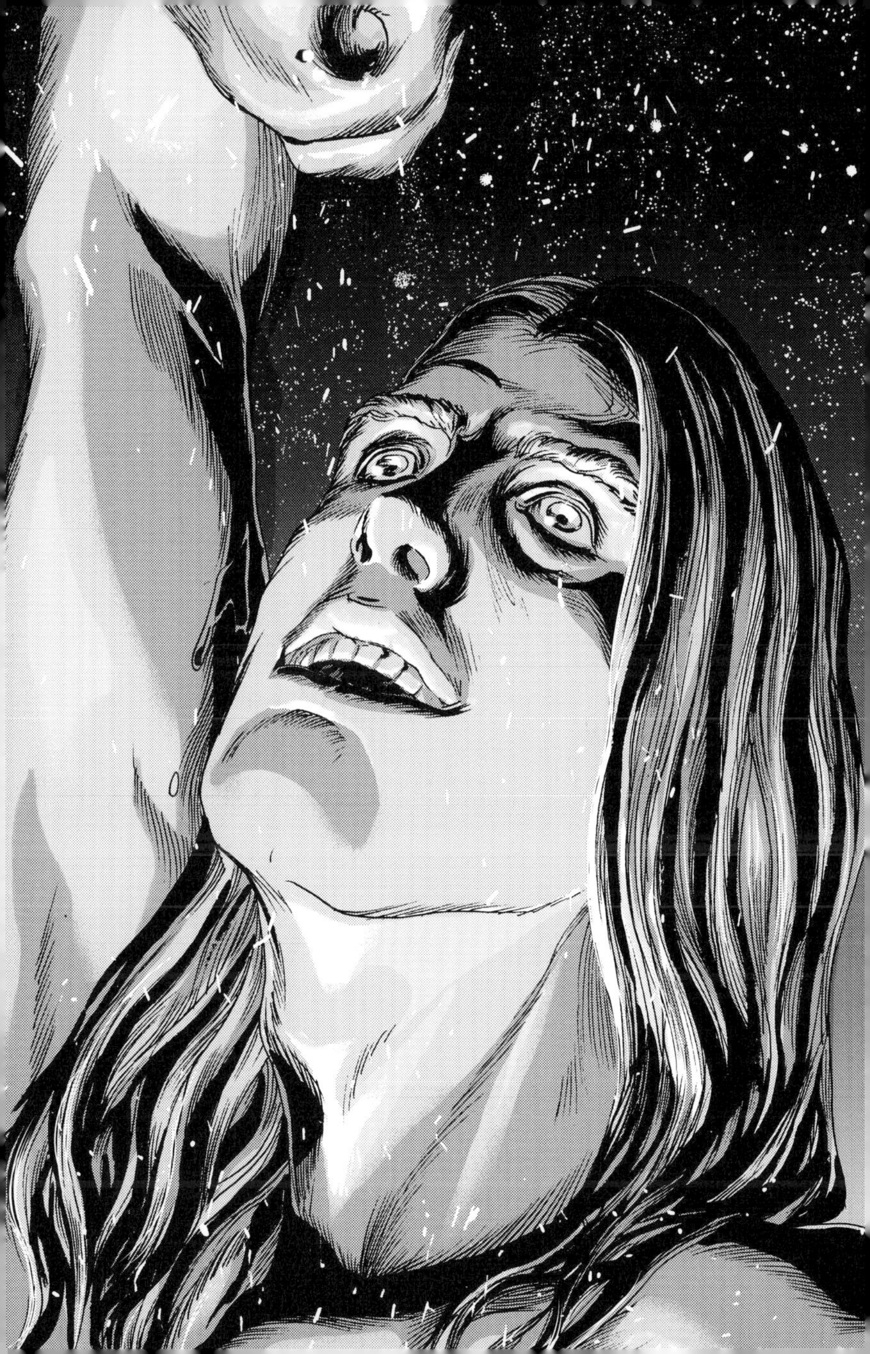

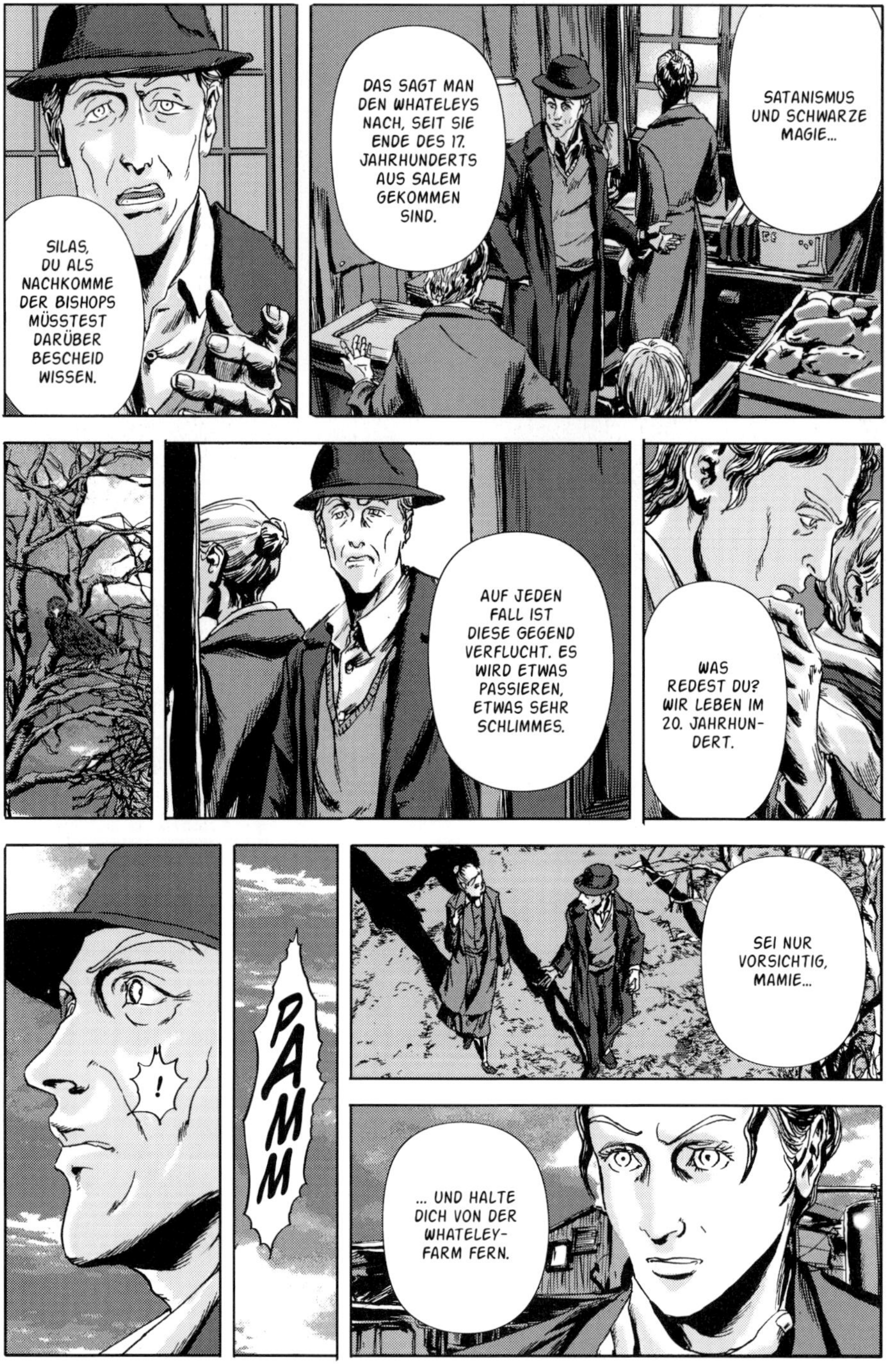
SILAS, DU ALS NACHKOMME DER BISHOPS MÜSSTEST DARÜBER BESCHEID WISSEN.
DAS SAGT MAN DEN WHATELEYS NACH, SEIT SIE ENDE DES 17. JAHRHUNDERTS AUS SALEM GEKOMMEN SIND.
SATANISMUS UND SCHWARZE MAGIE...
AUF JEDEN FALL IST DIESE GEGEND VERFLUCHT. ES WIRD ETWAS PASSIEREN, ETWAS SEHR SCHLIMMES.
WAS REDEST DU? WIR LEBEN IM 20. JAHRHUNDERT.
!
PAMM
SEI NUR VORSICHTIG, MAMIE...
... UND HALTE DICH VON DER WHATELEY-FARM FERN.

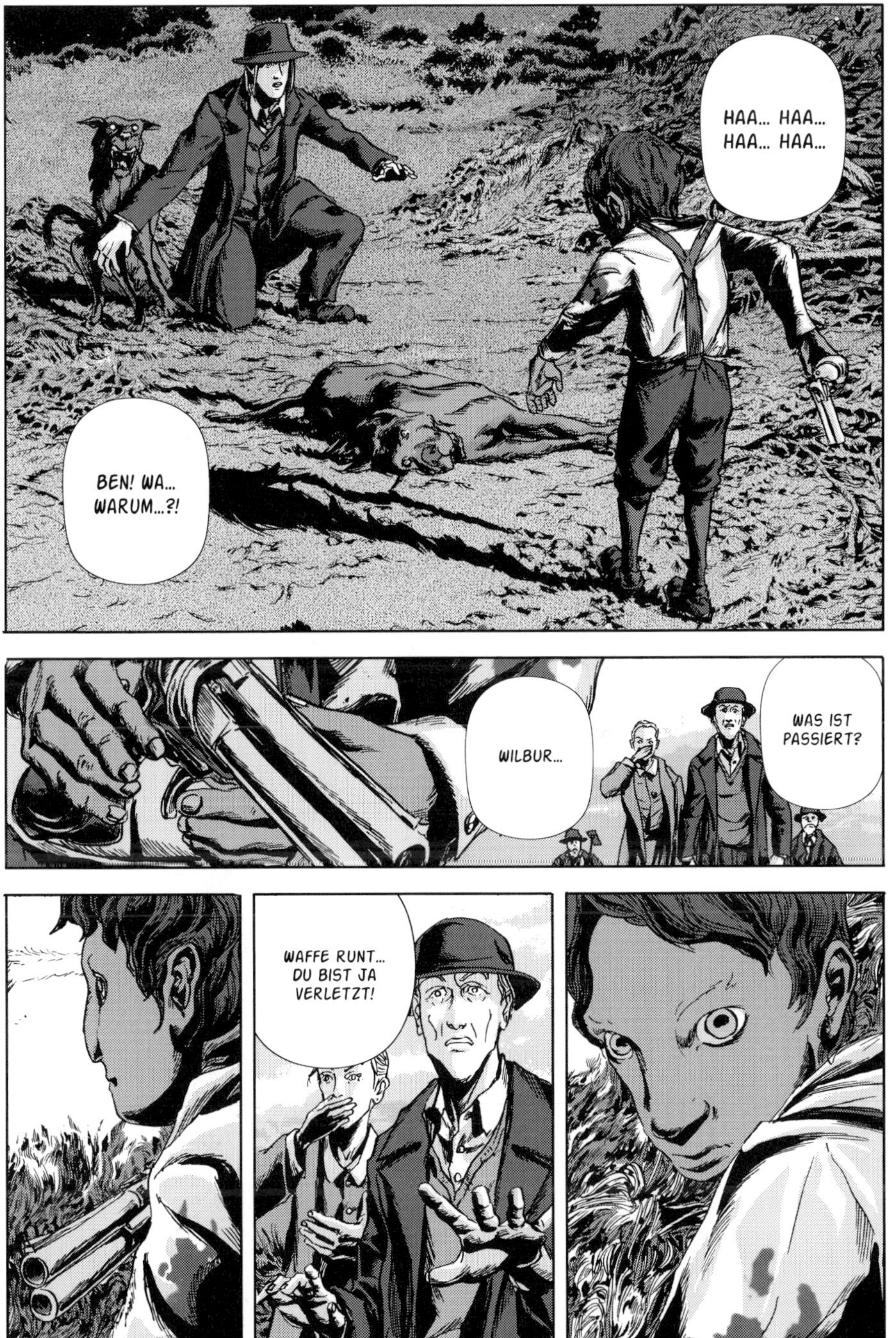
HAA... HAA...
HAA... HAA...
BEN! WA...
WARUM...?!
WILBUR...
WAS IST
PASSIERT?
WAFFE RUNT...
DU BIST JA
VERLETZT!

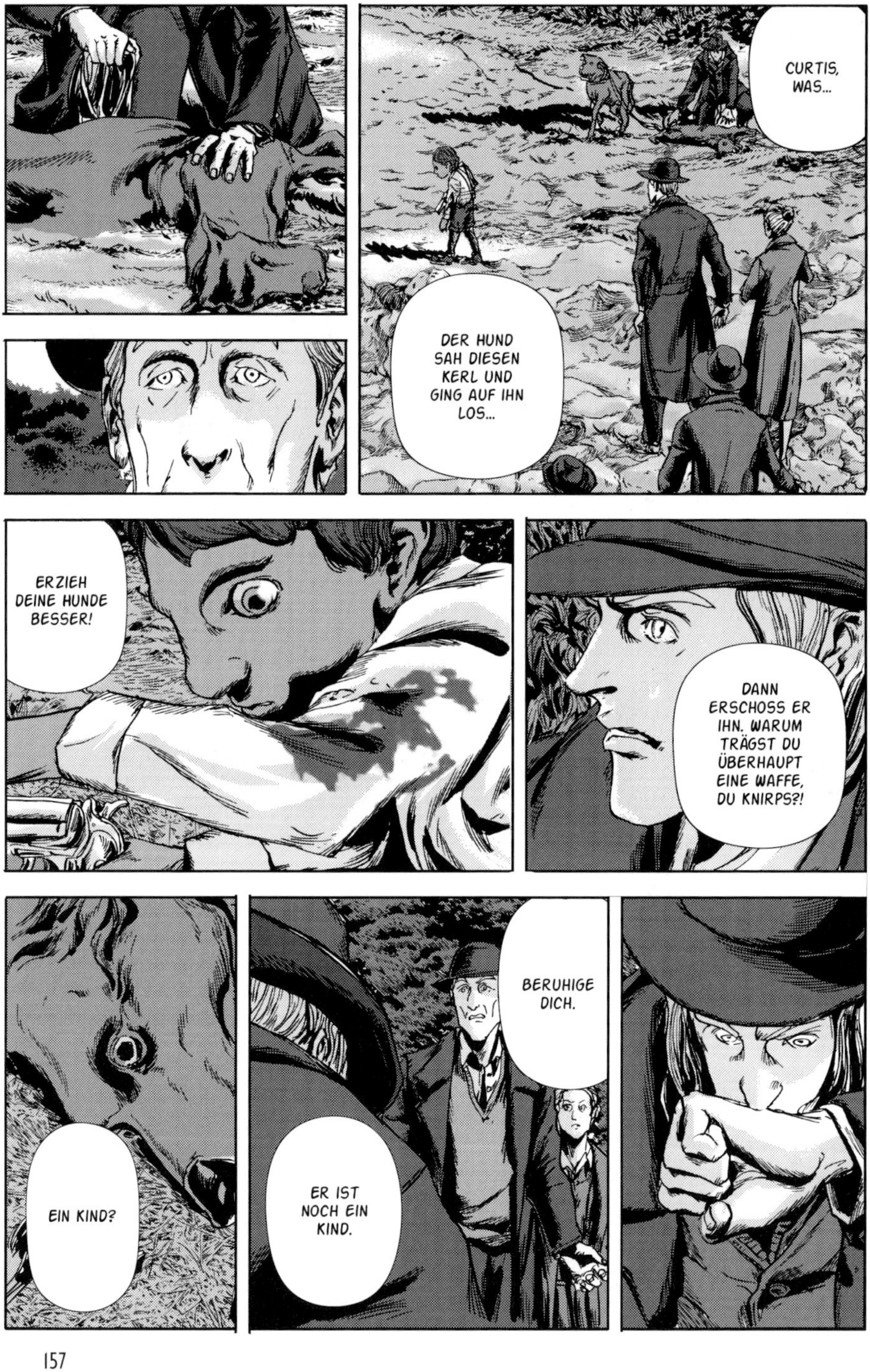
Curtis, was...
Der Hund sah diesen Kerl und ging auf ihn los...
Erzieh deine Hunde besser!
Dann erschoss er ihn. Warum trägst du überhaupt eine Waffe, du Knirps?!
Ein Kind?
Beruhige dich.
Er ist noch ein Kind.

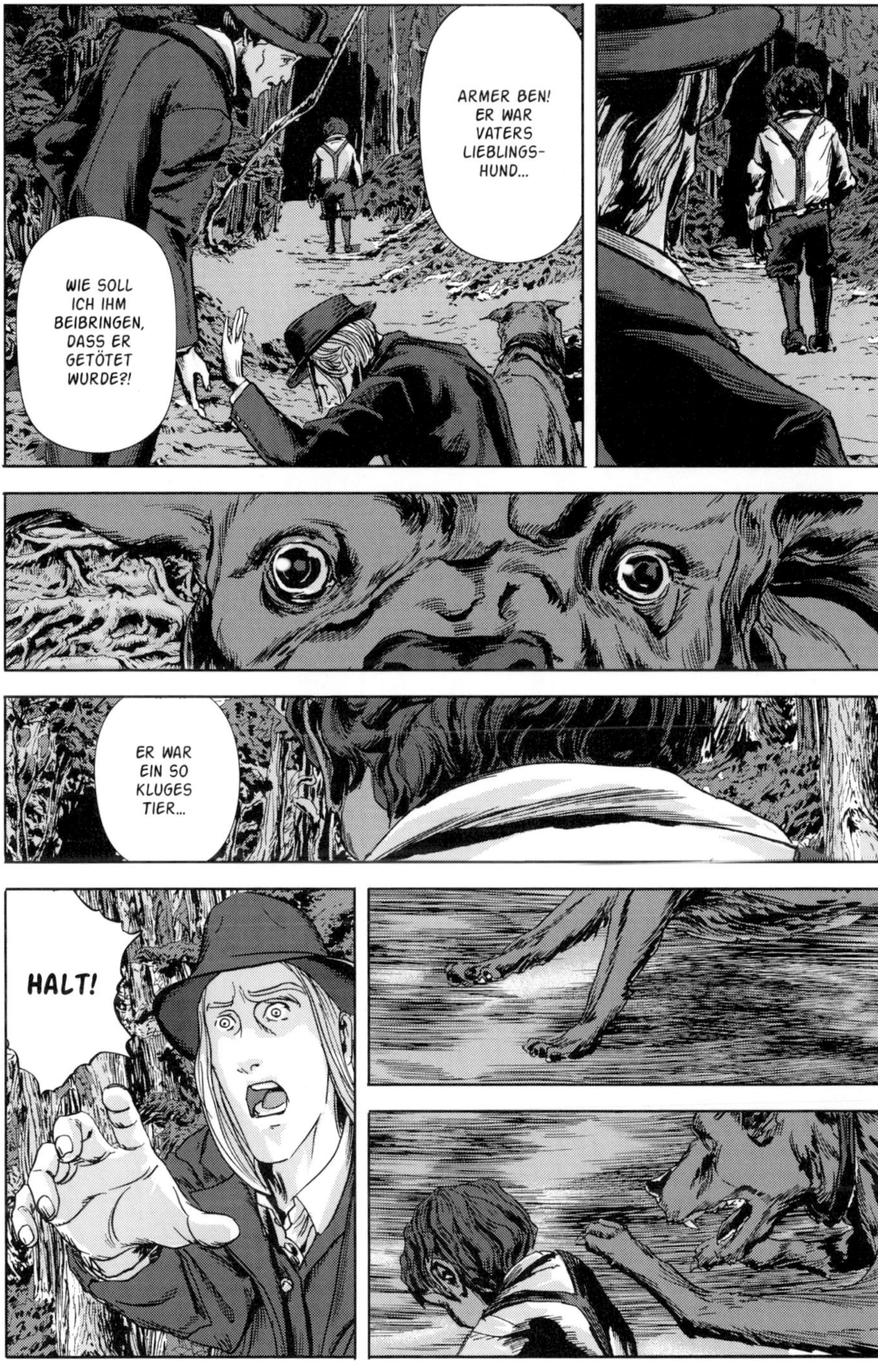
ARMER BEN! ER WAR VATERS LIEBLINGS-HUND...
WIE SOLL ICH IHM BEIBRINGEN, DASS ER GETÖTET WURDE?!
ER WAR EIN SO KLUGES TIER...
HALT!

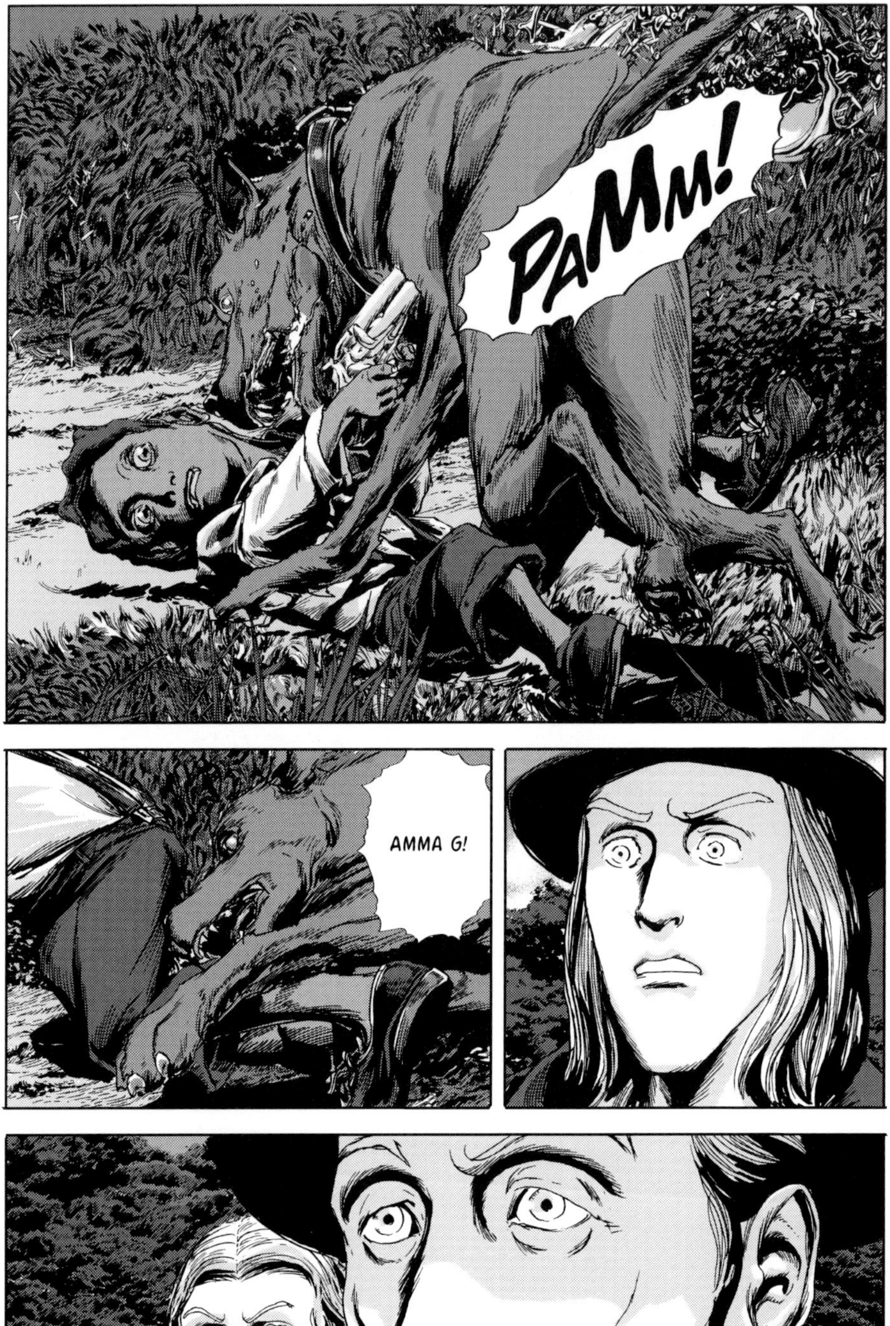
PAMM!
AMMA G!

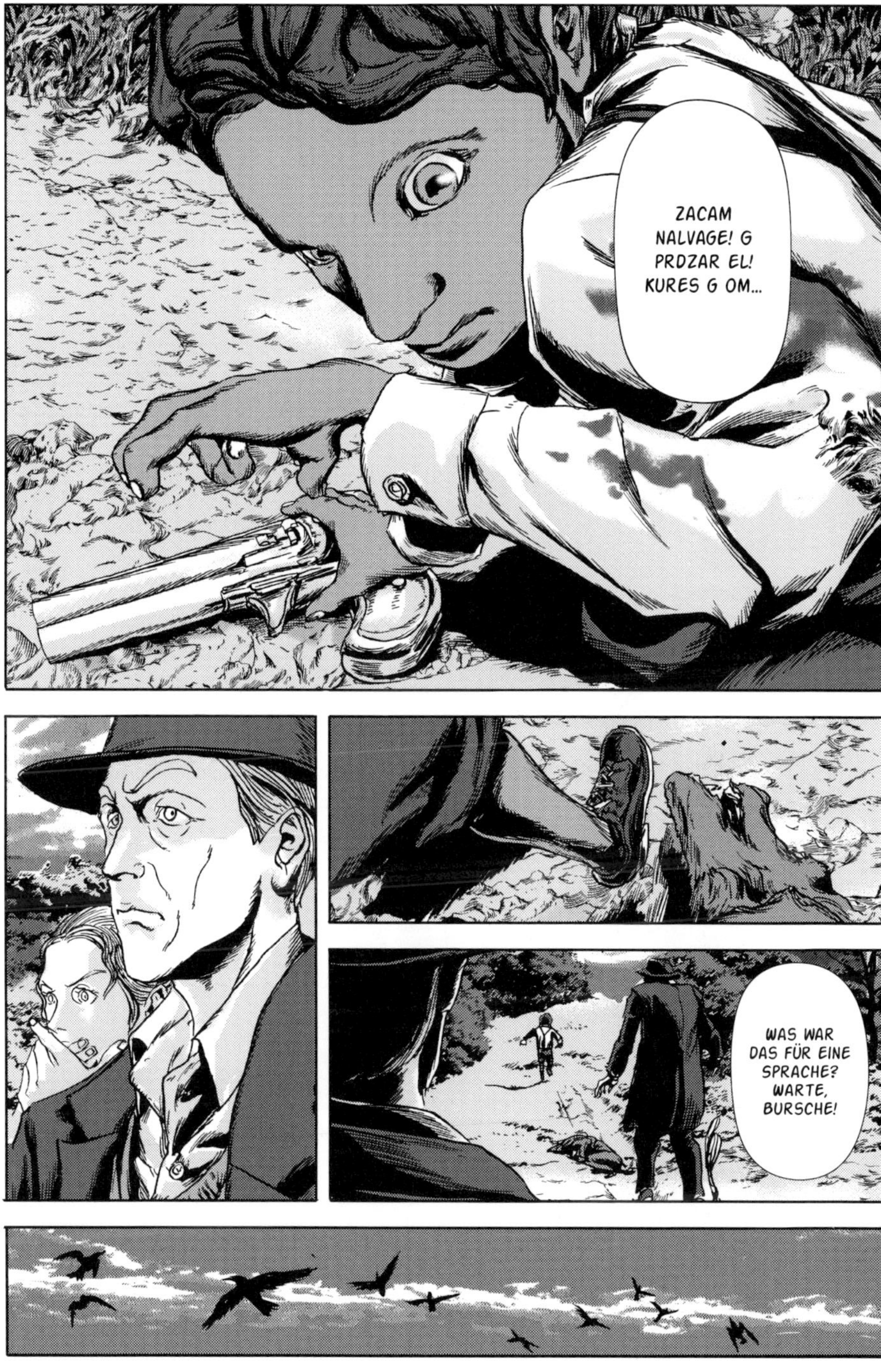
ZACAM NALVAGE! G PRDZAR EL! KURES G OM...
WAS WAR DAS FÜR EINE SPRACHE? WARTE, BURSCHE!

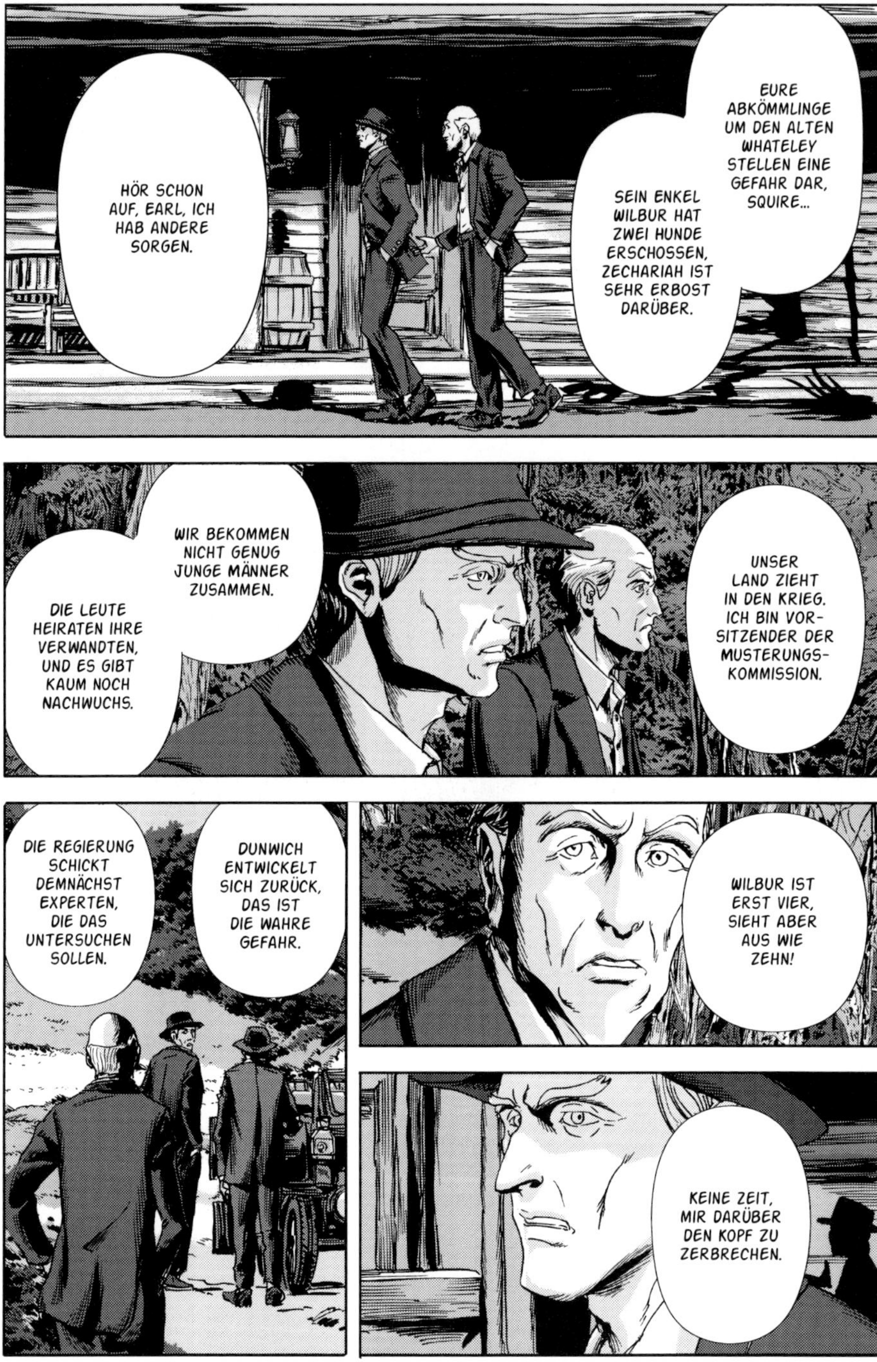
EURE ABKÖMMLINGE UM DEN ALTEN WHATELEY STELLEN EINE GEFAHR DAR, SQUIRE...
SEIN ENKEL WILBUR HAT ZWEI HUNDE ERSCHOSSEN, ZECHARIAH IST SEHR ERBOST DARÜBER.
HÖR SCHON AUF, EARL, ICH HAB ANDERE SORGEN.
UNSER LAND ZIEHT IN DEN KRIEG. ICH BIN VOR-SITZENDER DER MUSTERUNGS-KOMMISSION.
WIR BEKOMMEN NICHT GENUG JUNGE MÄNNER ZUSAMMEN.
DIE LEUTE HEIRATEN IHRE VERWANDTEN, UND ES GIBT KAUM NOCH NACHWUCHS.
WILBUR IST ERST VIER, SIEHT ABER AUS WIE ZEHN!
KEINE ZEIT, MIR DARÜBER DEN KOPF ZU ZERBRECHEN.
DUNWICH ENTWICKELT SICH ZURÜCK, DAS IST DIE WAHRE GEFAHR.
DIE REGIERUNG SCHICKT DEMNÄCHST EXPERTEN, DIE DAS UNTERSUCHEN SOLLEN.

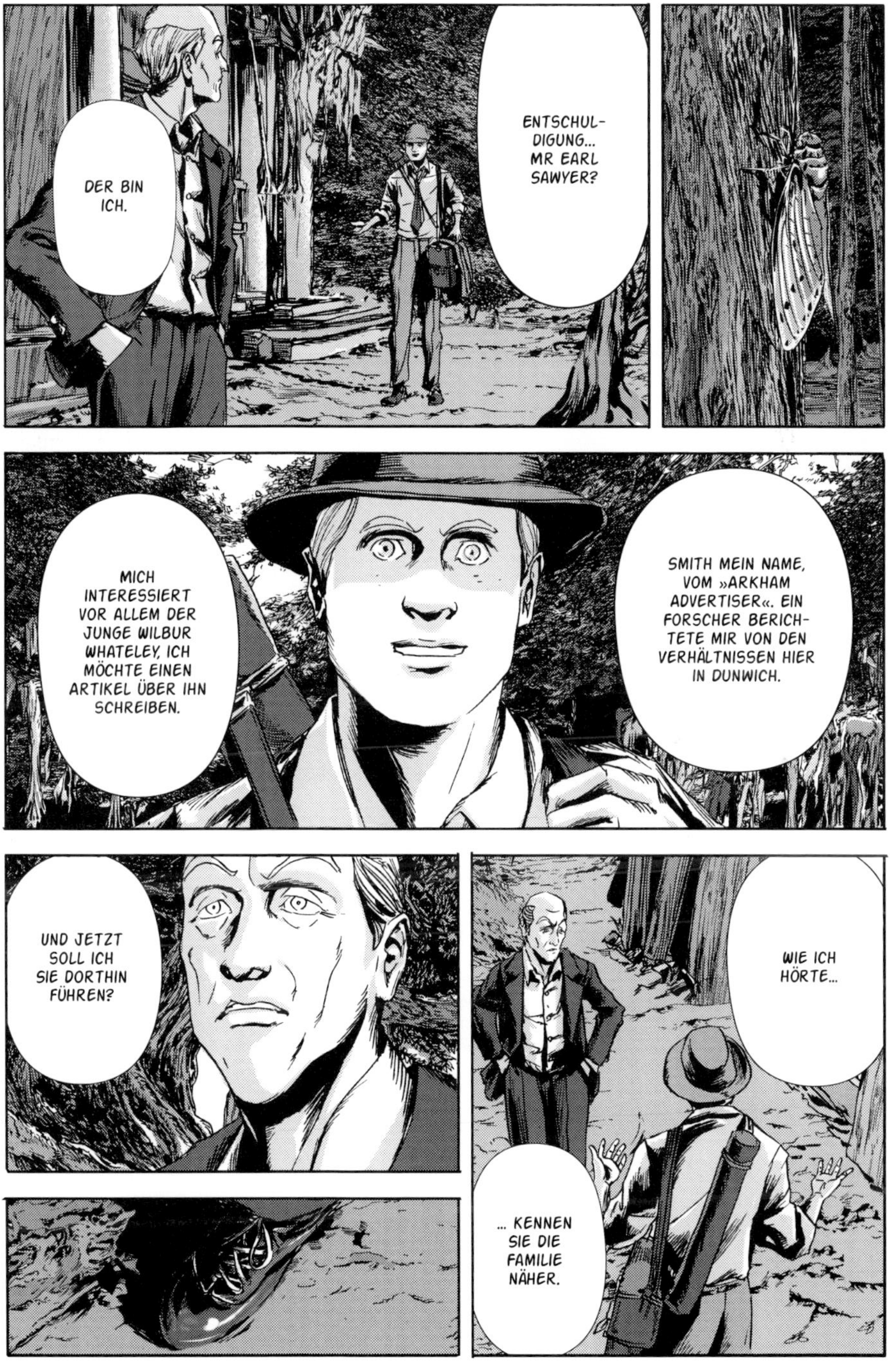
ENTSCHUL-DIGUNG... MR EARL SAWYER?
DER BIN ICH.
SMITH MEIN NAME, VOM »ARKHAM ADVERTISER«. EIN FORSCHER BERICH-TETE MIR VON DEN VERHÄLTNISSEN HIER IN DUNWICH.
MICH INTERESSIERT VOR ALLEM DER JUNGE WILBUR WHATELEY, ICH MÖCHTE EINEN ARTIKEL ÜBER IHN SCHREIBEN.
WIE ICH HÖRTE...
... KENNEN SIE DIE FAMILIE NÄHER.
UND JETZT SOLL ICH SIE DORTHIN FÜHREN?

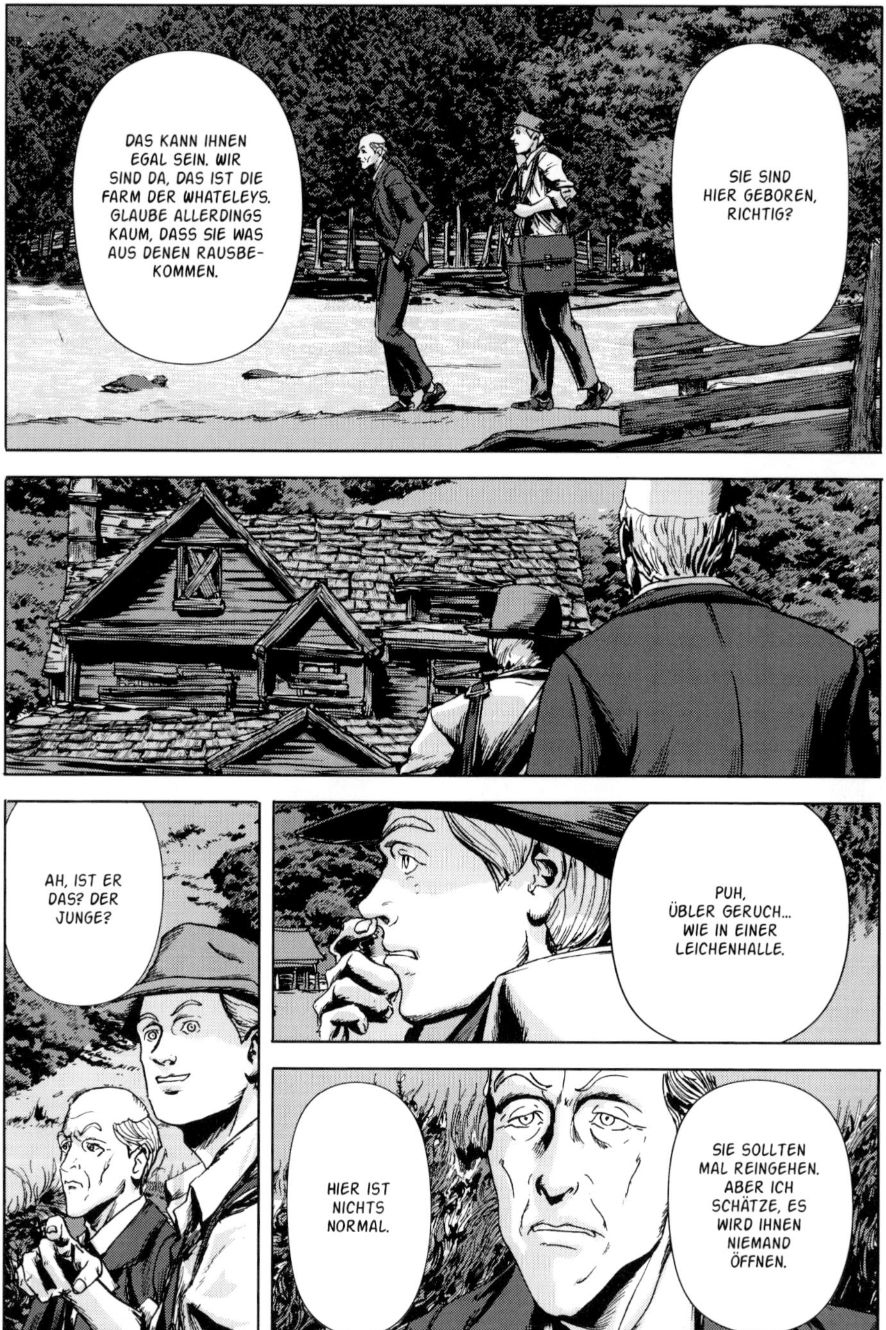
DAS KANN IHNEN EGAL SEIN. WIR SIND DA, DAS IST DIE FARM DER WHATELEYS. GLAUBE ALLERDINGS KAUM, DASS SIE WAS AUS DENEN RAUSBE-KOMMEN.
SIE SIND HIER GEBOREN, RICHTIG?
AH, IST ER DAS? DER JUNGE?
PUH, ÜBLER GERUCH... WIE IN EINER LEICHENHALLE.
HIER IST NICHTS NORMAL.
SIE SOLLTEN MAL REINGEHEN. ABER ICH SCHÄTZE, ES WIRD IHNEN NIEMAND ÖFFNEN.

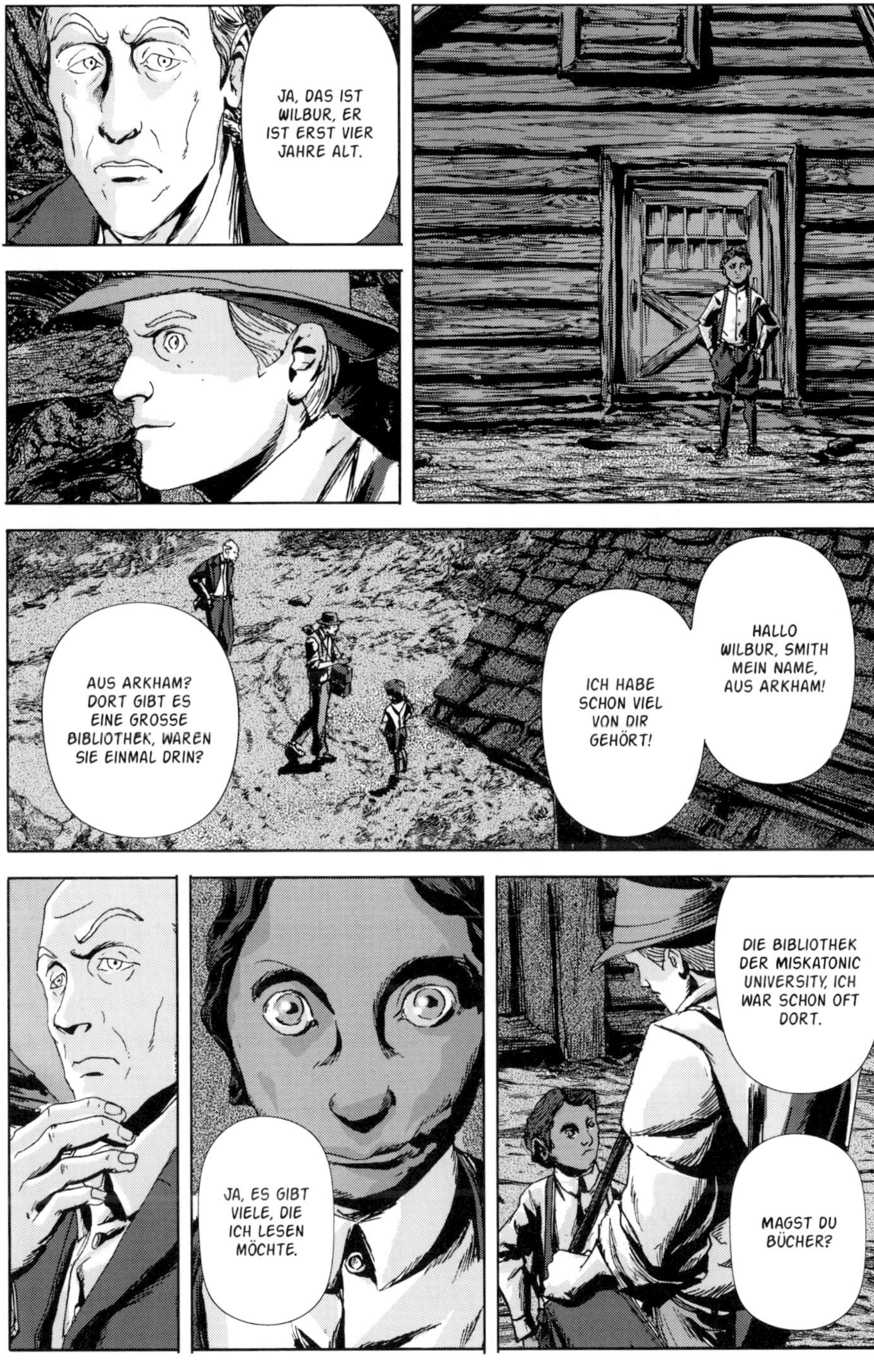
JA, DAS IST WILBUR, ER IST ERST VIER JAHRE ALT.
HALLO WILBUR, SMITH MEIN NAME, AUS ARKHAM!
ICH HABE SCHON VIEL VON DIR GEHÖRT!
AUS ARKHAM? DORT GIBT ES EINE GROSSE BIBLIOTHEK, WAREN SIE EINMAL DRIN?
DIE BIBLIOTHEK DER MISKATONIC UNIVERSITY, ICH WAR SCHON OFT DORT.
MAGST DU BÜCHER?
JA, ES GIBT VIELE, DIE ICH LESEN MÖCHTE.

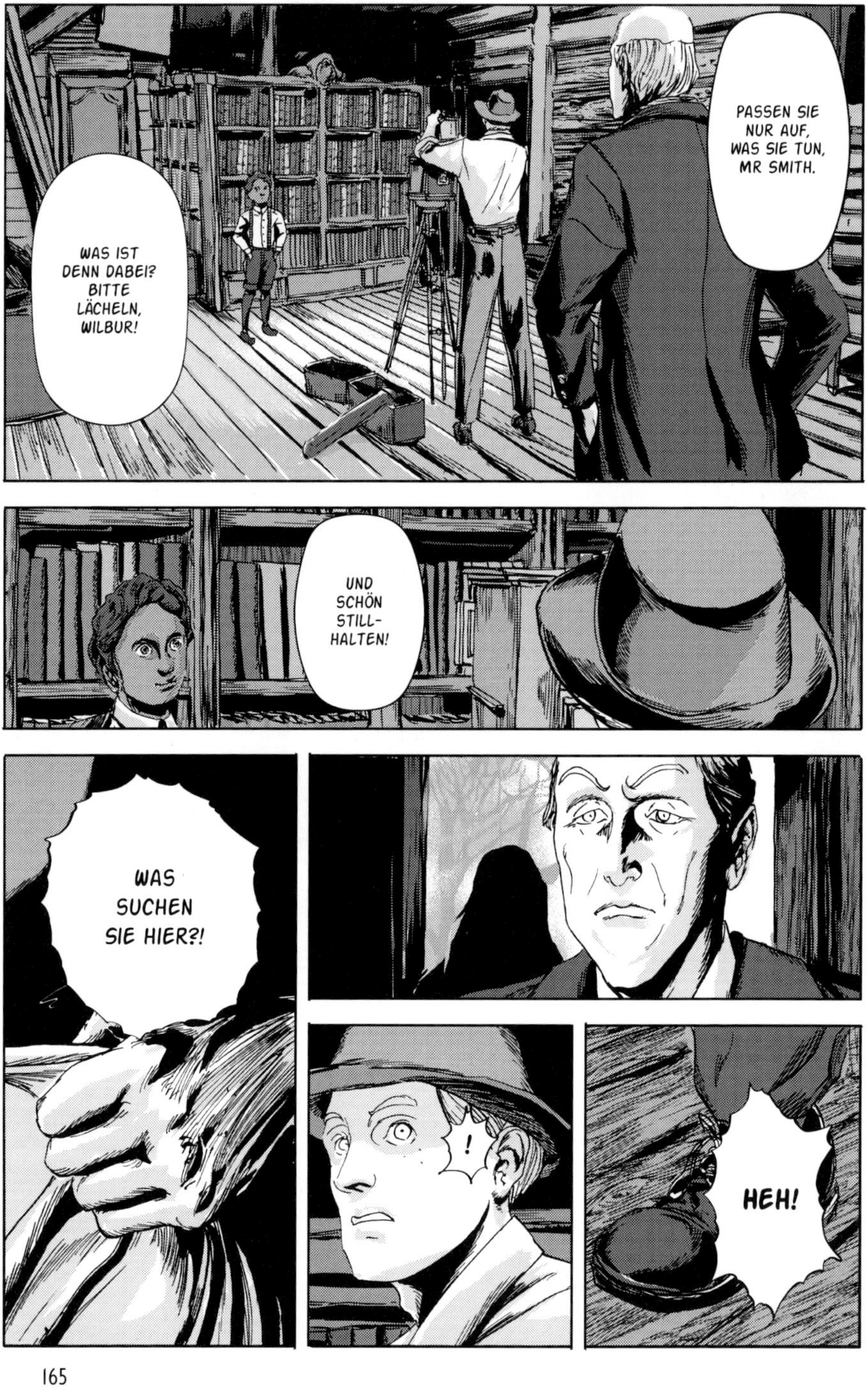
PASSEN SIE NUR AUF, WAS SIE TUN, MR SMITH.
WAS IST DENN DABEI? BITTE LÄCHELN, WILBUR!
UND SCHÖN STILL-HALTEN!
WAS SUCHEN SIE HIER?!
!
HEH!

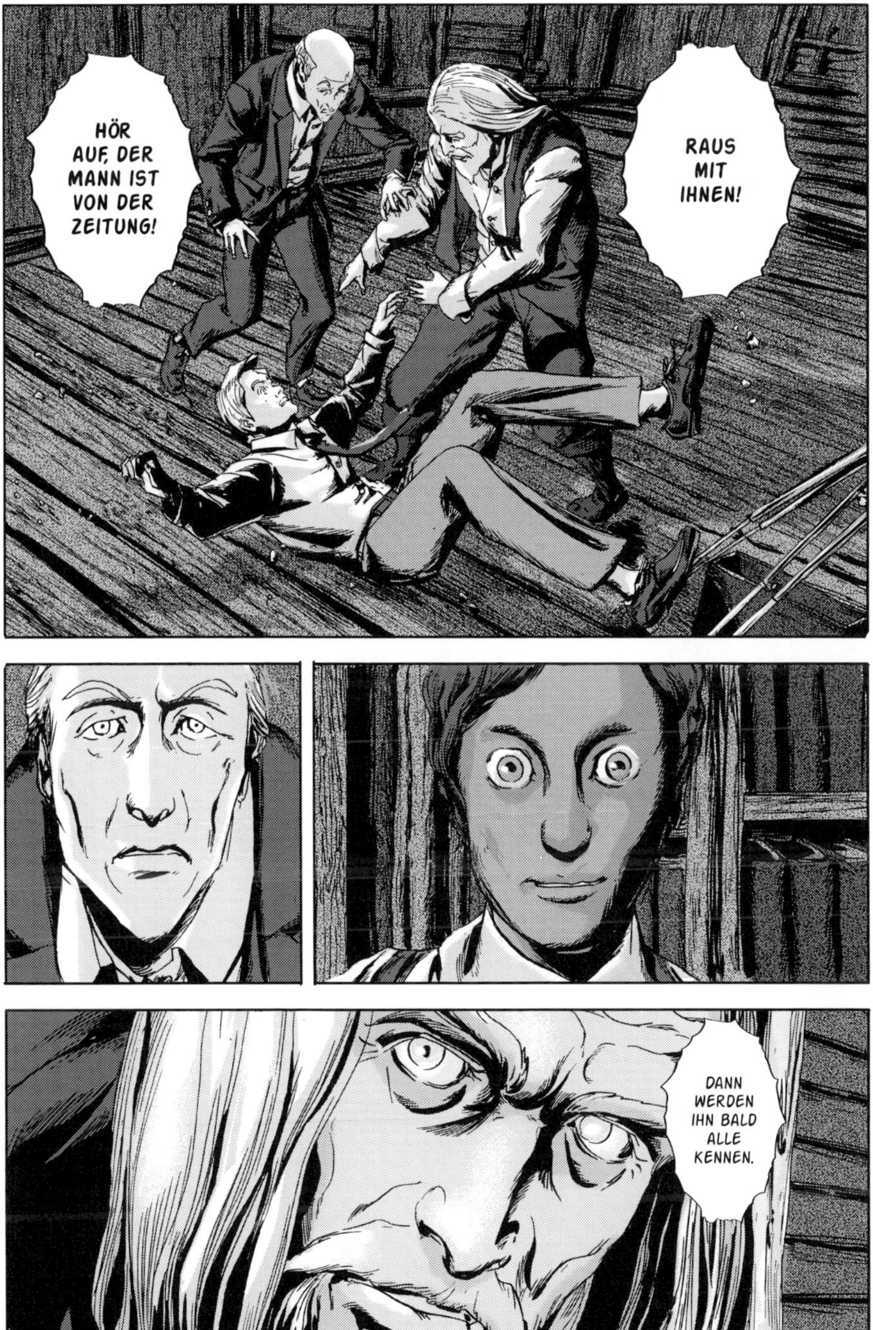
RAUS MIT IHNEN!
HÖR AUF, DER MANN IST VON DER ZEITUNG!
DANN WERDEN IHN BALD ALLE KENNEN.

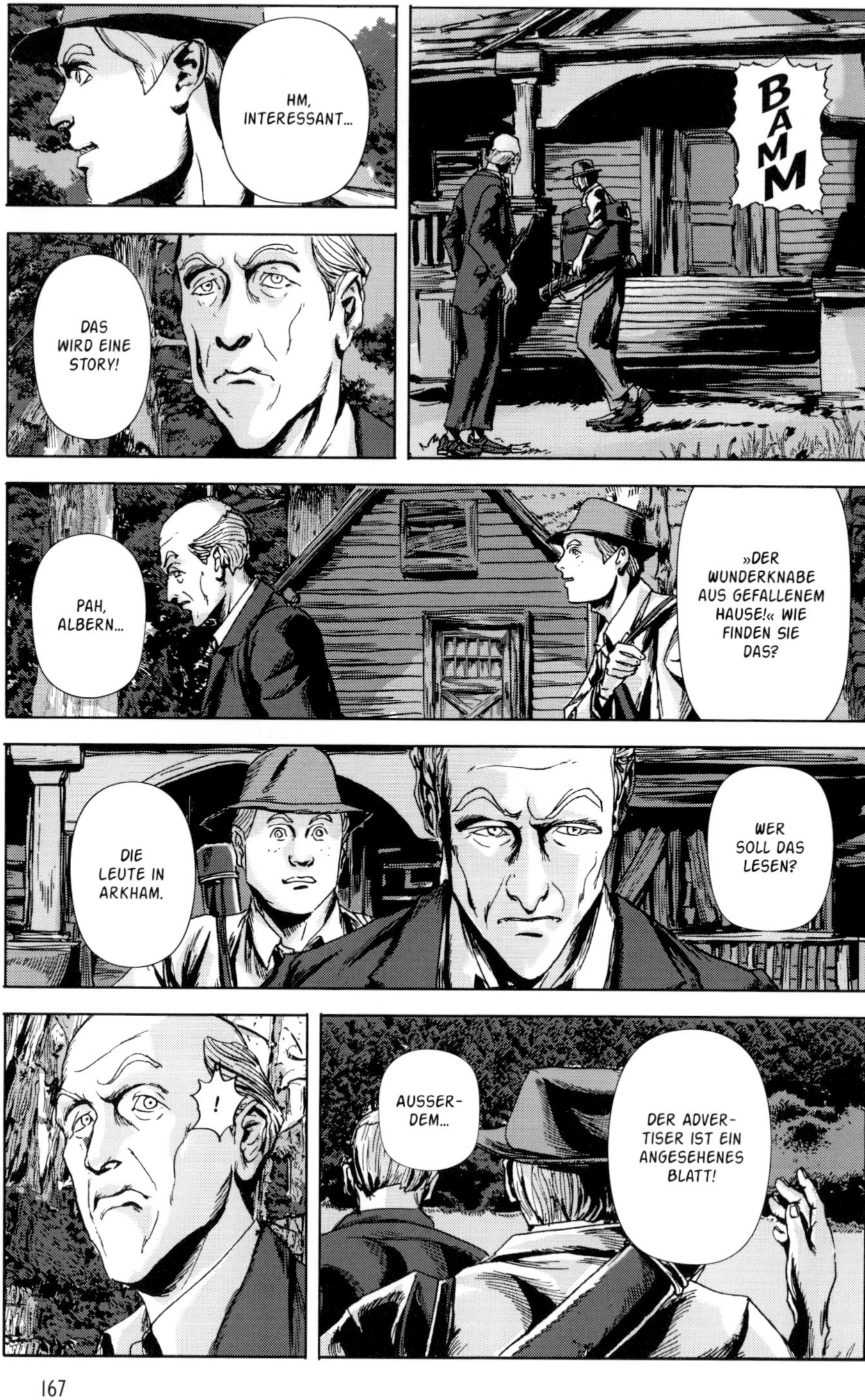
HM, INTERESSANT...
BAMM
DAS WIRD EINE STORY!
»DER WUNDERKNABE AUS GEFALLENEM HAUSE!« WIE FINDEN SIE DAS?
PAH, ALBERN...
WER SOLL DAS LESEN?
DIE LEUTE IN ARKHAM.
!
AUSSER-DEM...
DER ADVER-TISER IST EIN ANGESEHENES BLATT!

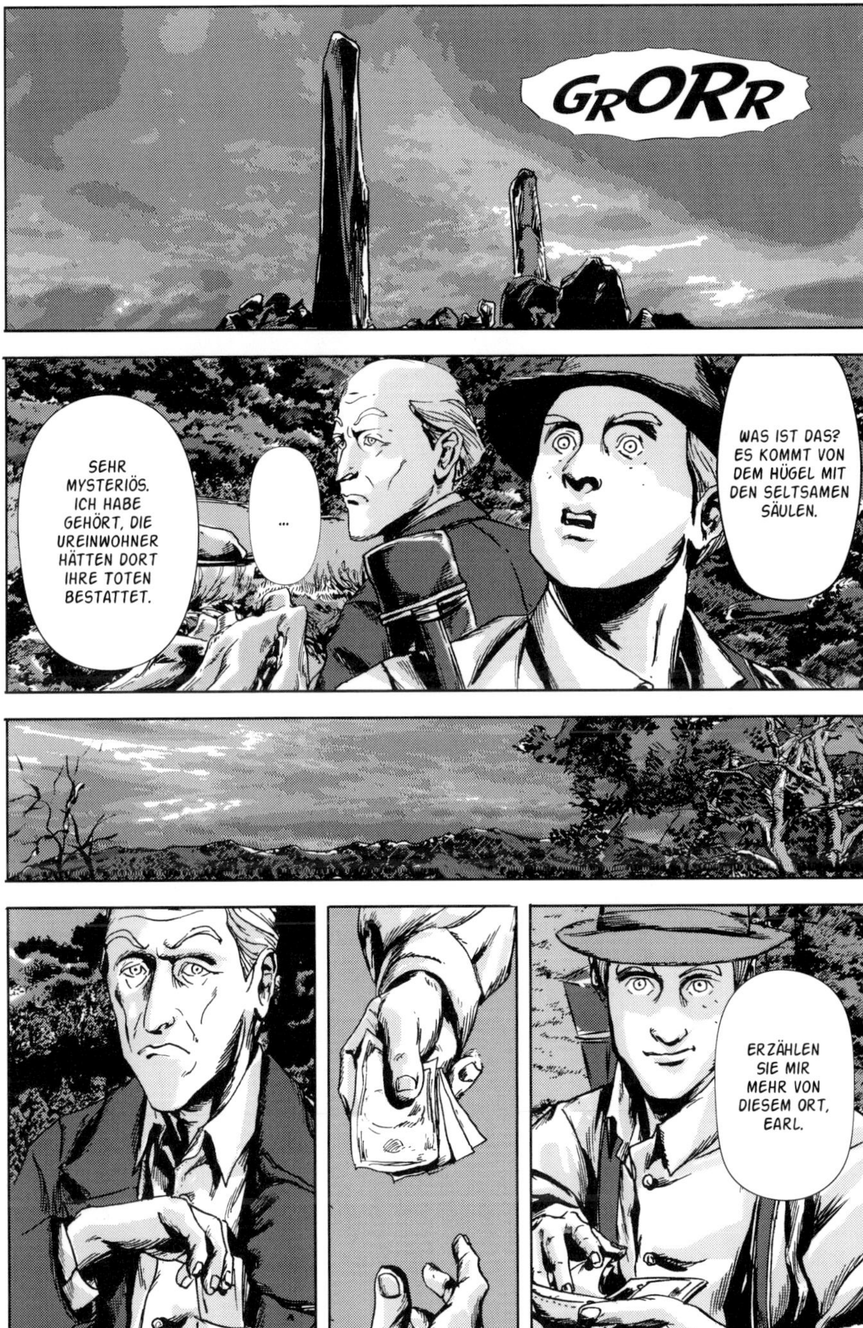
GRORR
WAS IST DAS? ES KOMMT VON DEM HÜGEL MIT DEN SELTSAMEN SÄULEN.
...
SEHR MYSTERIÖS. ICH HABE GEHÖRT, DIE UREINWOHNER HÄTTEN DORT IHRE TOTEN BESTATTET.
ERZÄHLEN SIE MIR MEHR VON DIESEM ORT, EARL.

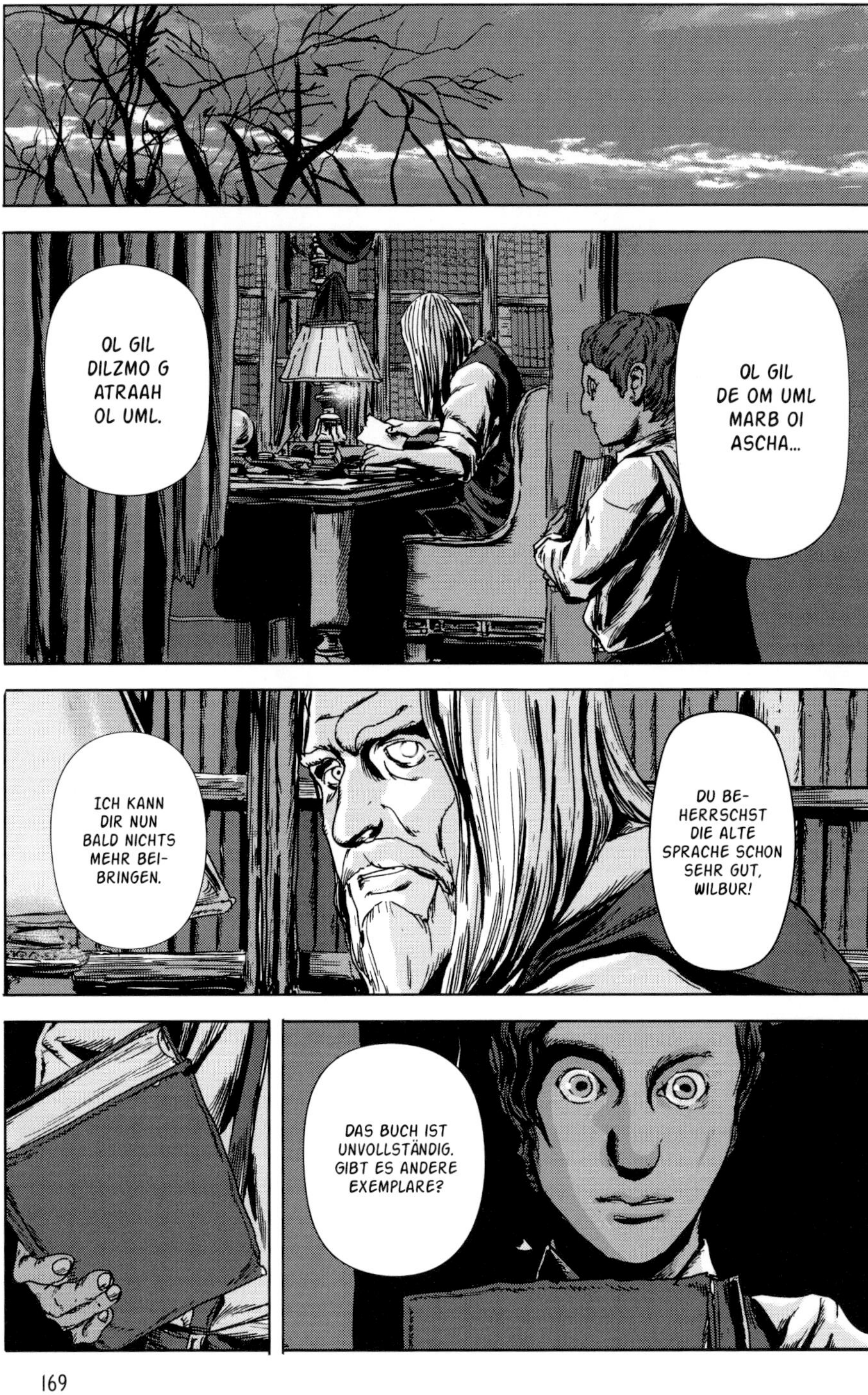
OL GIL DILZMO G ATRAAH OL UML.
OL GIL DE OM UML MARB OI ASCHA...
ICH KANN DIR NUN BALD NICHTS MEHR BEIBRINGEN.
DU BEHERRSCHST DIE ALTE SPRACHE SCHON SEHR GUT, WILBUR!
DAS BUCH IST UNVOLLSTÄNDIG. GIBT ES ANDERE EXEMPLARE?

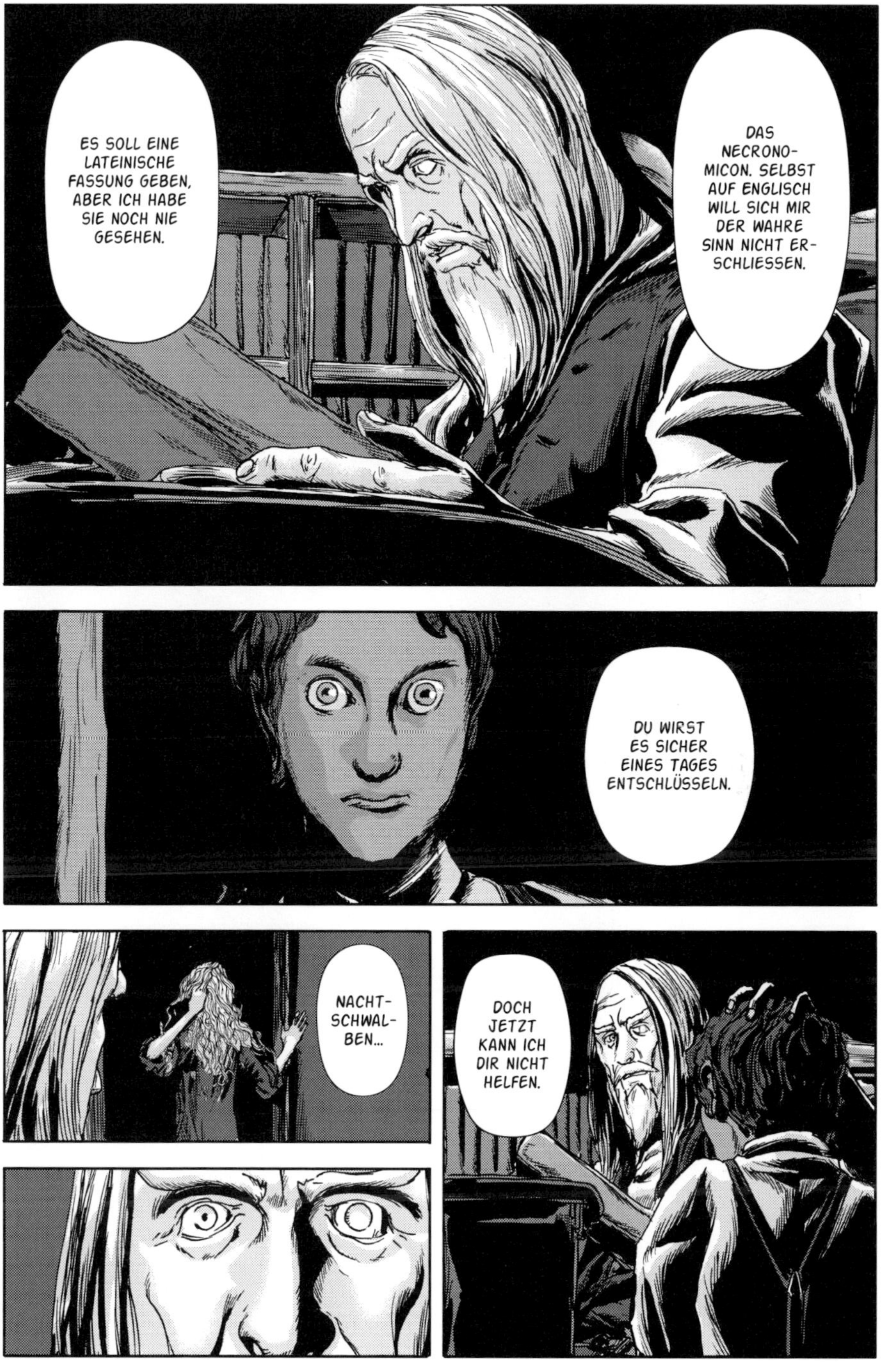
DAS NECRONOMICON. SELBST AUF ENGLISCH WILL SICH MIR DER WAHRE SINN NICHT ERSCHLIESSEN.
ES SOLL EINE LATEINISCHE FASSUNG GEBEN, ABER ICH HABE SIE NOCH NIE GESEHEN.
DU WIRST ES SICHER EINES TAGES ENTSCHLÜSSELN.
DOCH JETZT KANN ICH DIR NICHT HELFEN.
NACHT-SCHWALBEN...

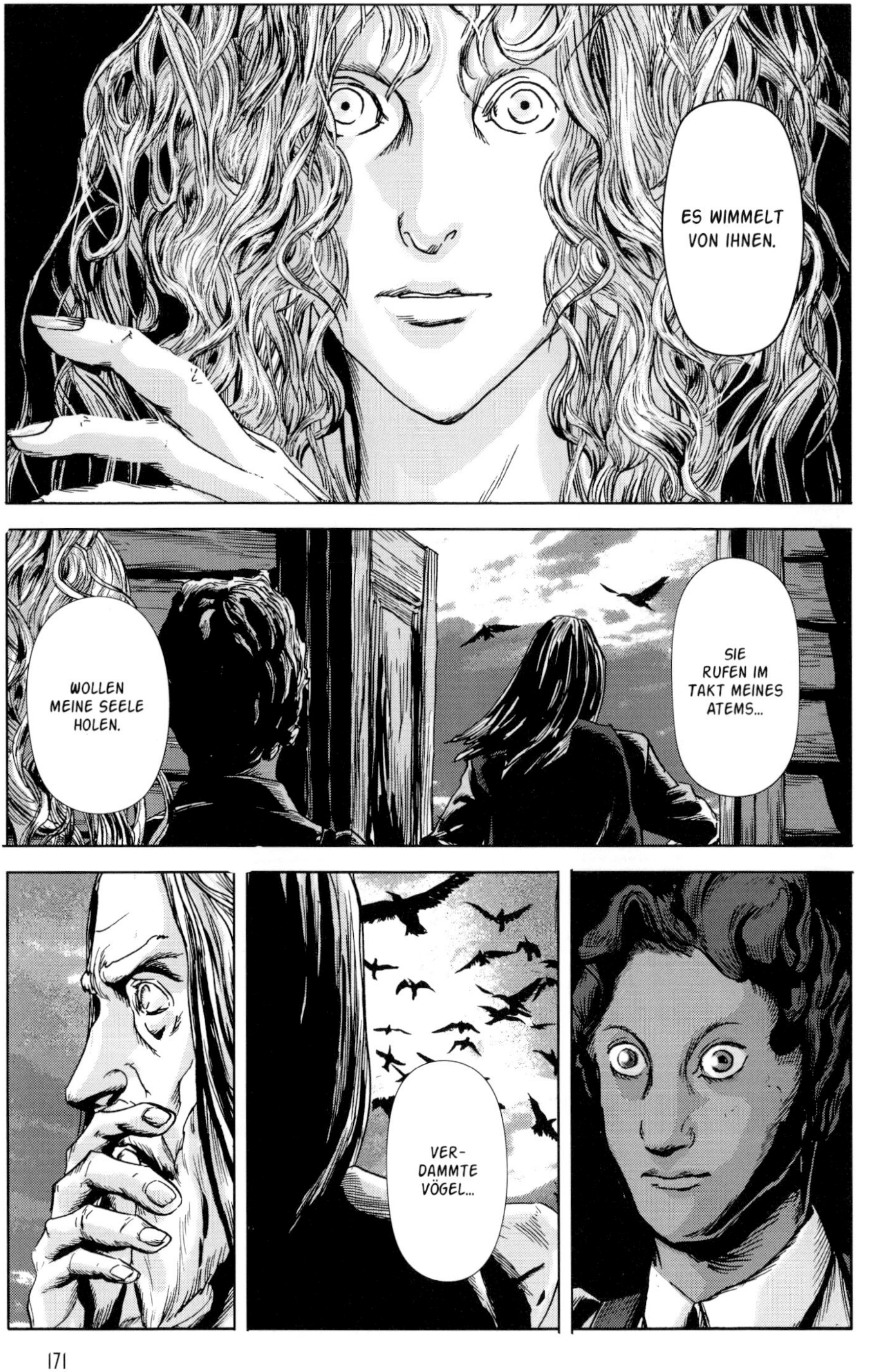
ES WIMMELT VON IHNEN.
SIE RUFEN IM TAKT MEINES ATEMS...
WOLLEN MEINE SEELE HOLEN.
VER-DAMMTE VÖGEL...

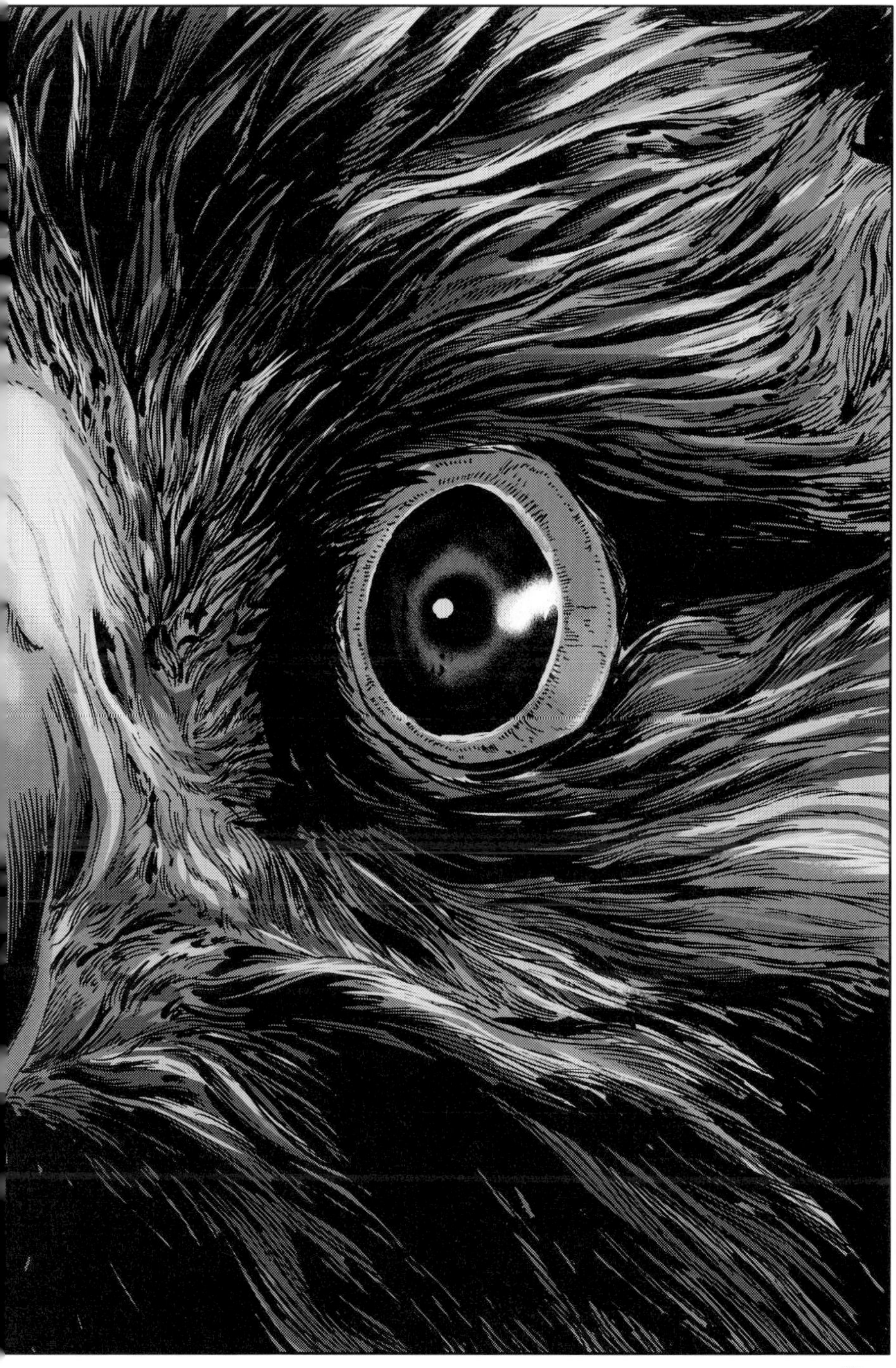

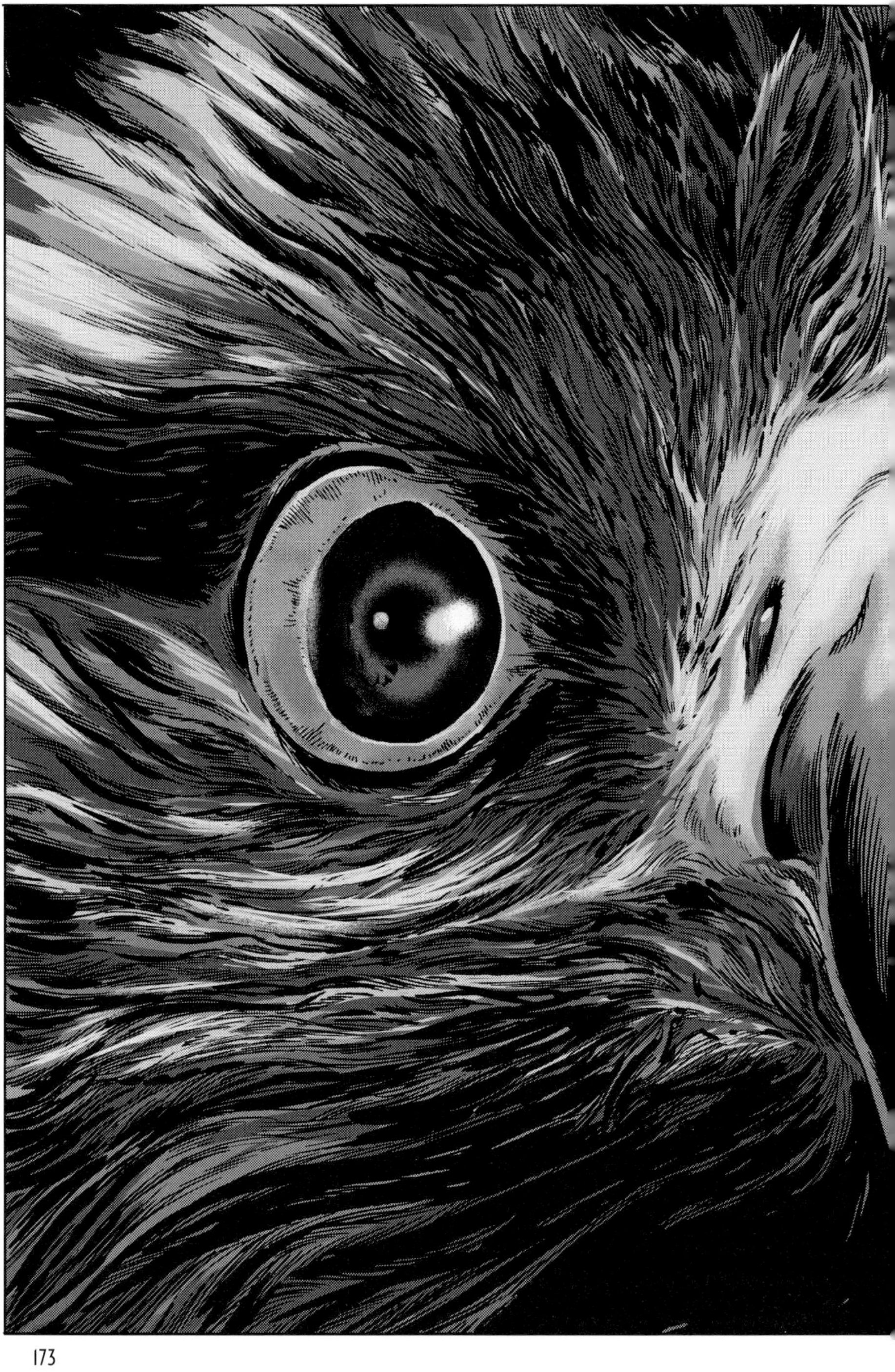

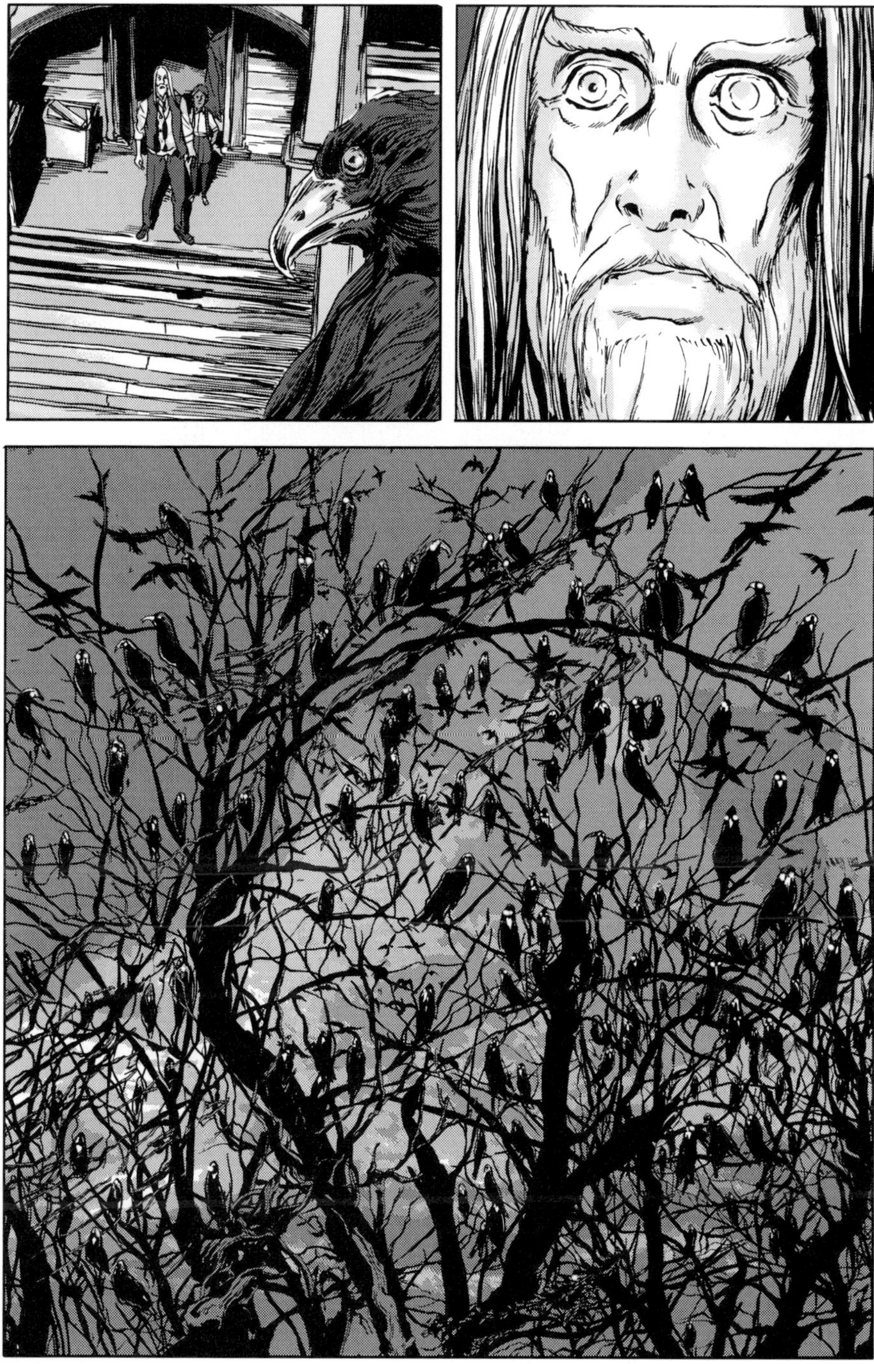

6 DAS TOR

The Gate

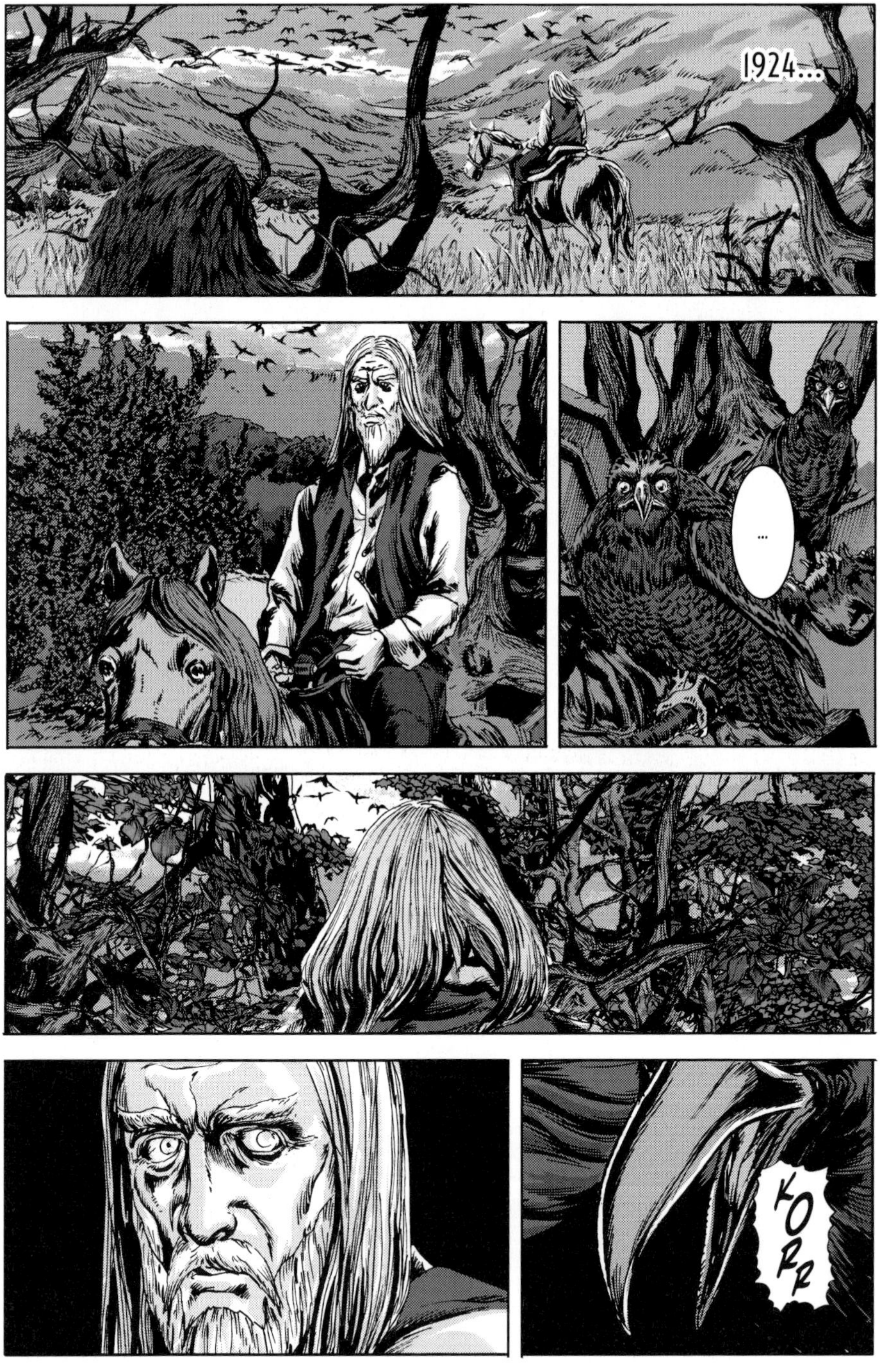
1924...
...
KORR

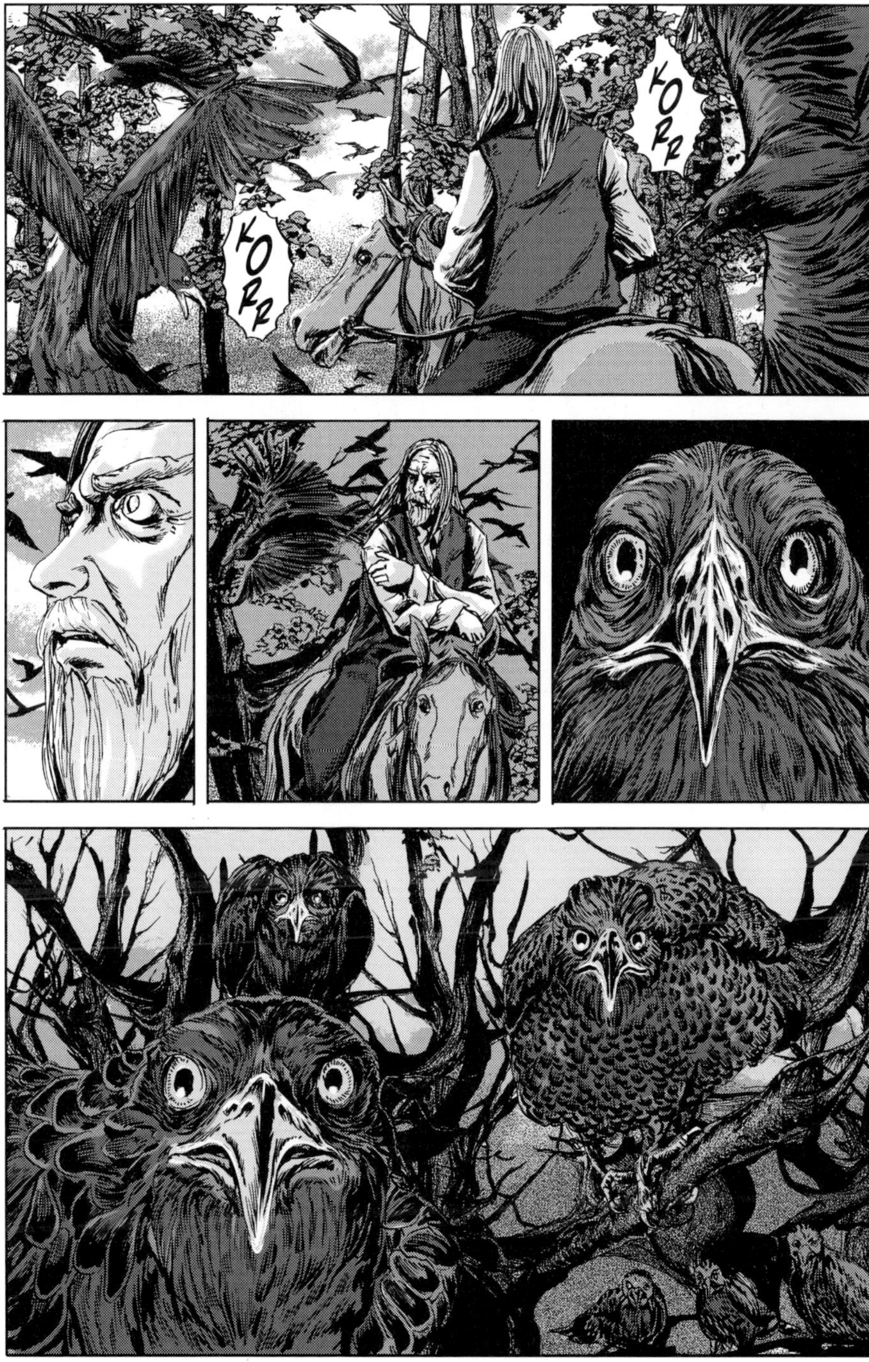
KORR
KORR

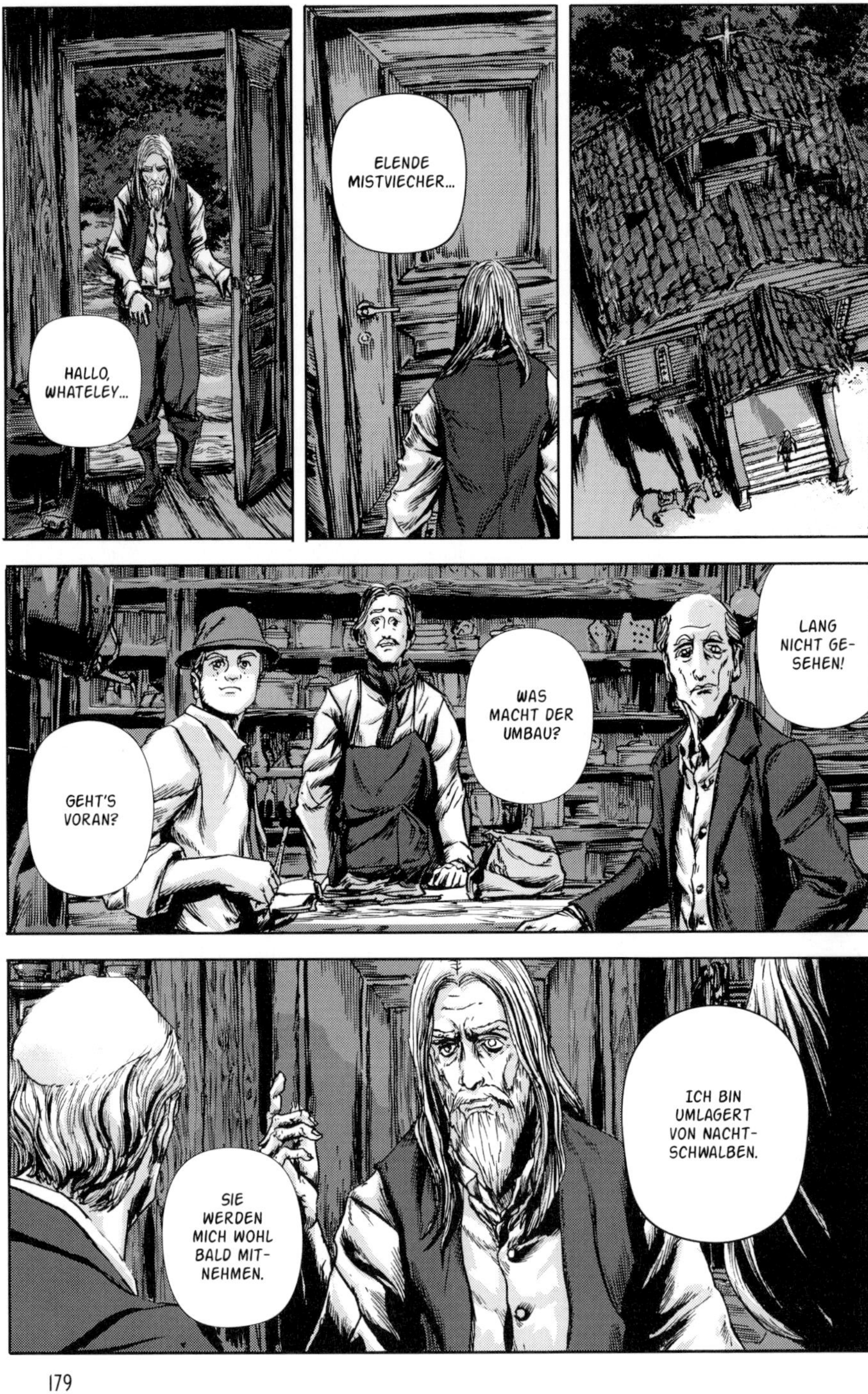
HALLO, WHATELEY...
ELENDE MISTVIECHER...
LANG NICHT GE-SEHEN!
WAS MACHT DER UMBAU?
GEHT'S VORAN?
ICH BIN UMLAGERT VON NACHT-SCHWALBEN.
SIE WERDEN MICH WOHL BALD MIT-NEHMEN.

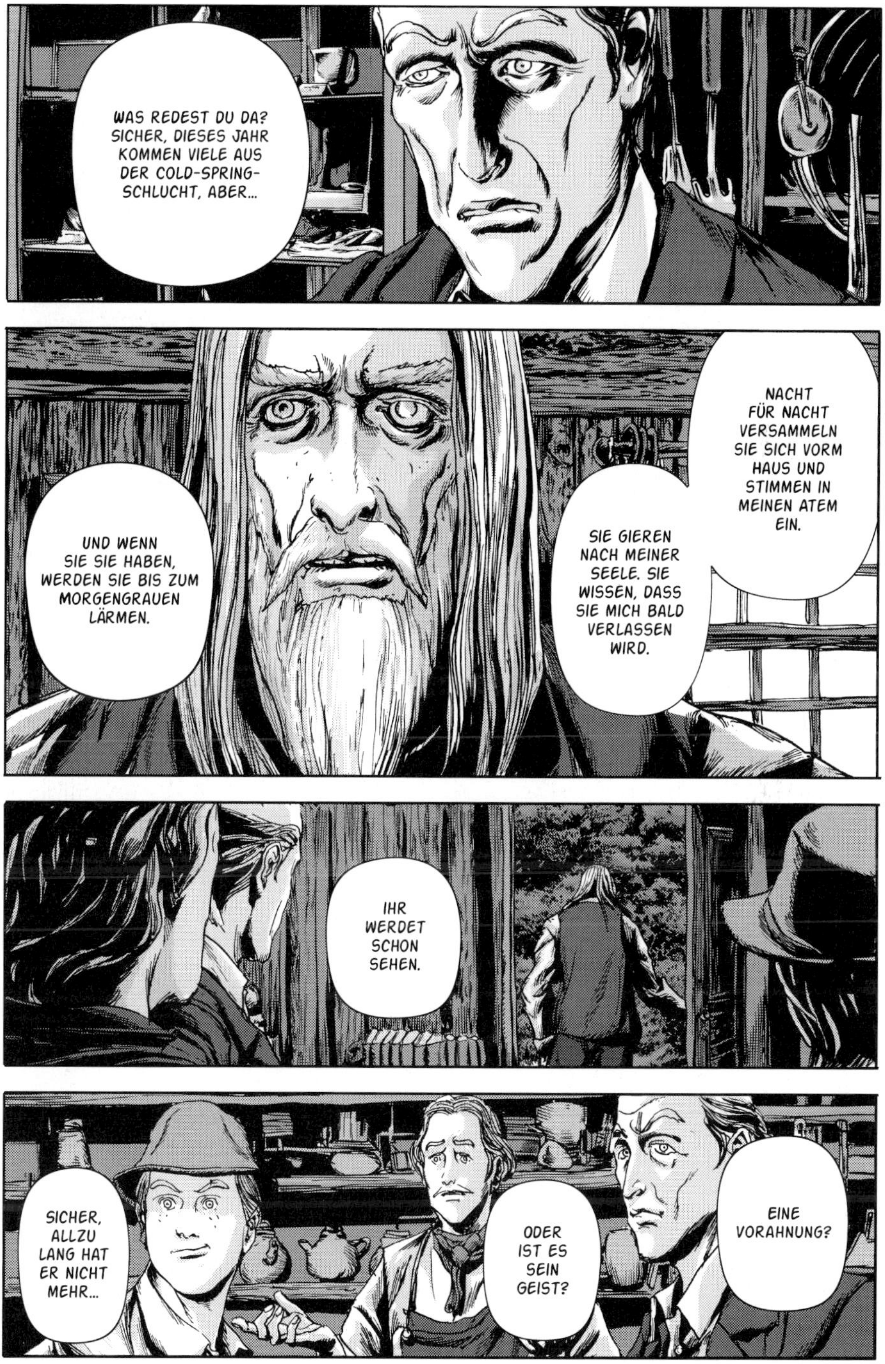
WAS REDEST DU DA? SICHER, DIESES JAHR KOMMEN VIELE AUS DER COLD-SPRING-SCHLUCHT, ABER...
NACHT FÜR NACHT VERSAMMELN SIE SICH VORM HAUS UND STIMMEN IN MEINEN ATEM EIN.
SIE GIEREN NACH MEINER SEELE. SIE WISSEN, DASS SIE MICH BALD VERLASSEN WIRD.
UND WENN SIE SIE HABEN, WERDEN SIE BIS ZUM MORGENGRAUEN LÄRMEN.
IHR WERDET SCHON SEHEN.
EINE VORAHNUNG?
ODER IST ES SEIN GEIST?
SICHER, ALLZU LANG HAT ER NICHT MEHR...

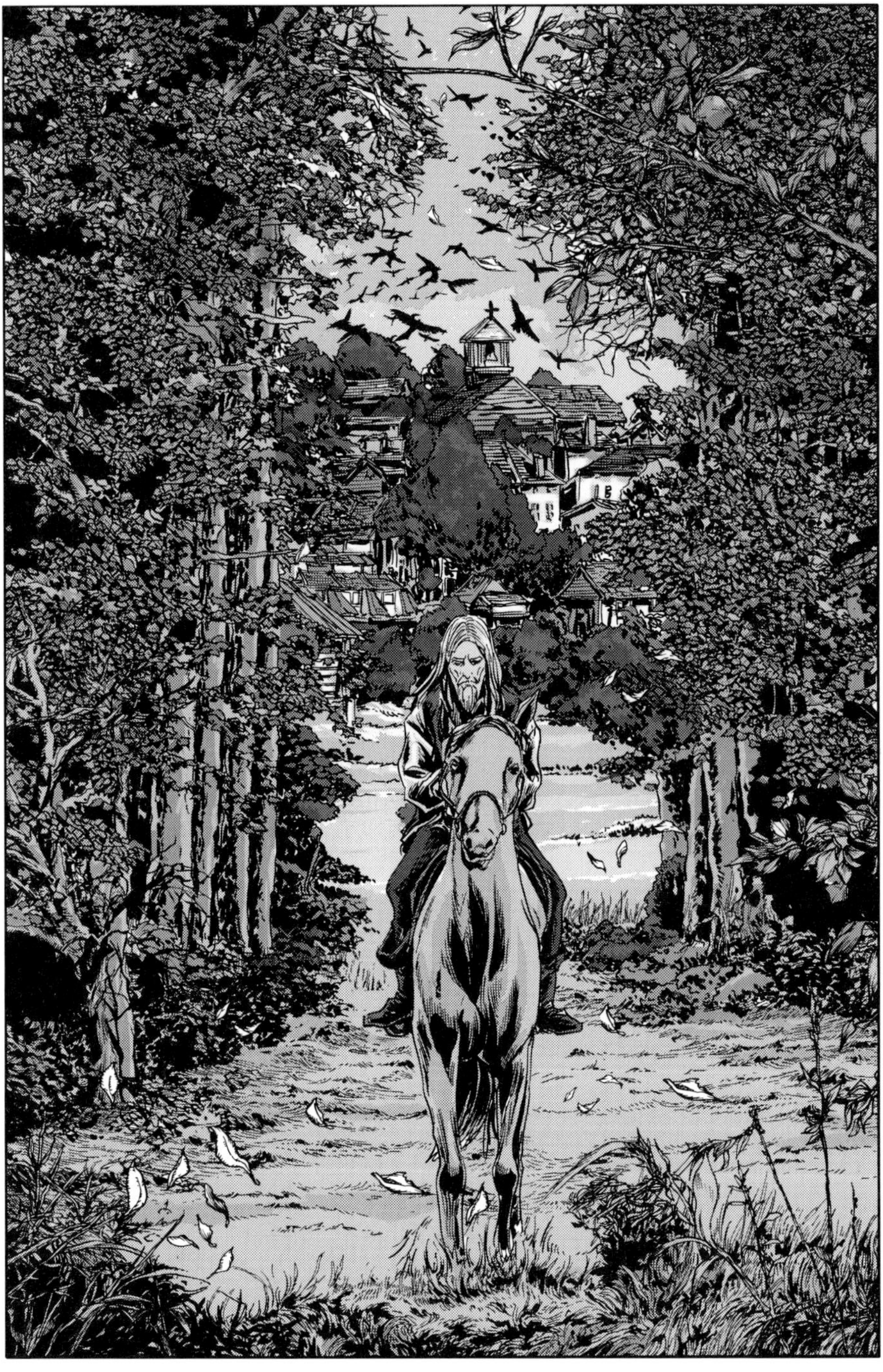

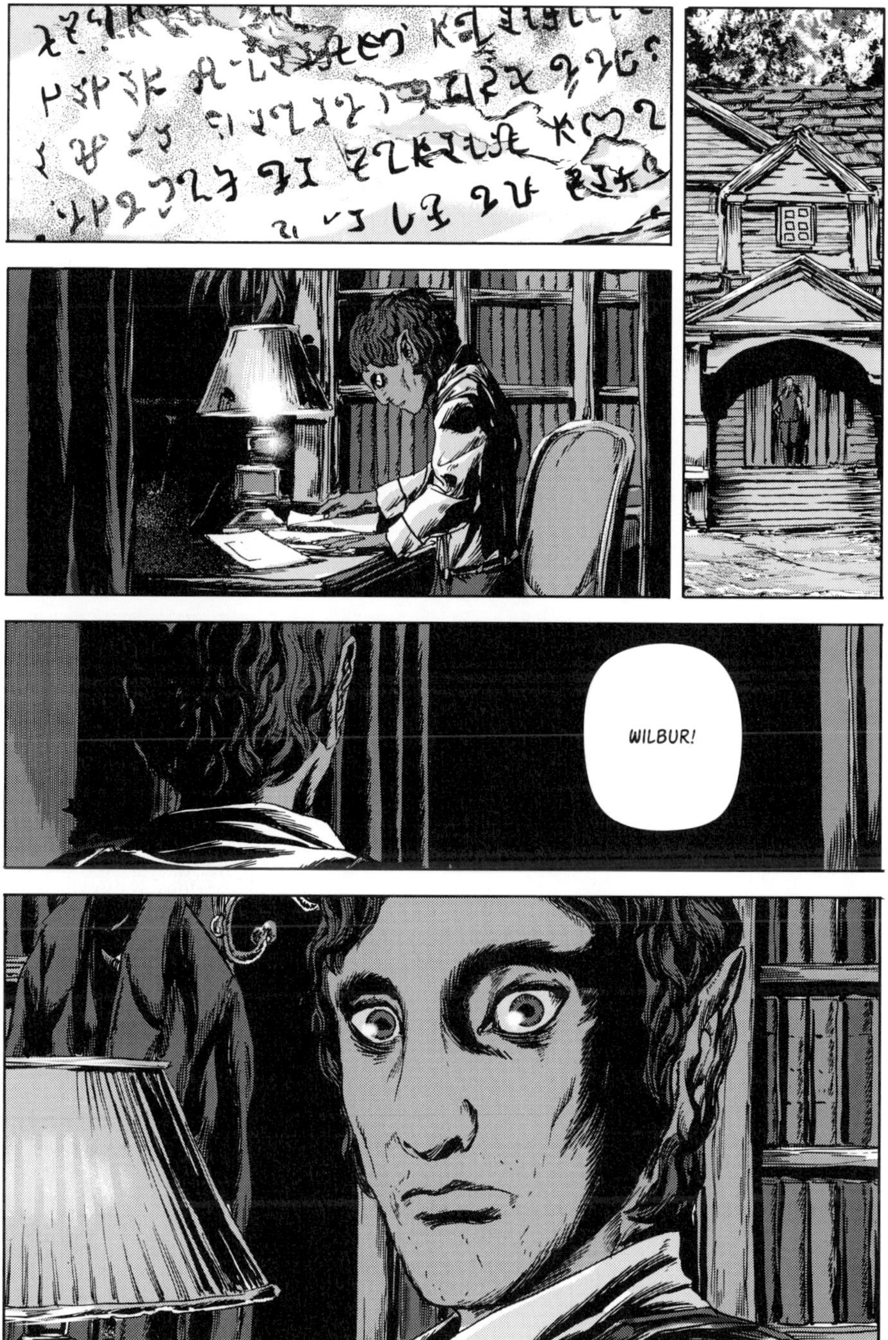
WILBUR!

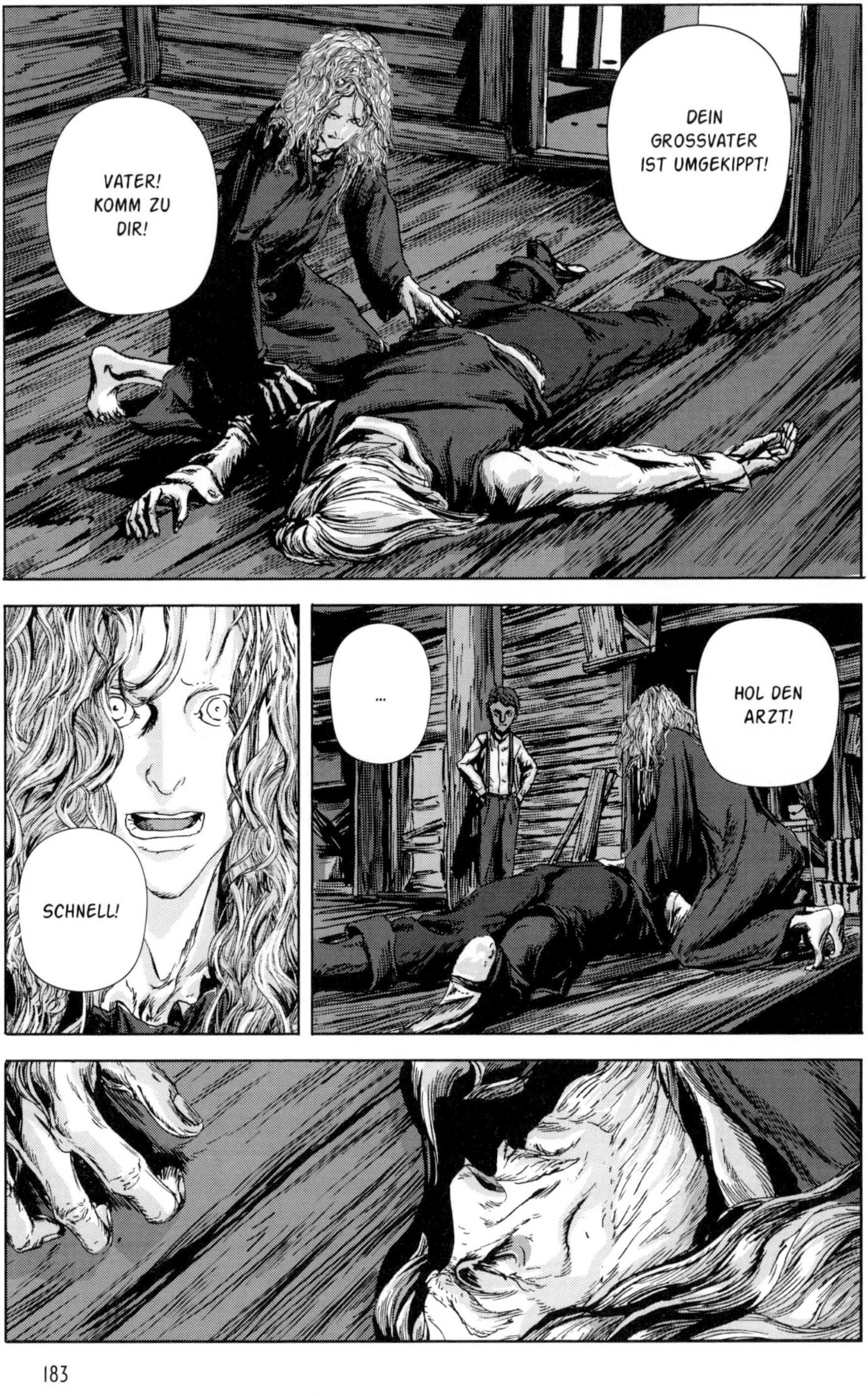
DEIN GROSSVATER IST UMGEKIPPT!
VATER! KOMM ZU DIR!
HOL DEN ARZT!
...
SCHNELL!

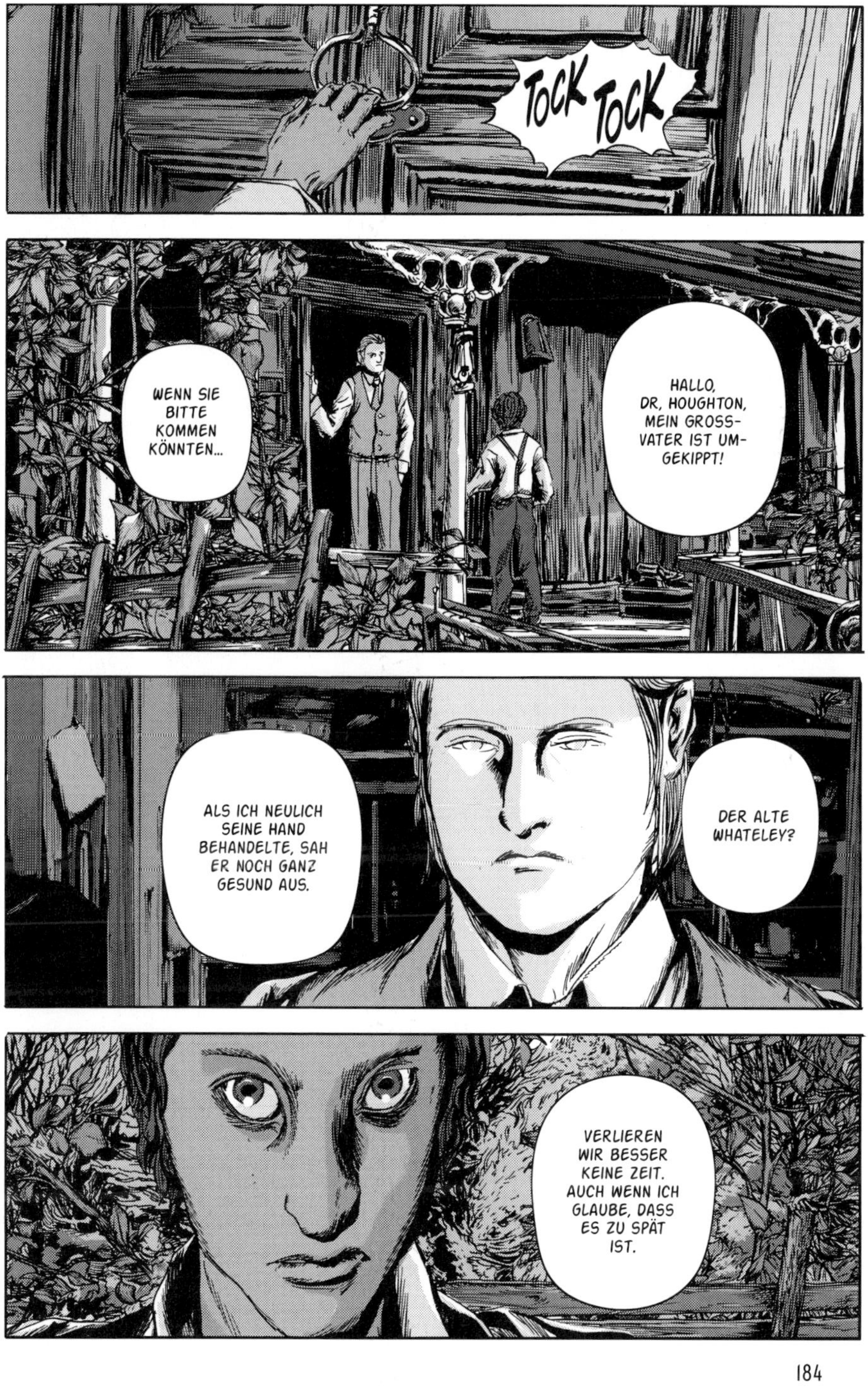
TOCK TOCK
HALLO, DR, HOUGHTON, MEIN GROSS-VATER IST UM-GEKIPPT!
WENN SIE BITTE KOMMEN KÖNNTEN...
DER ALTE WHATELEY?
ALS ICH NEULICH SEINE HAND BEHANDELTE, SAH ER NOCH GANZ GESUND AUS.
VERLIEREN WIR BESSER KEINE ZEIT. AUCH WENN ICH GLAUBE, DASS ES ZU SPÄT IST.

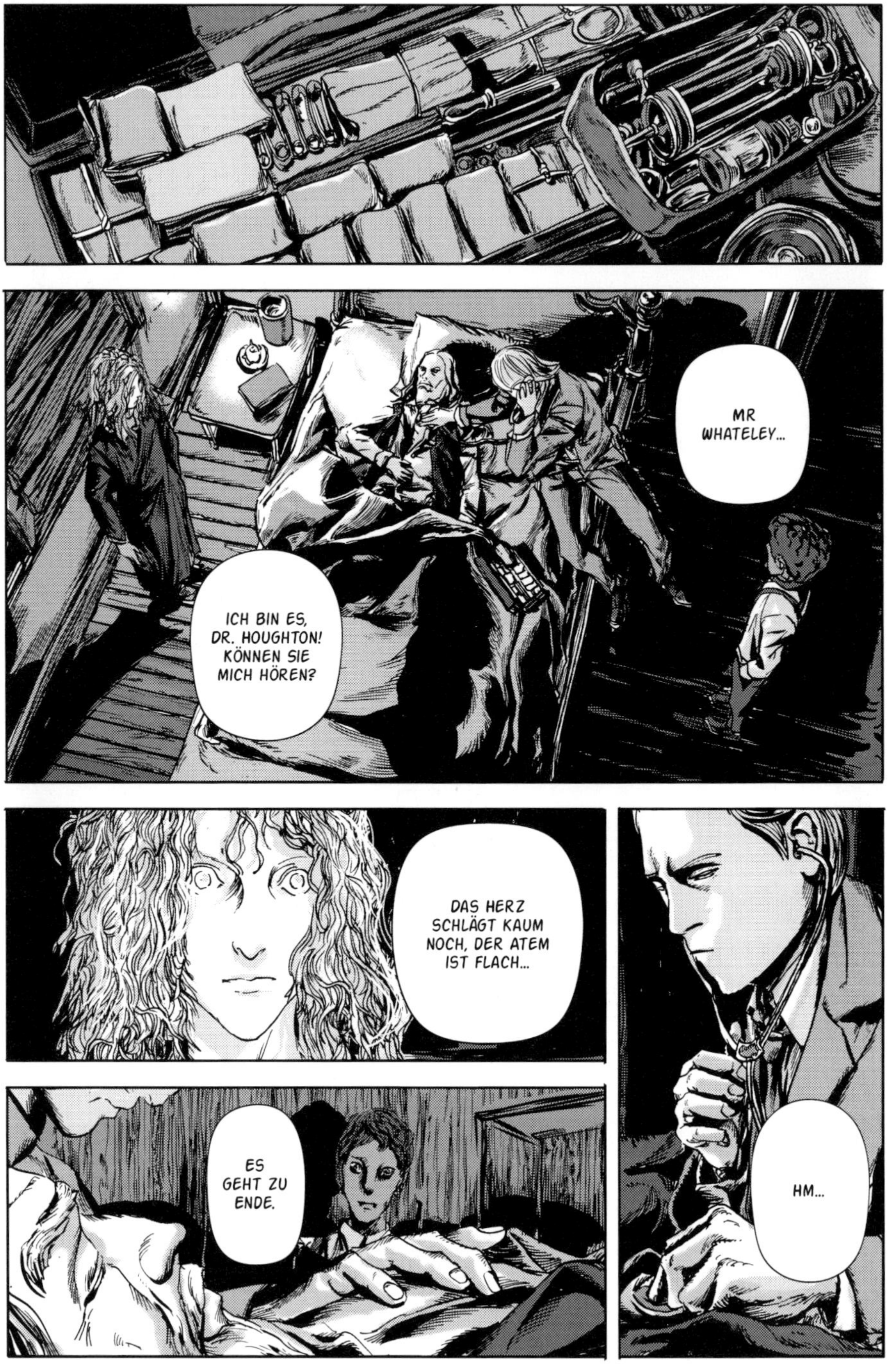
MR WHATELEY...
ICH BIN ES, DR. HOUGHTON! KÖNNEN SIE MICH HÖREN?
DAS HERZ SCHLÄGT KAUM NOCH, DER ATEM IST FLACH...
HM...
ES GEHT ZU ENDE.

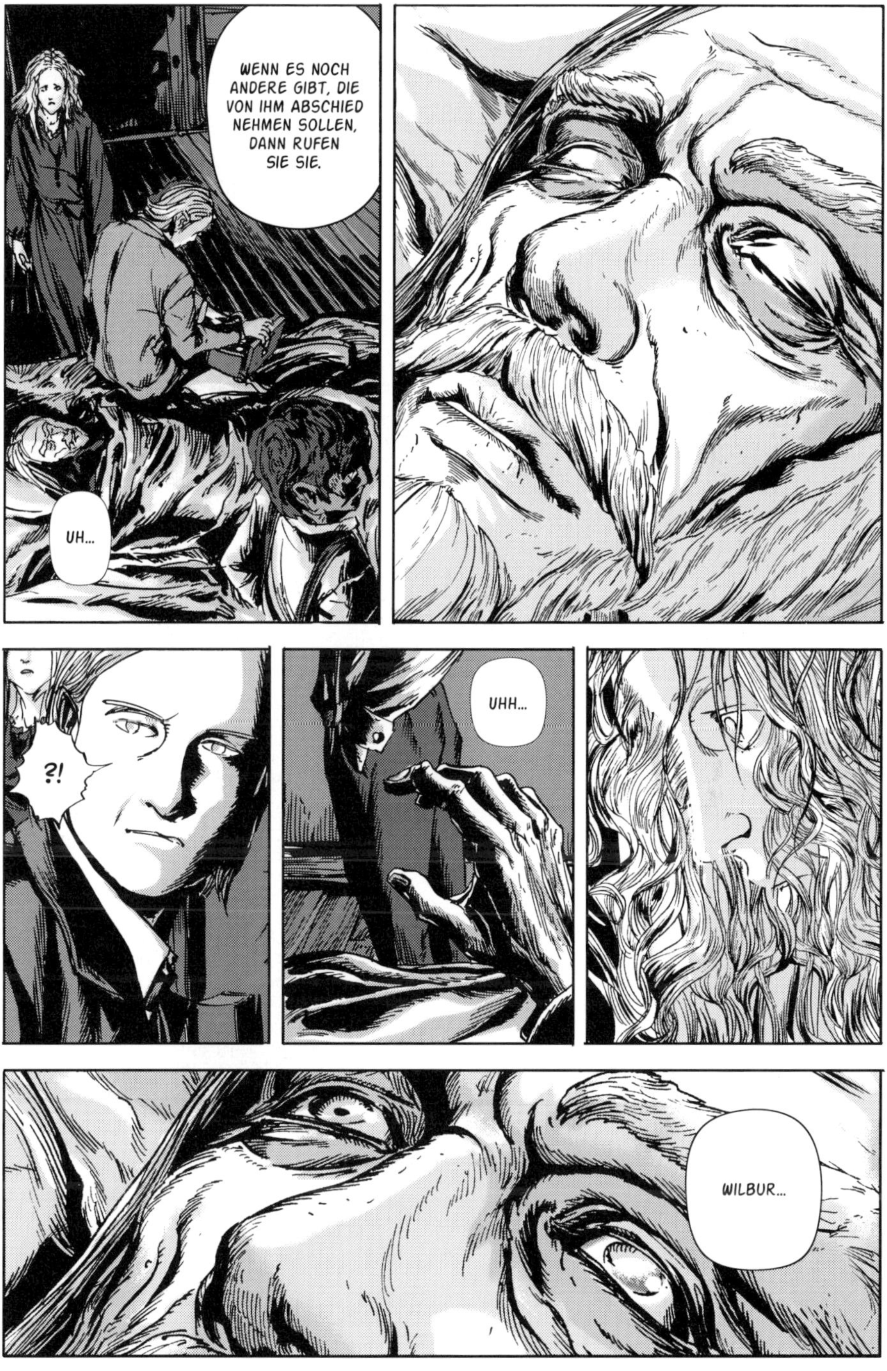
WENN ES NOCH ANDERE GIBT, DIE VON IHM ABSCHIED NEHMEN SOLLEN, DANN RUFEN SIE SIE.
UH...
?!
UHH...
WILBUR...

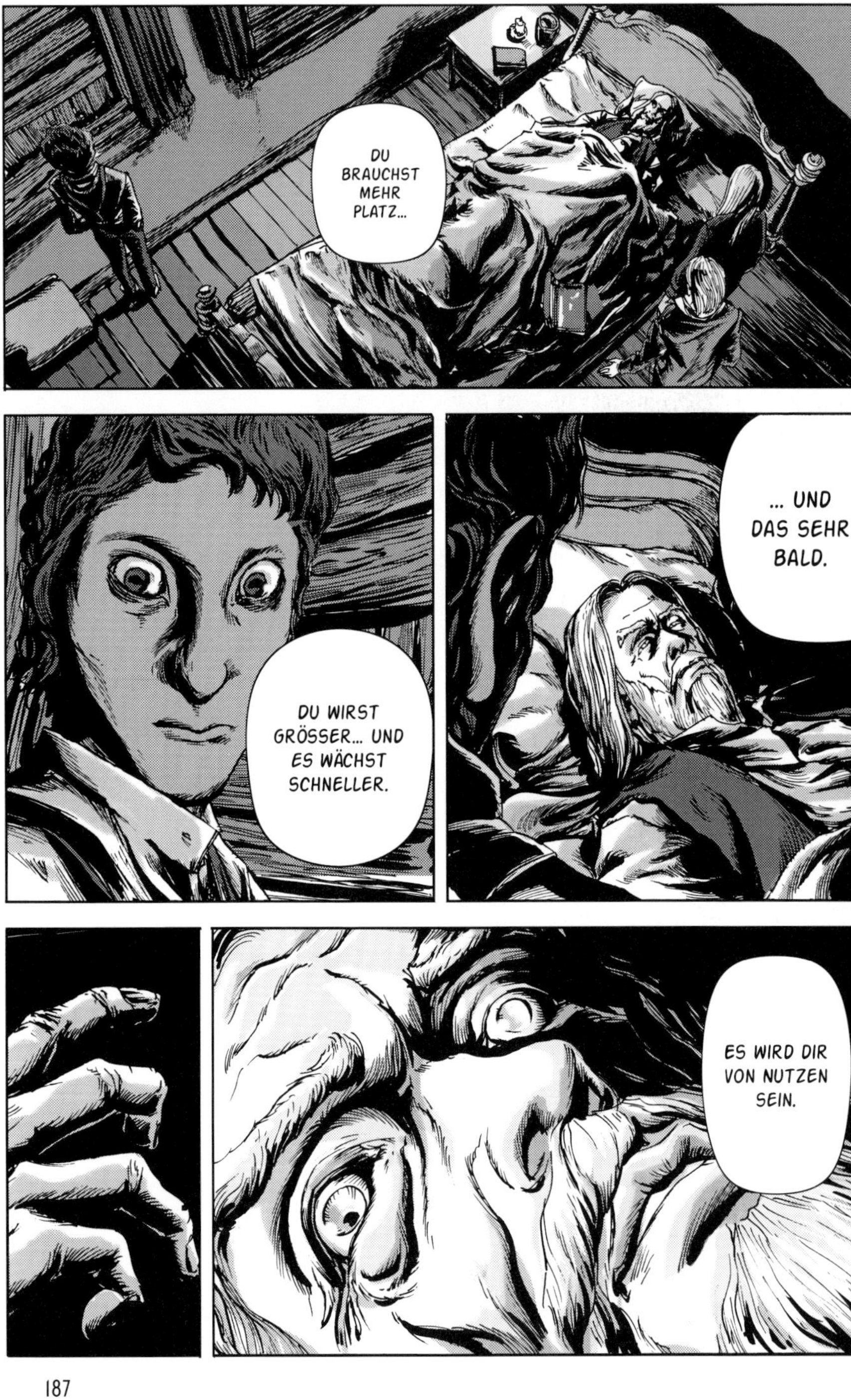
DU BRAUCHST MEHR PLATZ...
DU WIRST GRÖSSER... UND ES WÄCHST SCHNELLER.
... UND DAS SEHR BALD.
ES WIRD DIR VON NUTZEN SEIN.

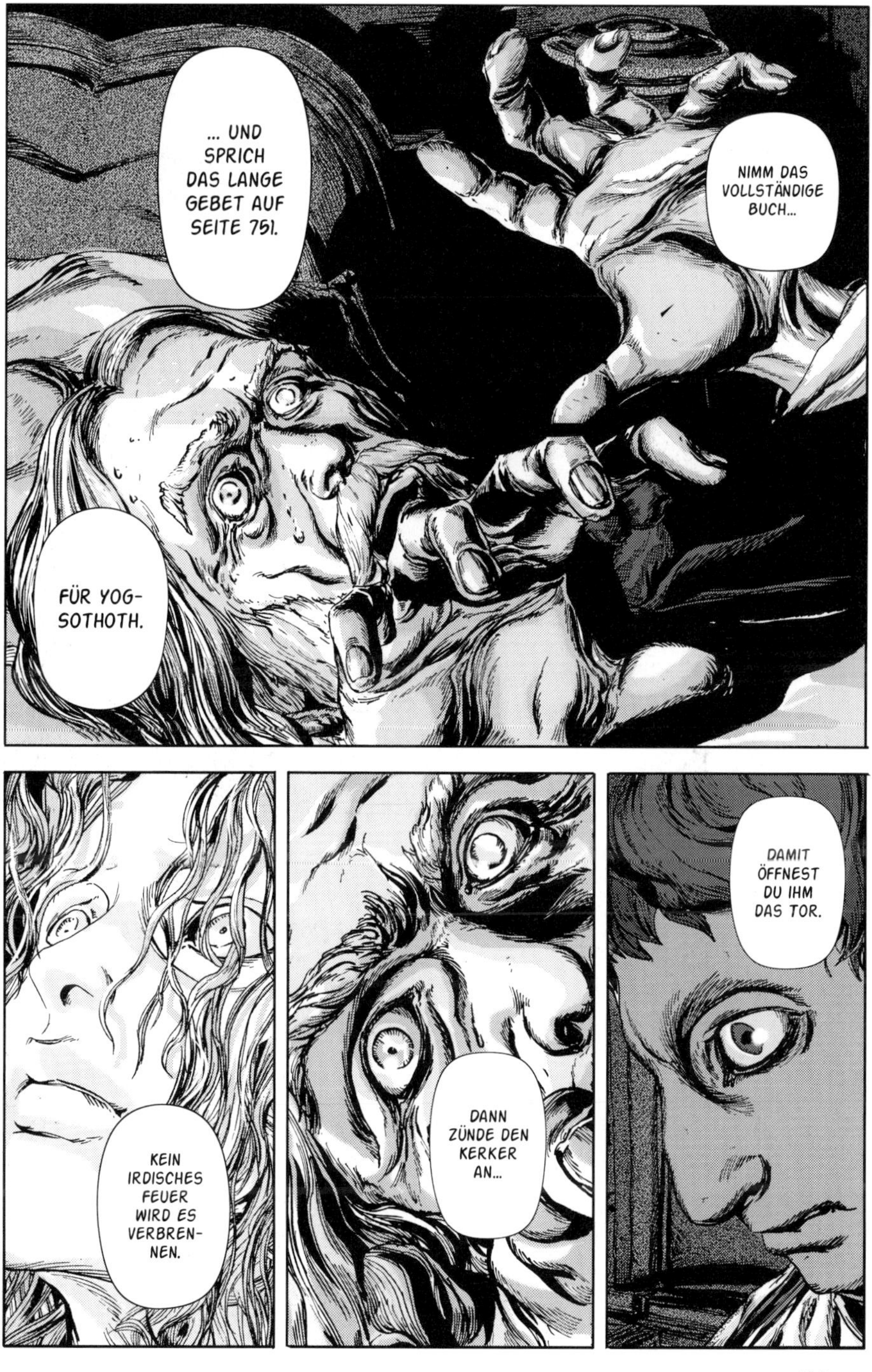
NIMM DAS VOLLSTÄNDIGE BUCH...
... UND SPRICH DAS LANGE GEBET AUF SEITE 751.
FÜR YOG-SOTHOTH.
DAMIT ÖFFNEST DU IHM DAS TOR.
DANN ZÜNDE DEN KERKER AN...
KEIN IRDISCHES FEUER WIRD ES VERBREN-NEN.

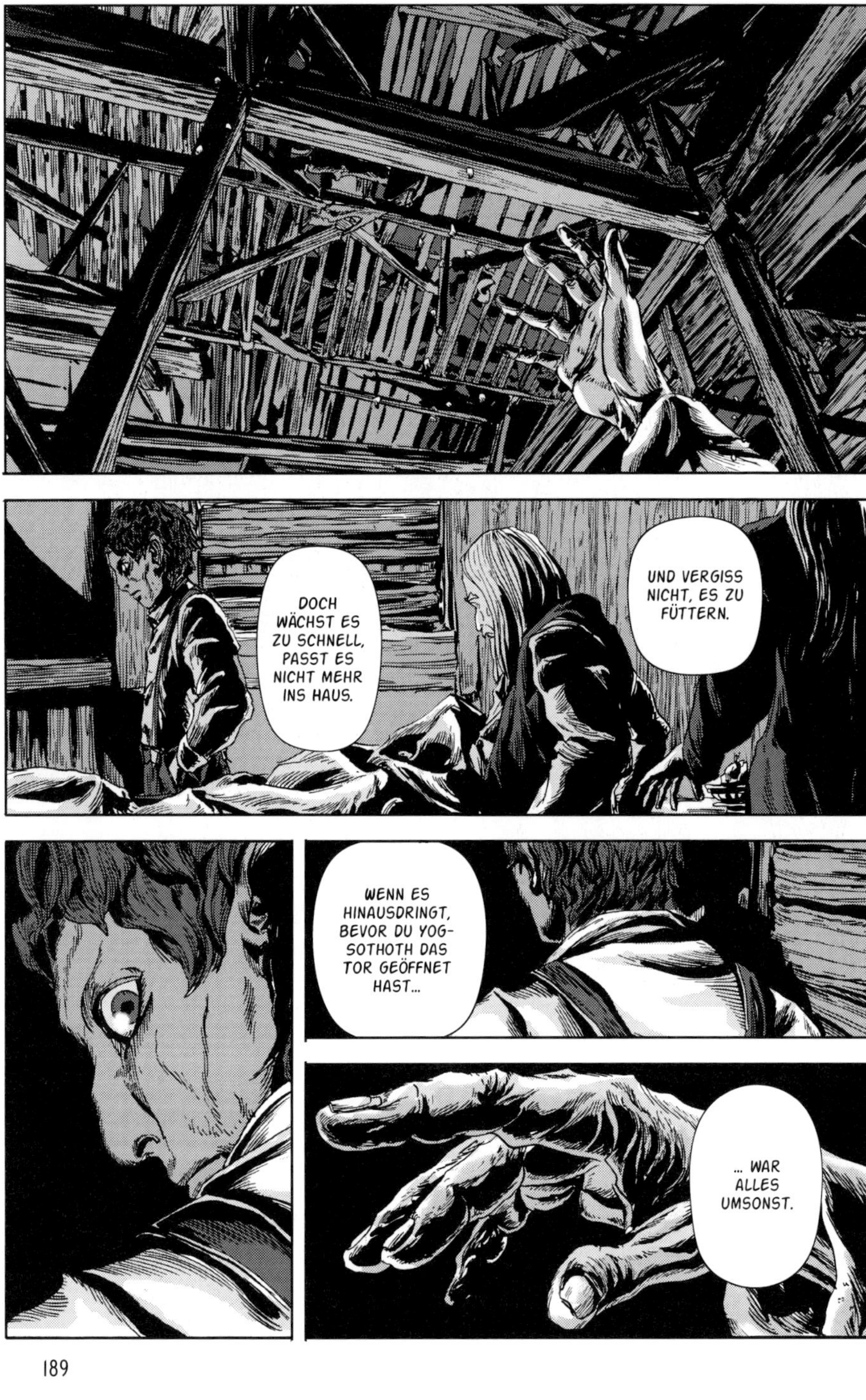
DOCH WÄCHST ES ZU SCHNELL, PASST ES NICHT MEHR INS HAUS.
UND VERGISS NICHT, ES ZU FÜTTERN.
WENN ES HINAUSDRINGT, BEVOR DU YOG-SOTHOTH DAS TOR GEÖFFNET HAST...
... WAR ALLES UMSONST.

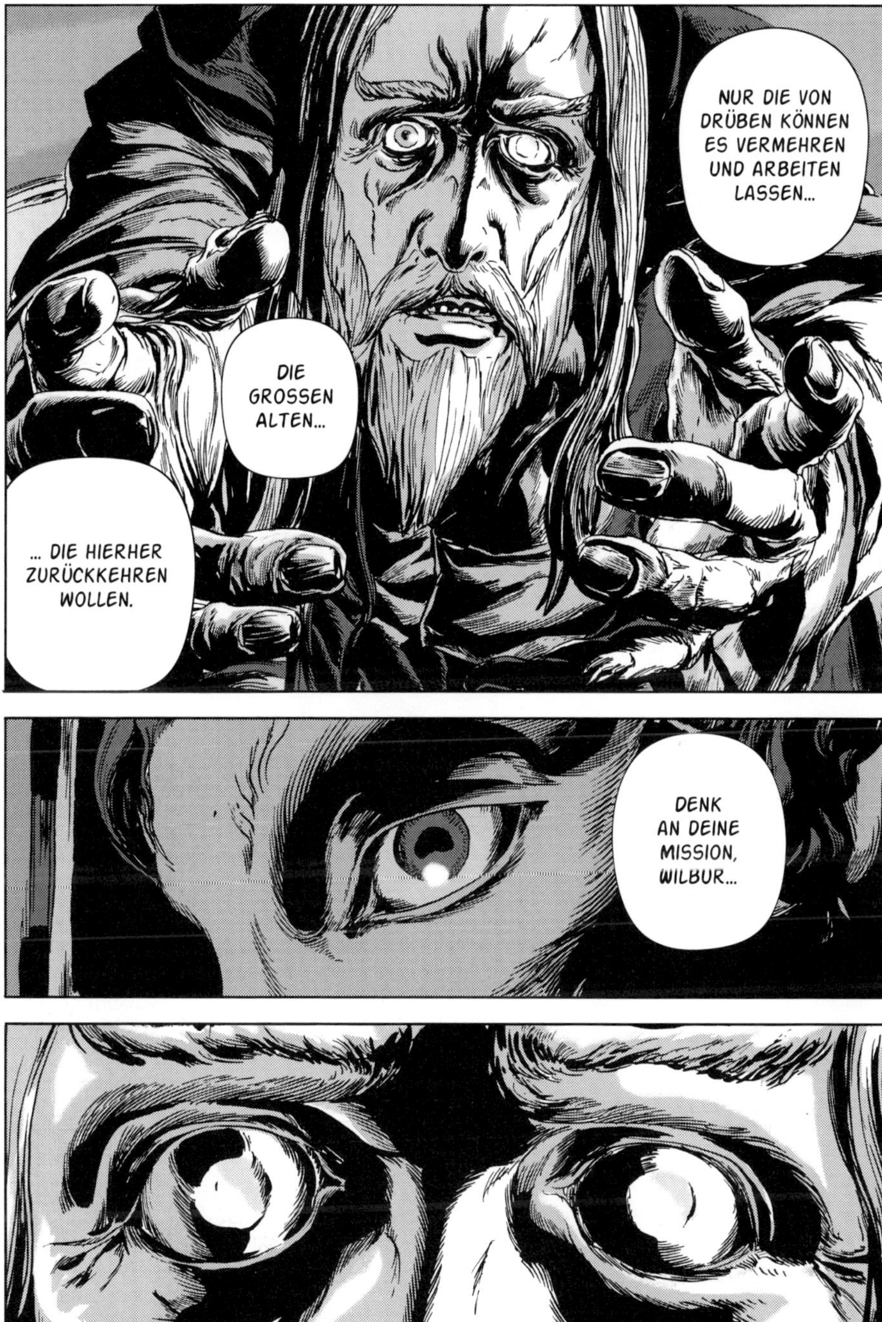
NUR DIE VON DRÜBEN KÖNNEN ES VERMEHREN UND ARBEITEN LASSEN...
DIE GROSSEN ALTEN...
... DIE HIERHER ZURÜCKKEHREN WOLLEN.
DENK AN DEINE MISSION, WILBUR...

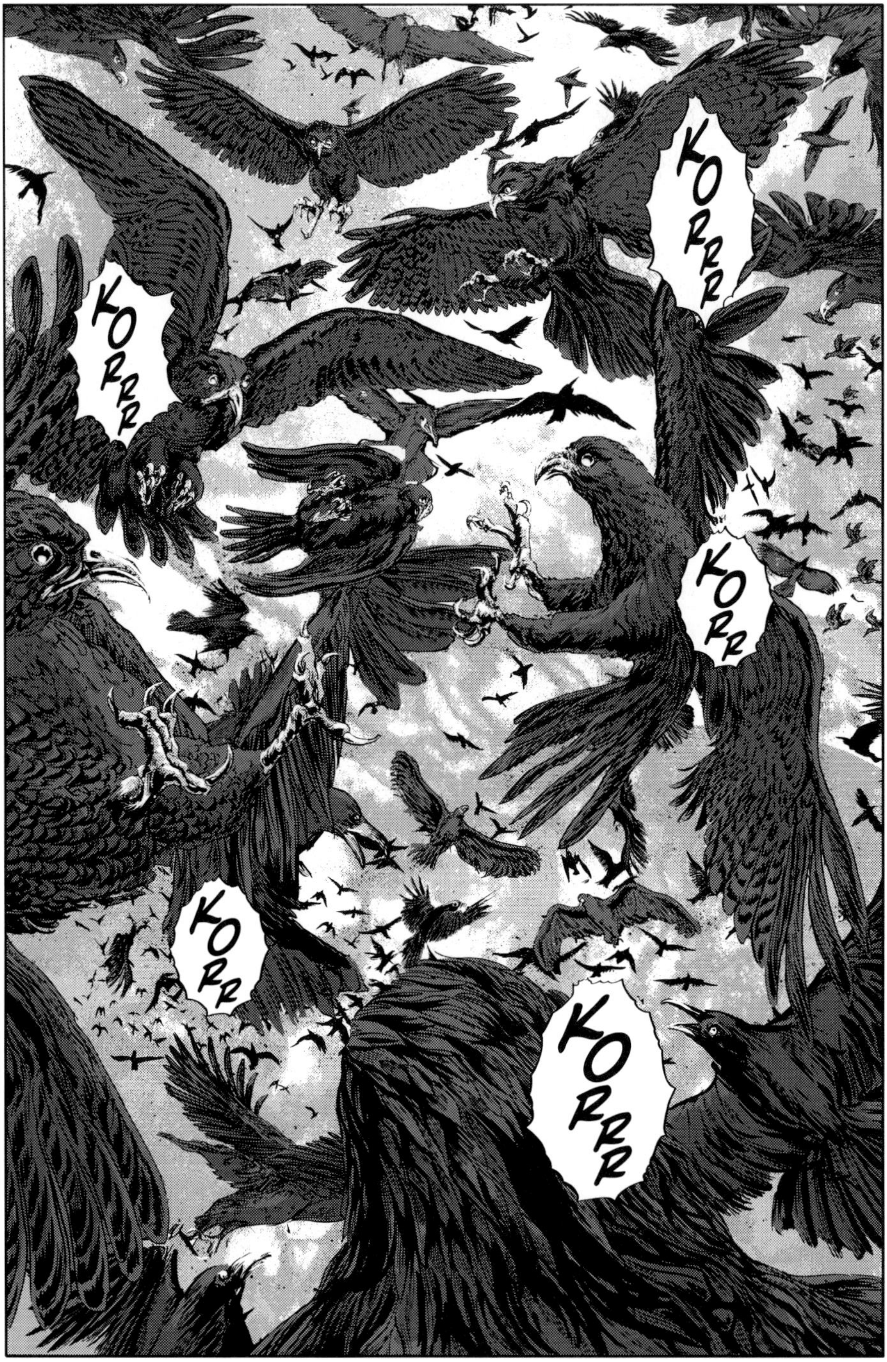
KORRR
KORRR
KORR
KORR
KORRR

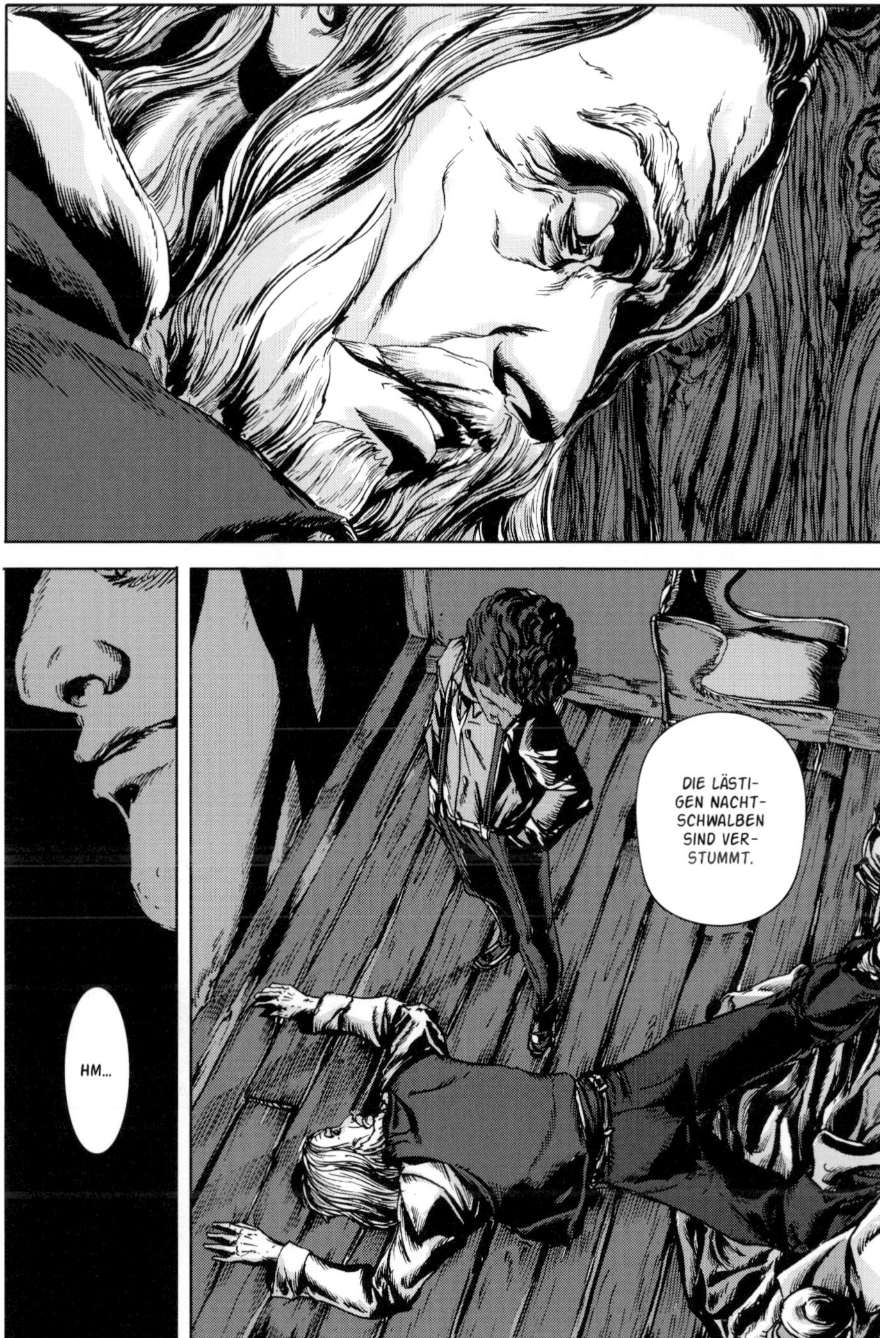
DIE LÄSTIGEN NACHTSCHWALBEN SIND VERSTUMMT.
HM...

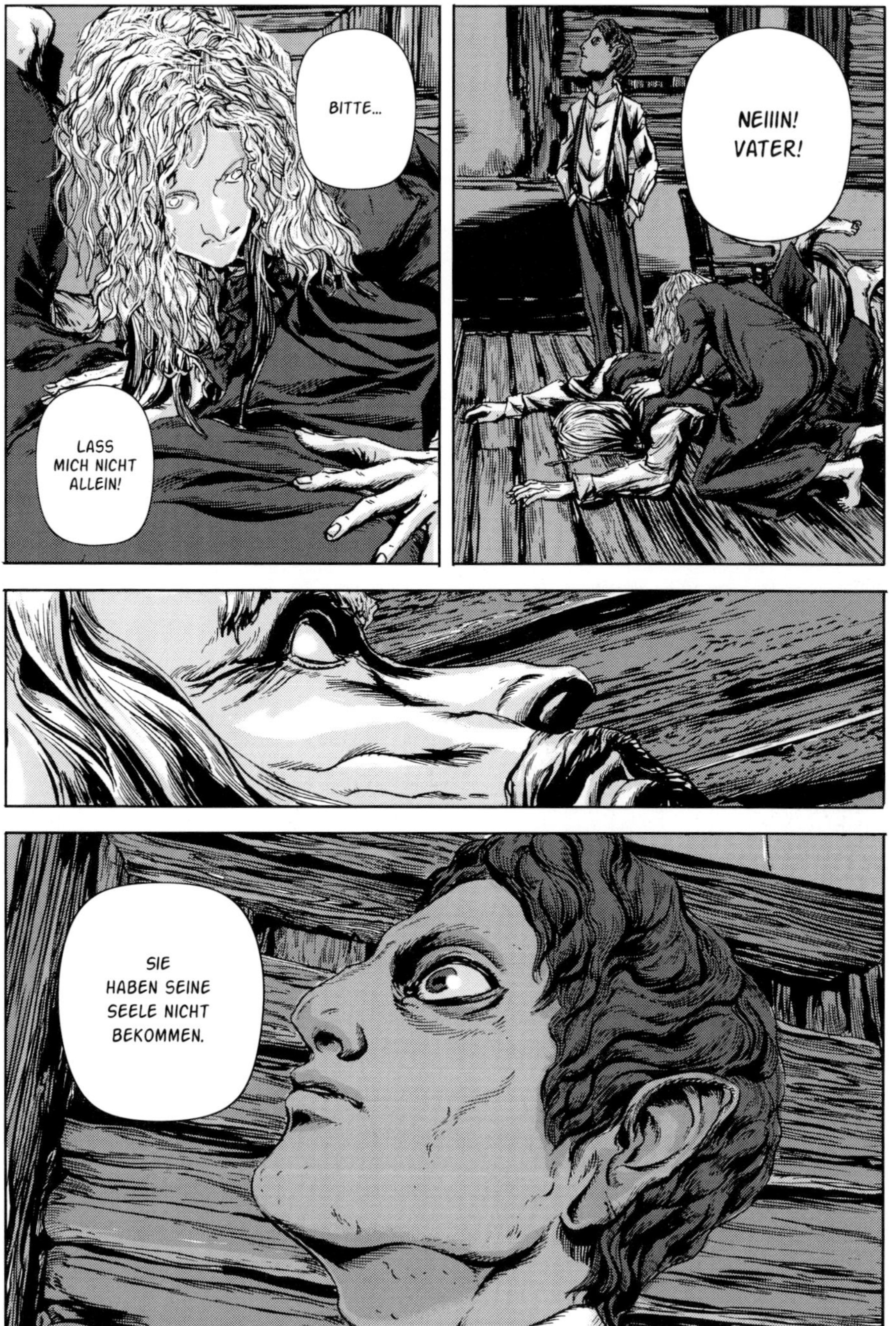
BITTE...
LASS MICH NICHT ALLEIN!
NEIIIN! VATER!
SIE HABEN SEINE SEELE NICHT BEKOMMEN.

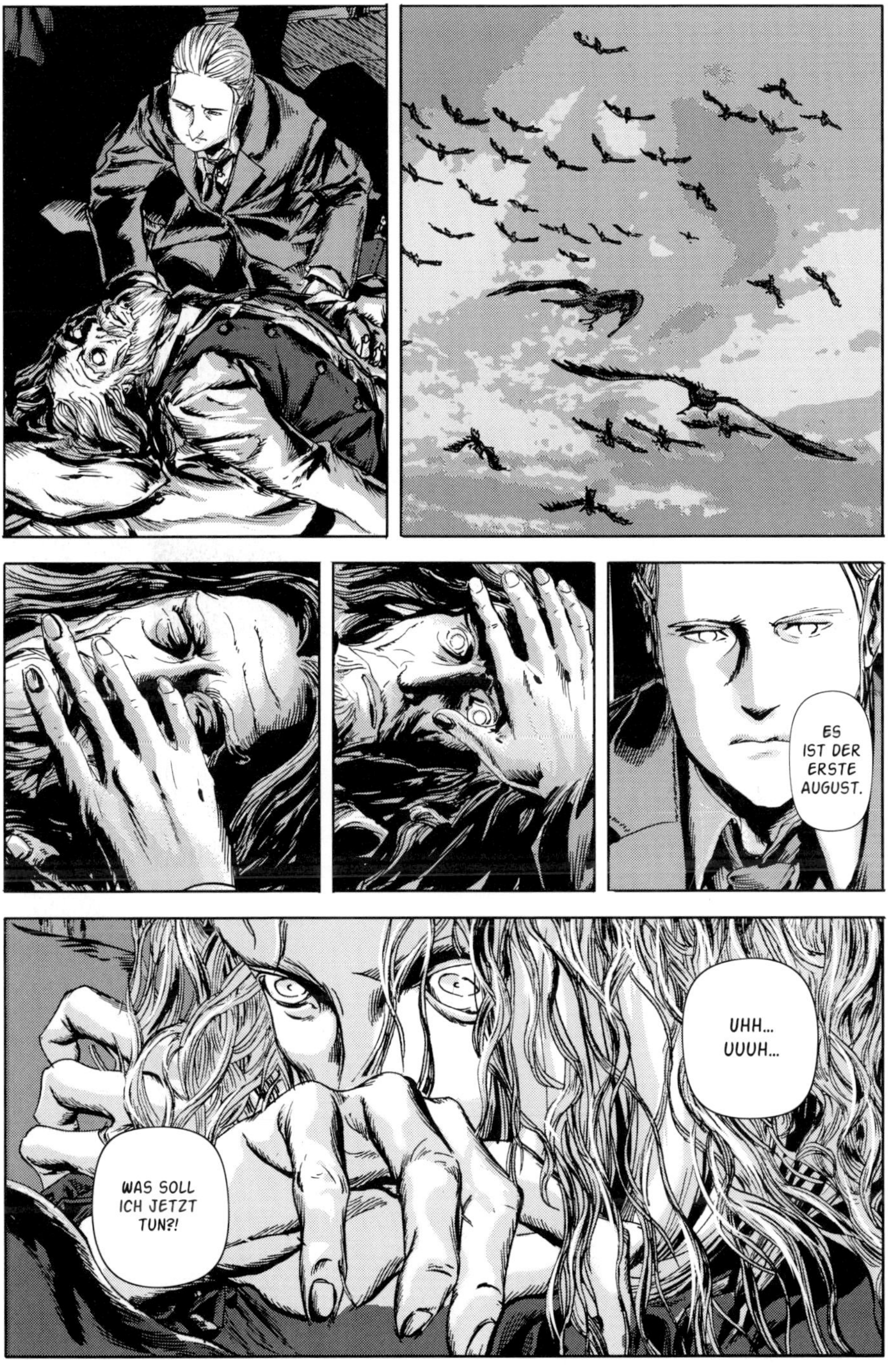
ES IST DER ERSTE AUGUST.
UHH... UUUH...
WAS SOLL ICH JETZT TUN?!

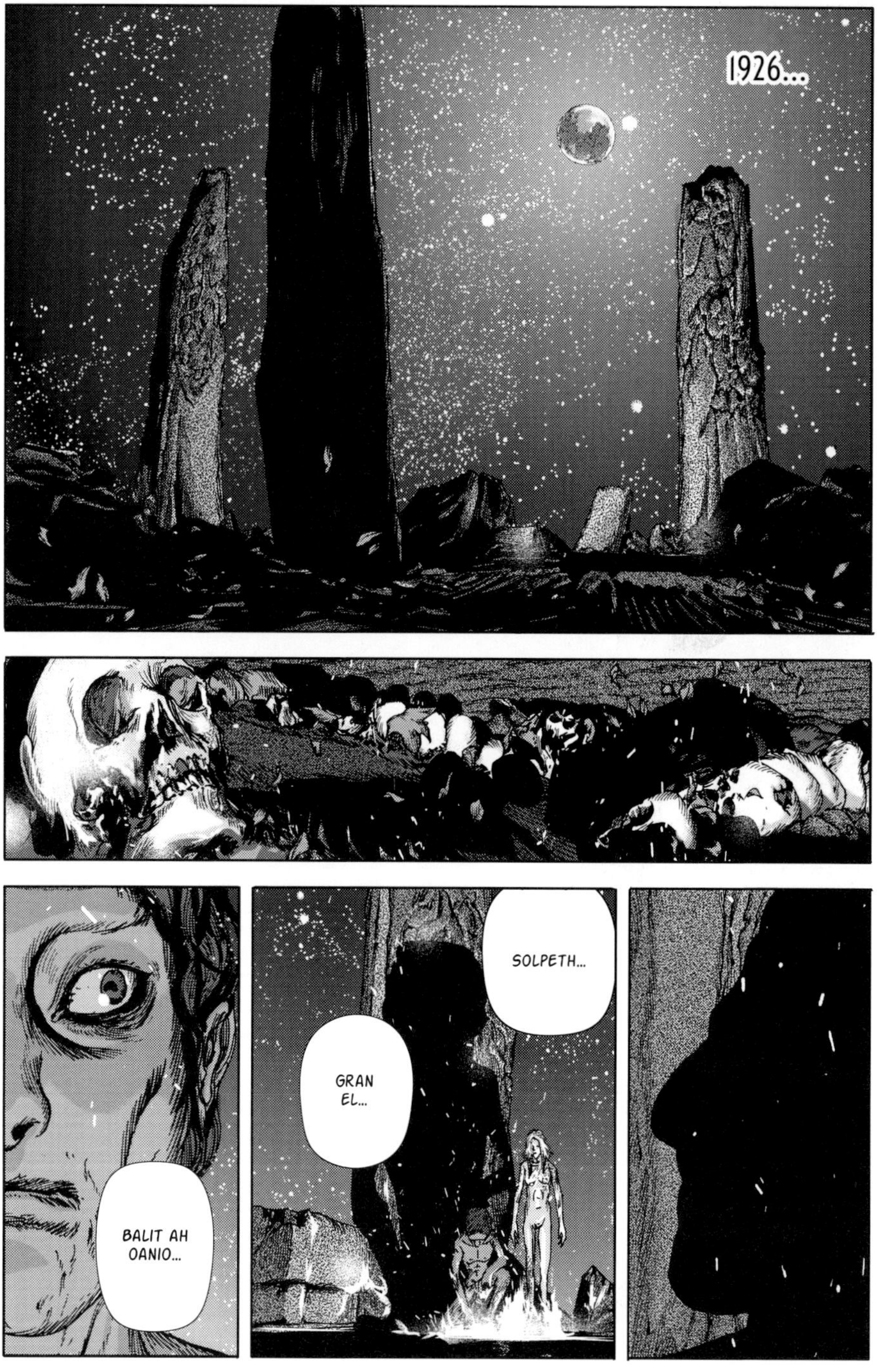
1926...
SOLPETH...
GRAN EL...
BALIT AH OANIO...

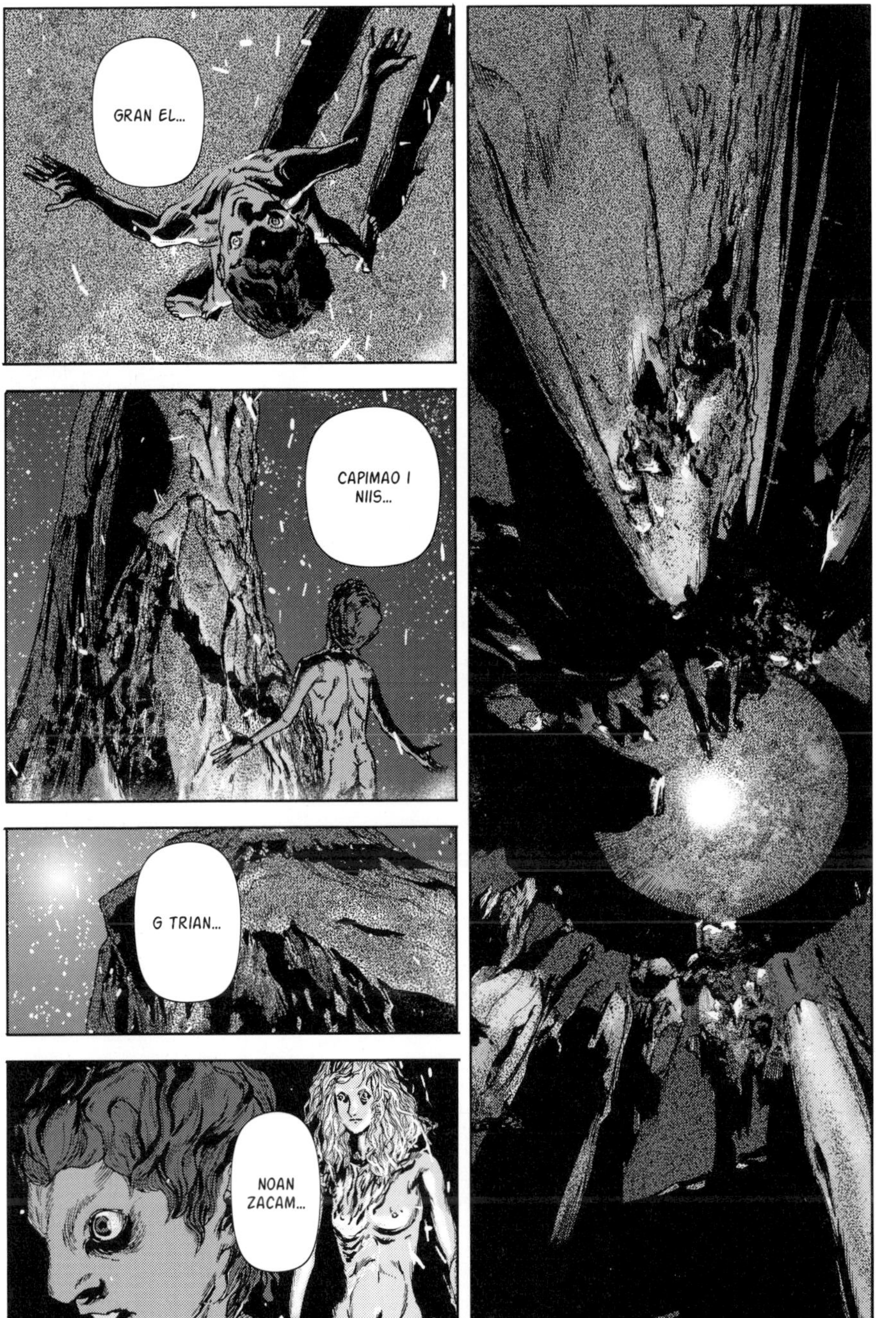
GRAN EL...
CAPIMAO I NIIS...
G TRIAN...
NOAN ZACAM...

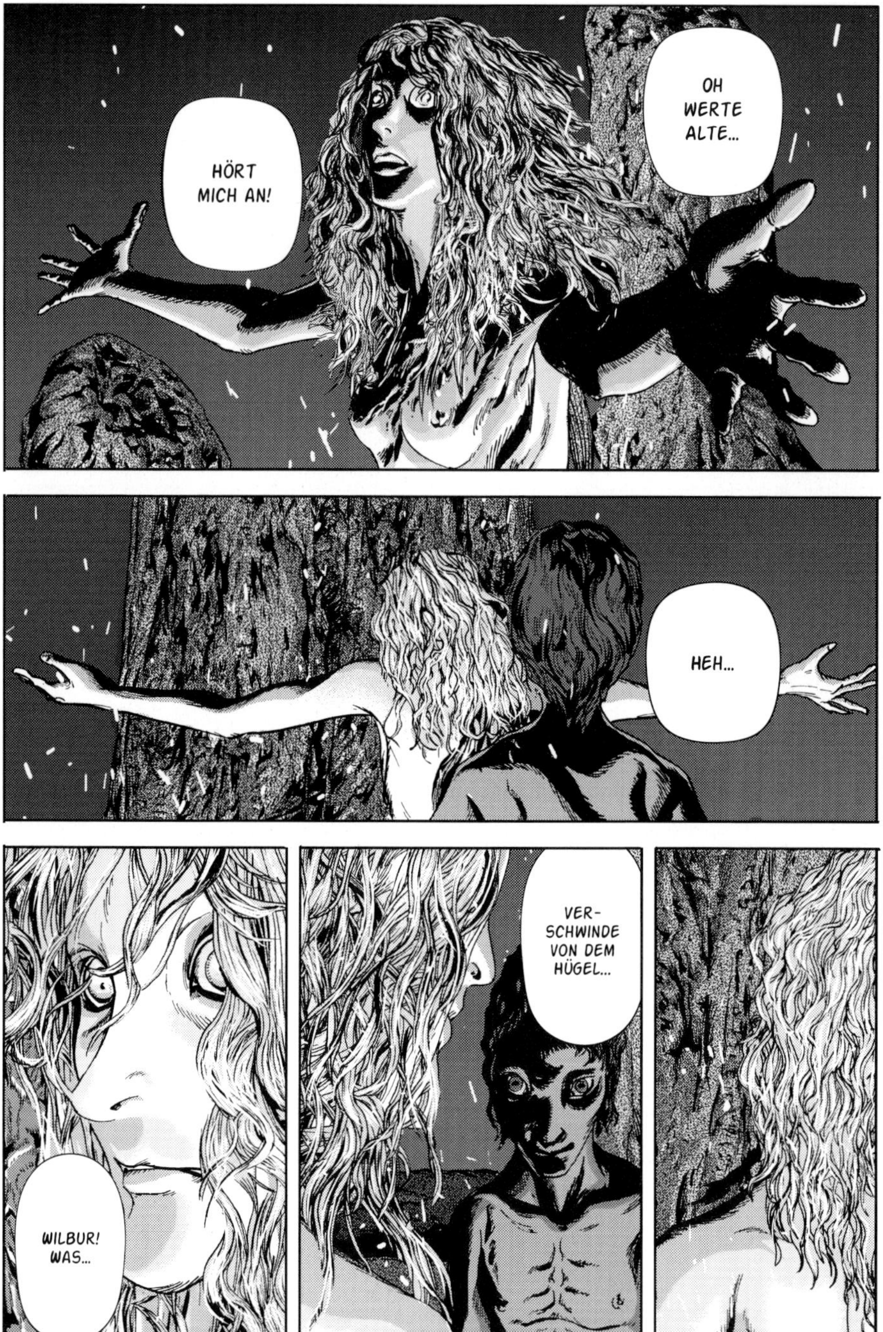
OH WERTE ALTE...
HÖRT MICH AN!
HEH...
VER-SCHWINDE VON DEM HÜGEL...
WILBUR! WAS...

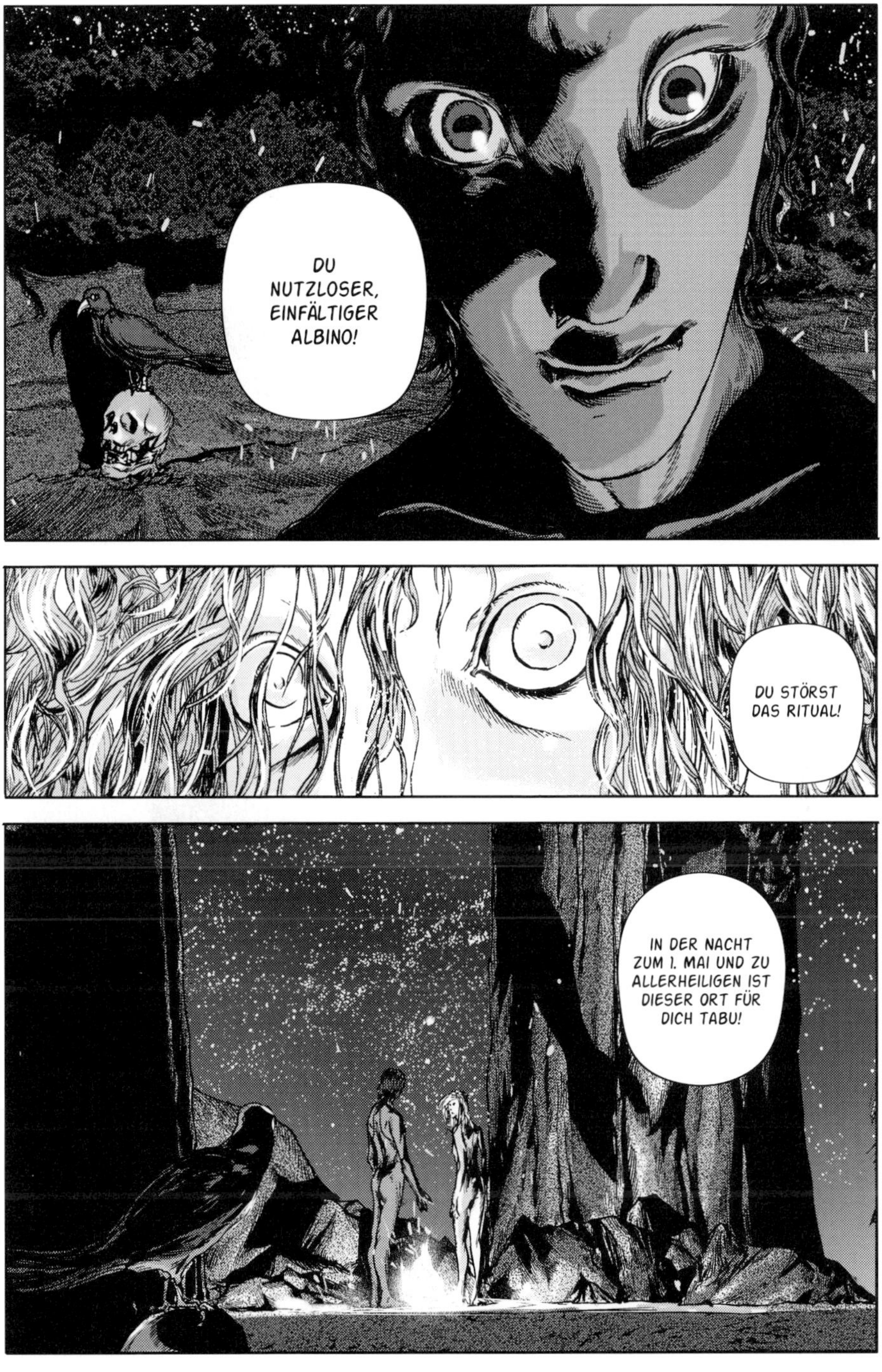
DU NUTZLOSER, EINFÄLTIGER ALBINO!
DU STÖRST DAS RITUAL!
IN DER NACHT ZUM 1. MAI UND ZU ALLERHEILIGEN IST DIESER ORT FÜR DICH TABU!

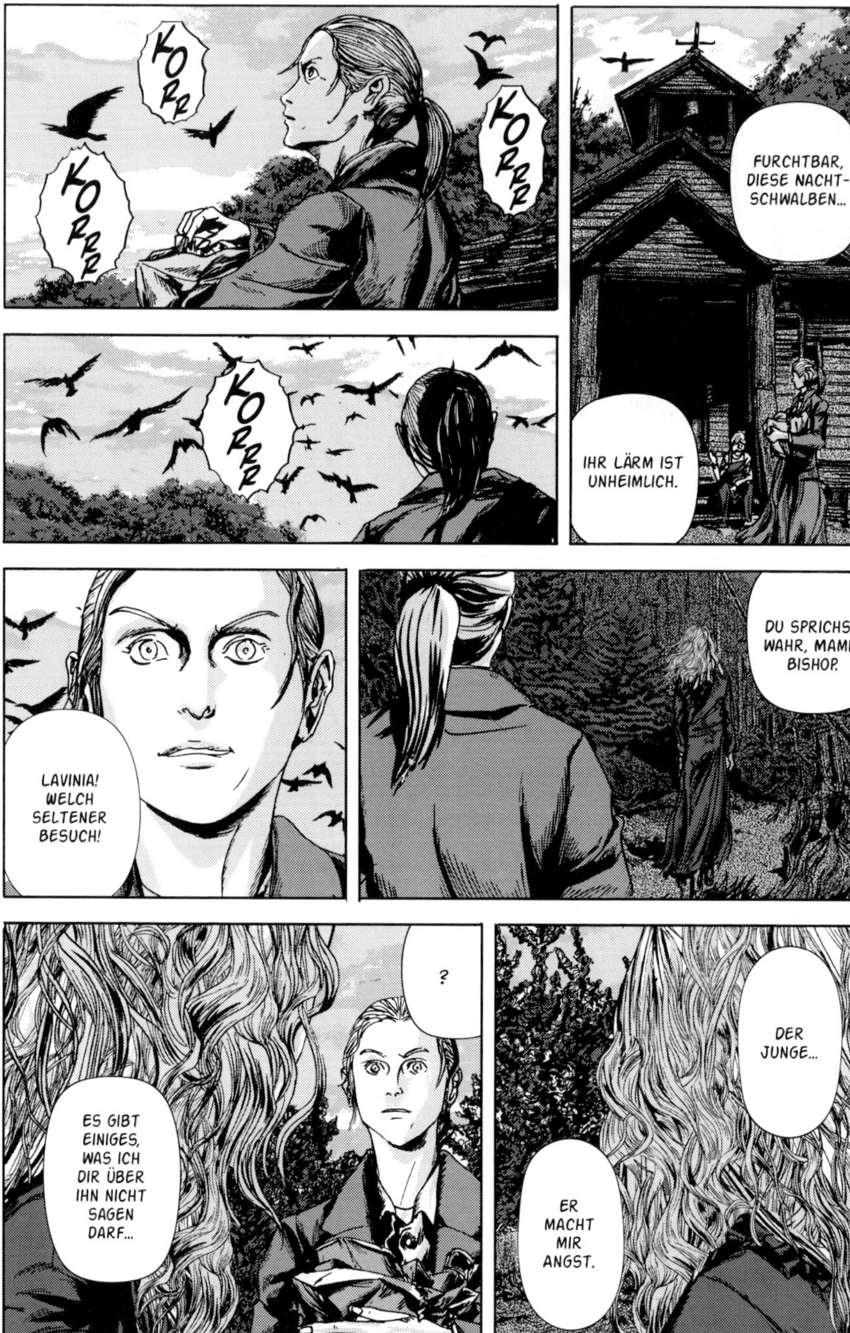
KORR
KORRR
KORRR
FURCHTBAR, DIESE NACHT-SCHWALBEN...
KORRR
IHR LÄRM IST UNHEIMLICH.
LAVINIA! WELCH SELTENER BESUCH!
DU SPRICHST WAHR, MAMIE BISHOP.
?
ES GIBT EINIGES, WAS ICH DIR ÜBER IHN NICHT SAGEN DARF...
DER JUNGE...
ER MACHT MIR ANGST.

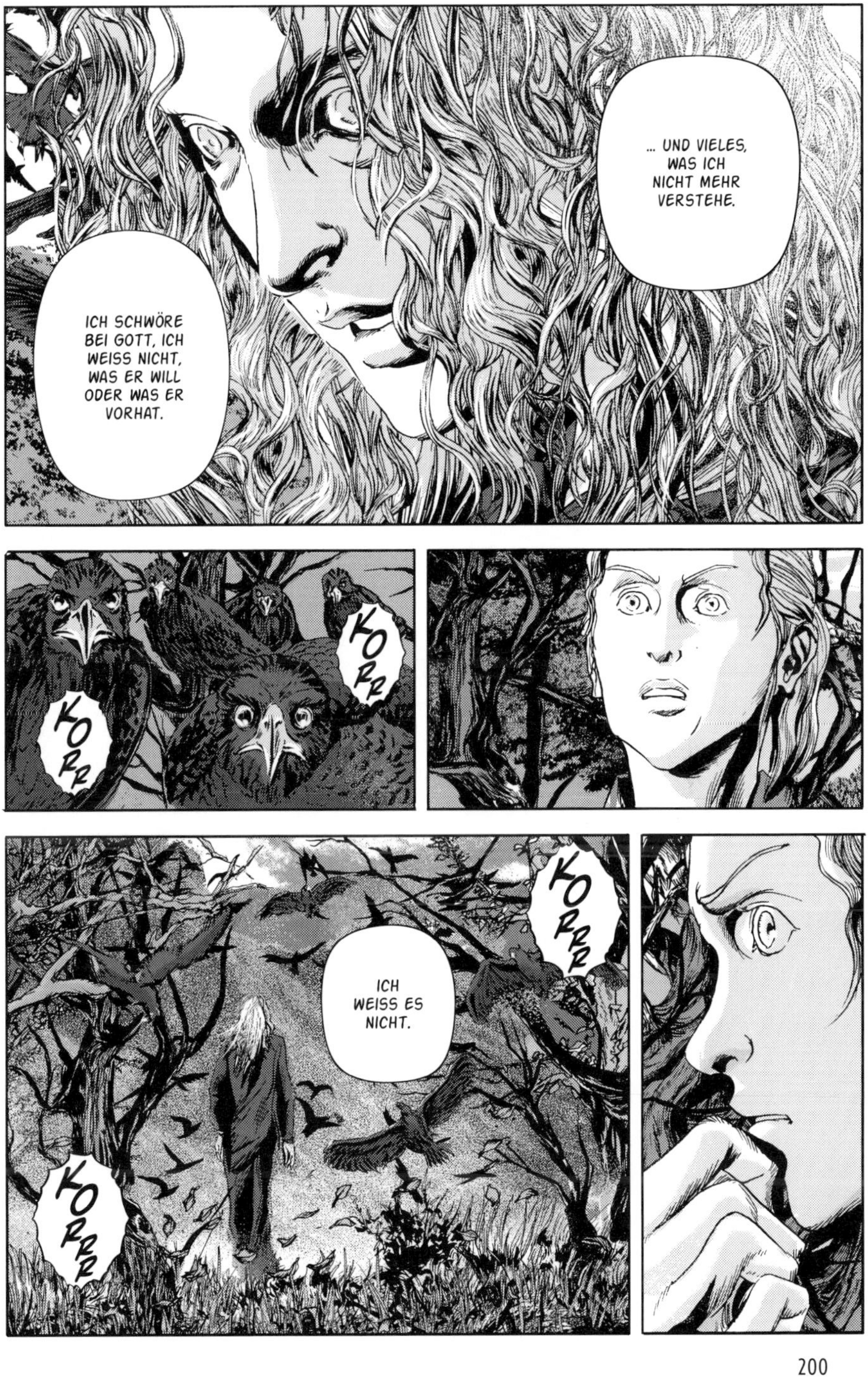
… UND VIELES, WAS ICH NICHT MEHR VERSTEHE.
ICH SCHWÖRE BEI GOTT, ICH WEISS NICHT, WAS ER WILL ODER WAS ER VORHAT.
KORR
KORR
KORRR
ICH WEISS ES NICHT.
KORRR

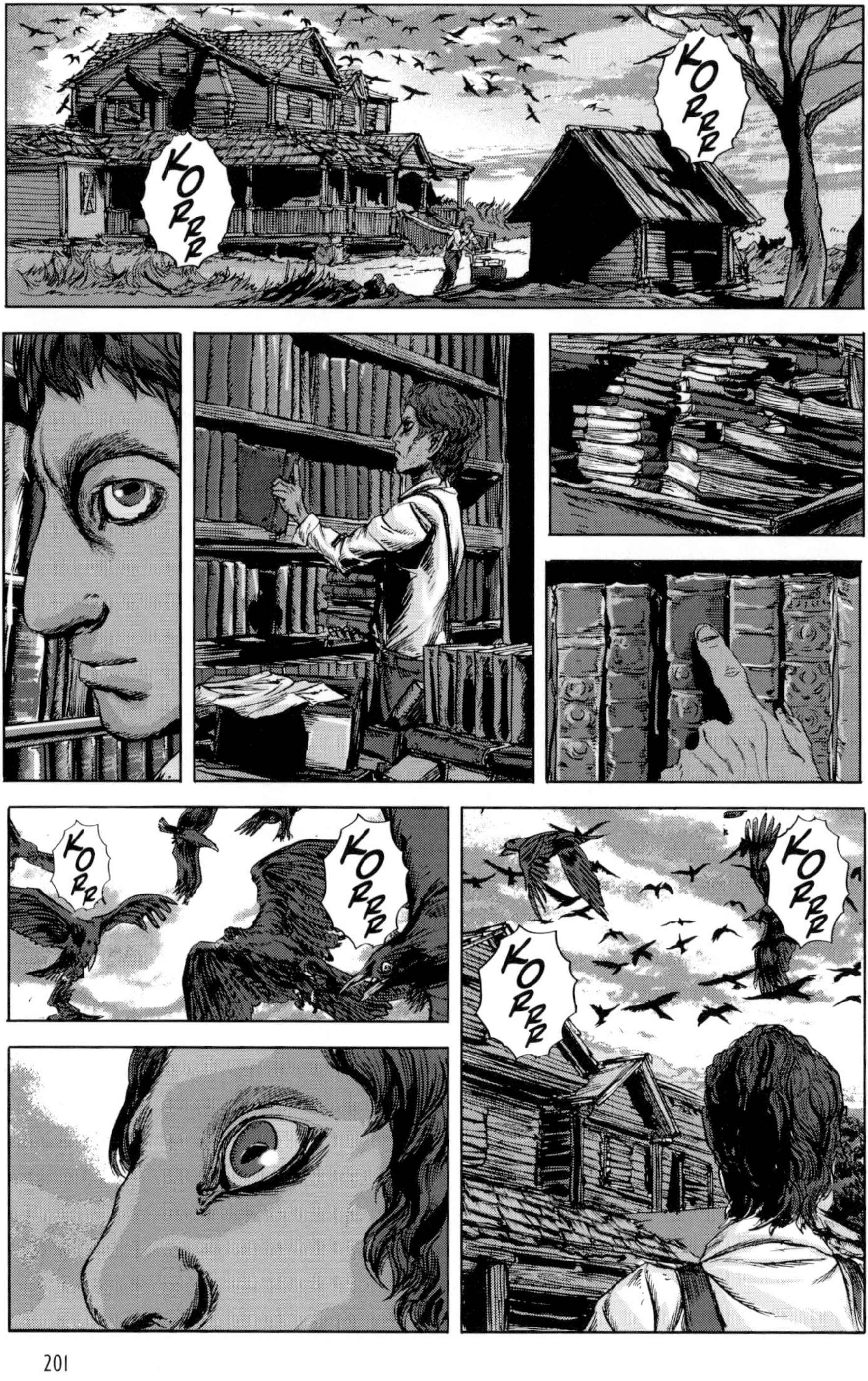
KORRR
KORRR
KORR
KORRR
KORRR
KORRR

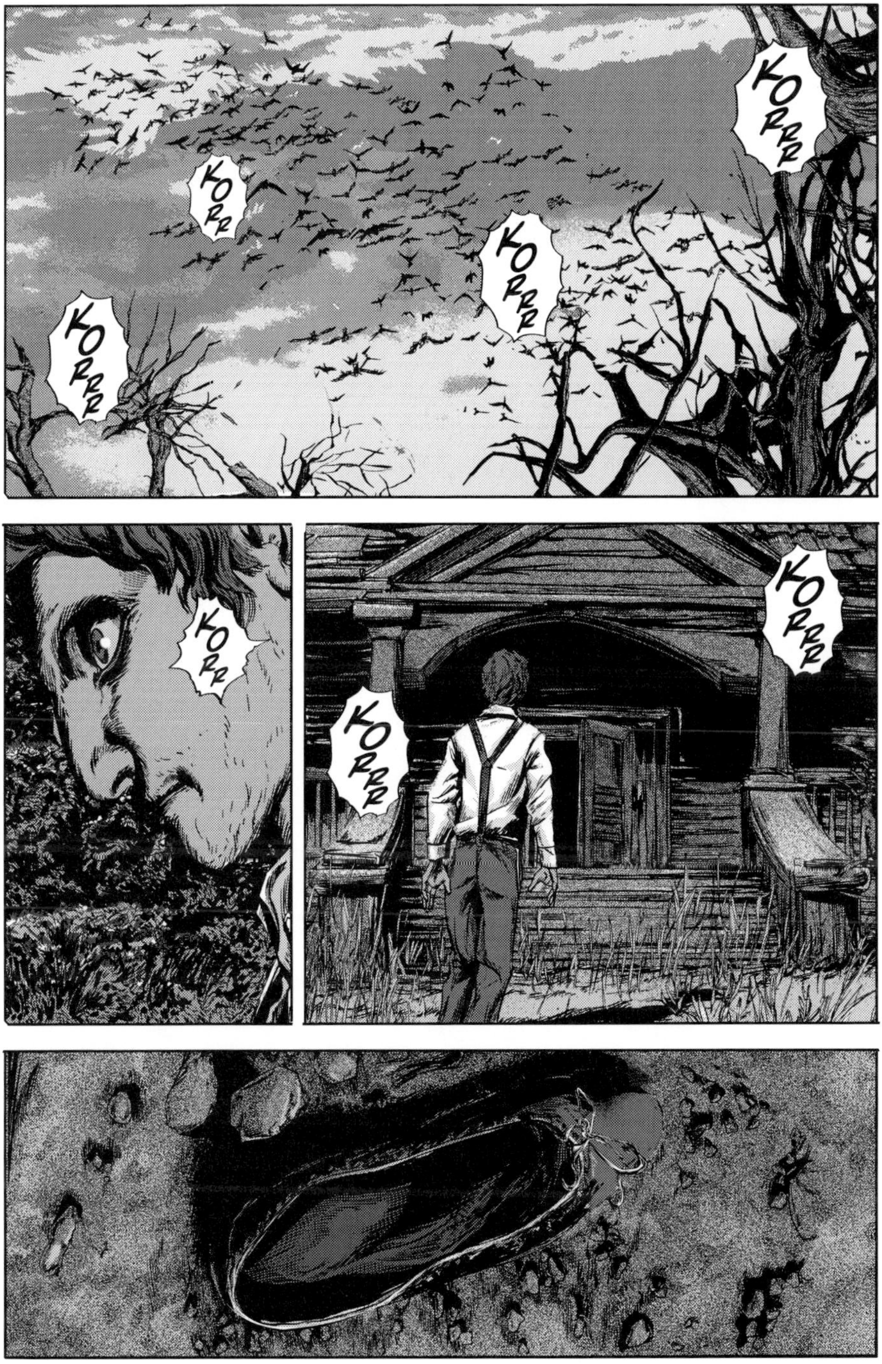
KORRR
KORRR
KORR
KORRR
KORRR
KORRR
KORR

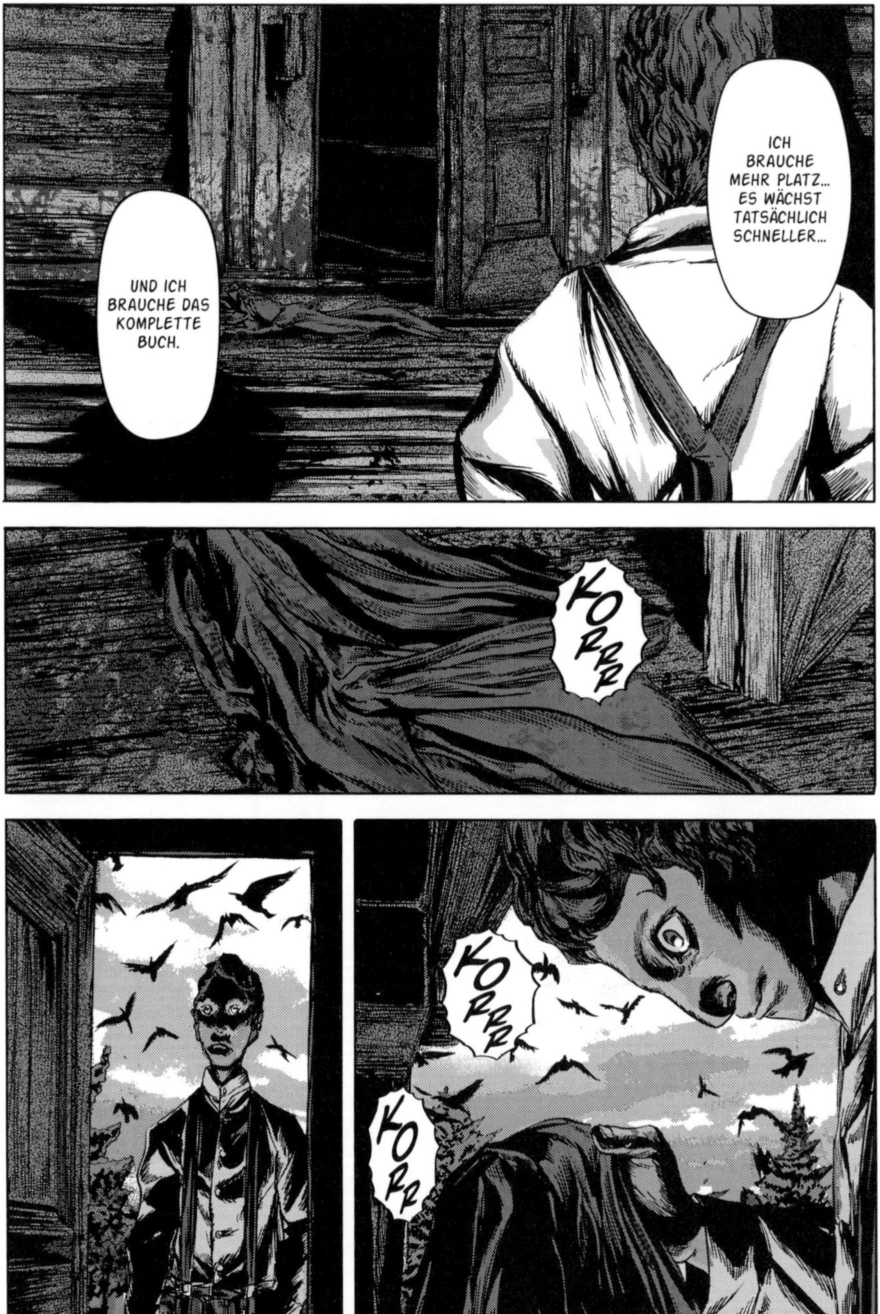
ICH BRAUCHE MEHR PLATZ... ES WÄCHST TATSÄCHLICH SCHNELLER...
UND ICH BRAUCHE DAS KOMPLETTE BUCH.
KORRR
KORRR
KORR

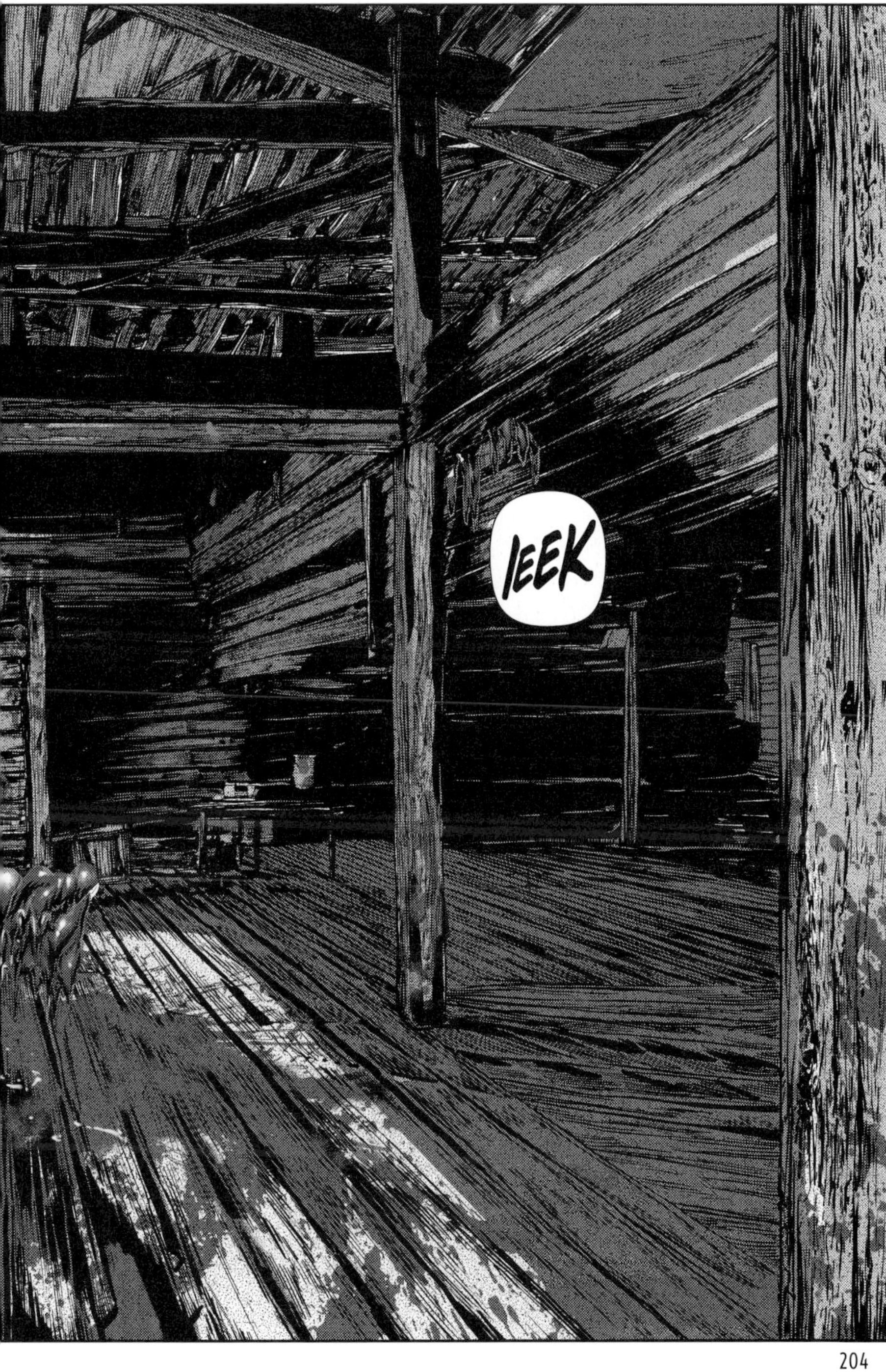
IEEK

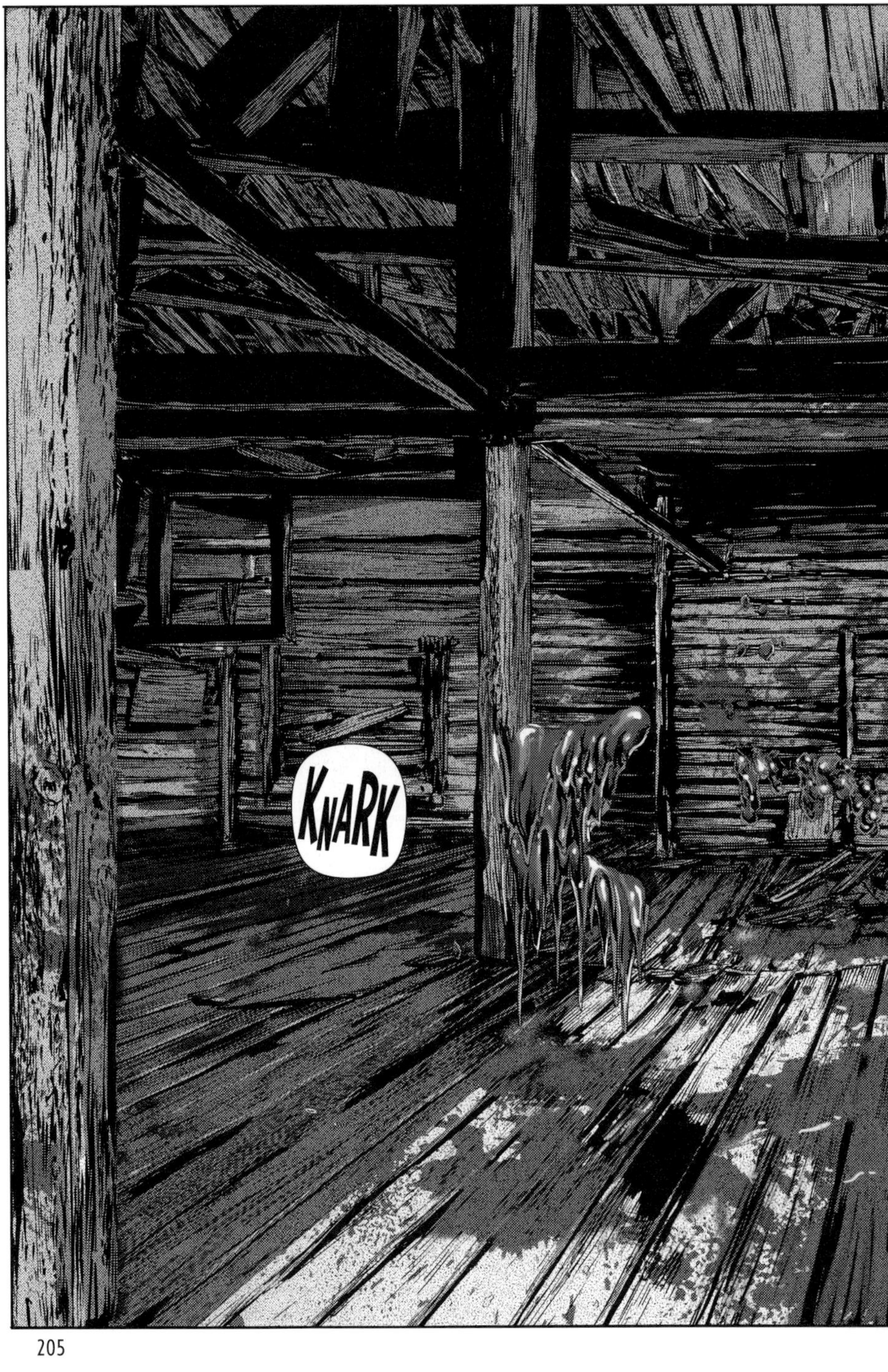
KNARK

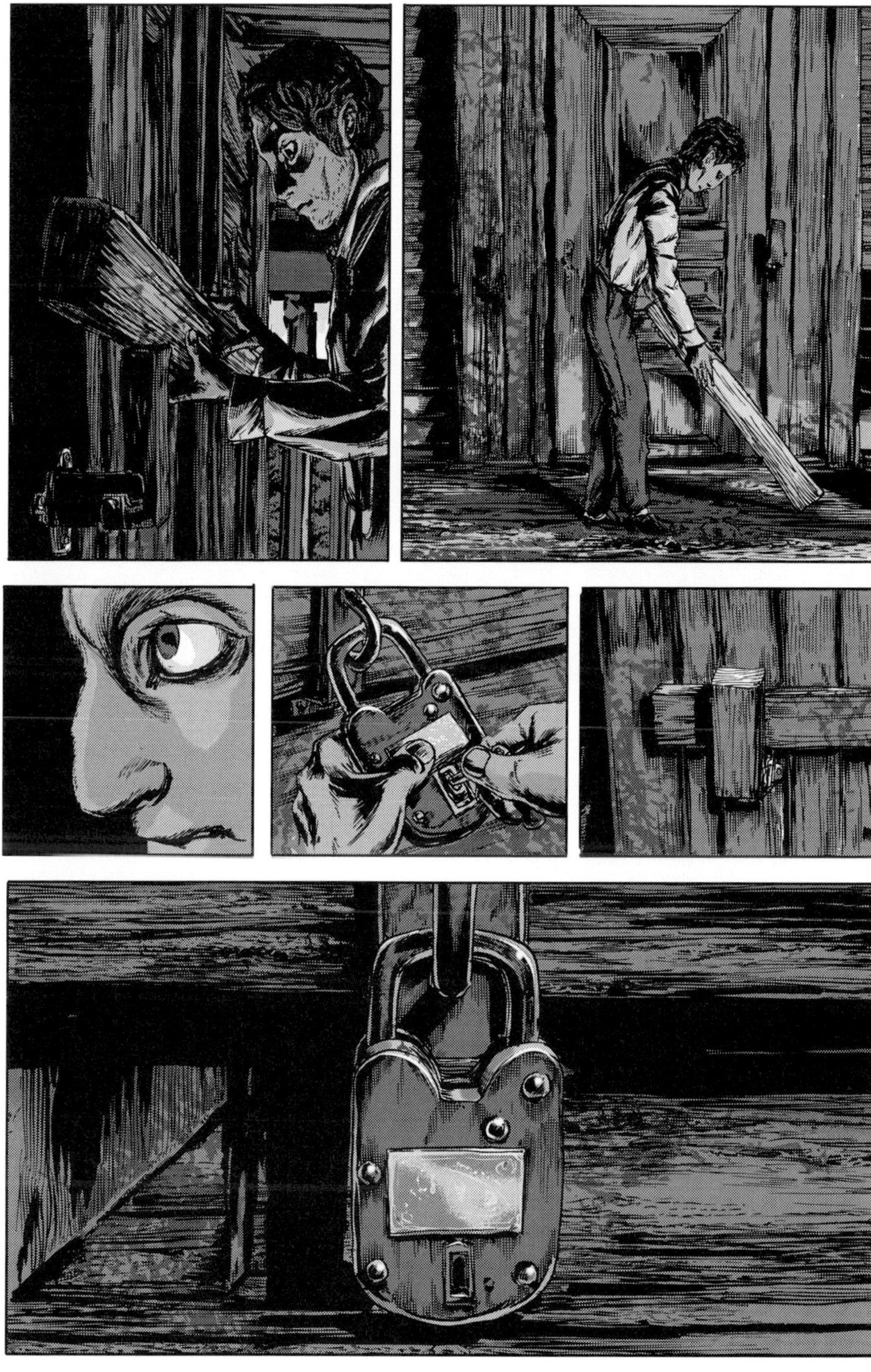

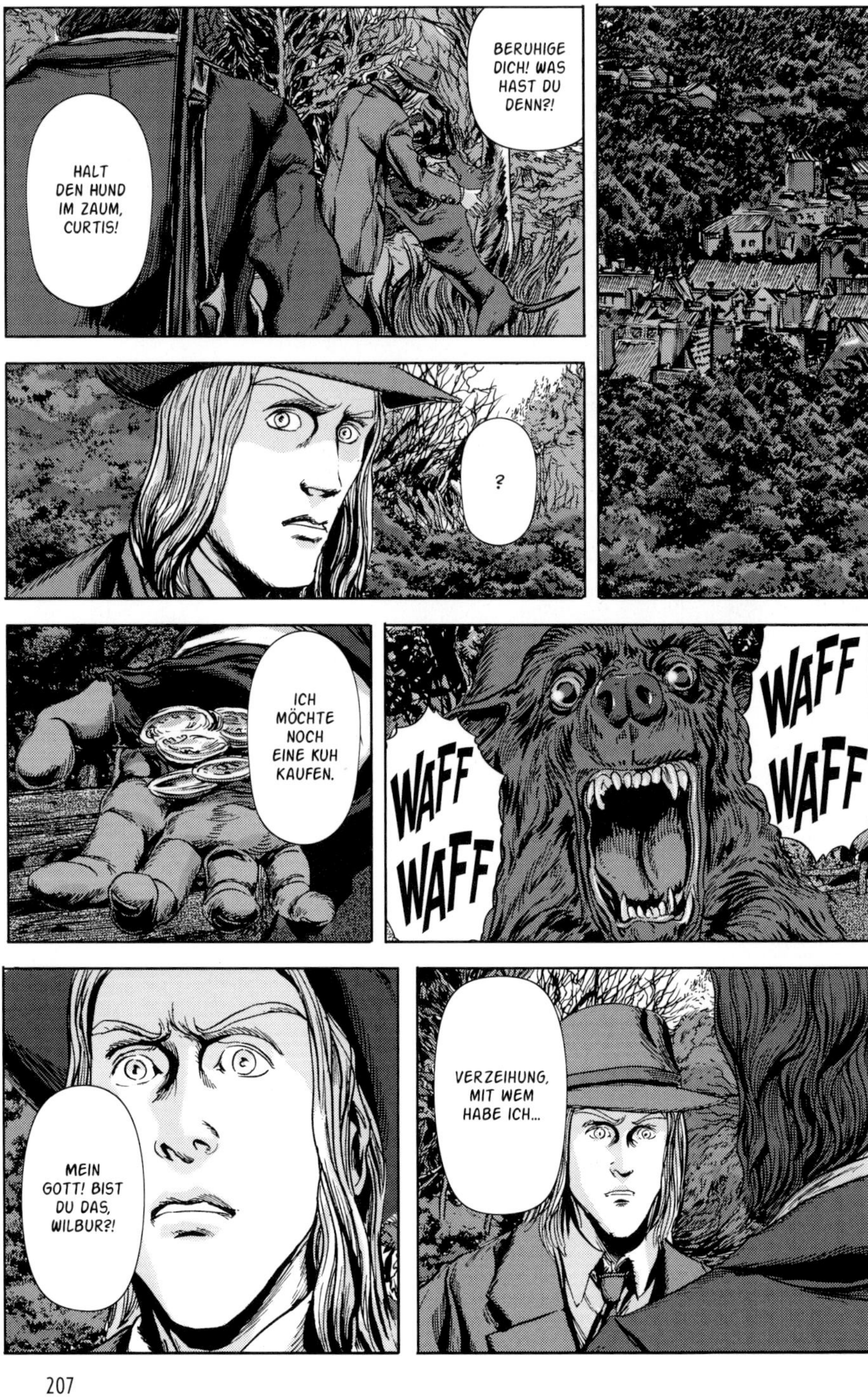
HALT DEN HUND IM ZAUM, CURTIS!
BERUHIGE DICH! WAS HAST DU DENN?!
?
ICH MÖCHTE NOCH EINE KUH KAUFEN.
WAFF WAFF
WAFF WAFF
MEIN GOTT! BIST DU DAS, WILBUR?!
VERZEIHUNG, MIT WEM HABE ICH...

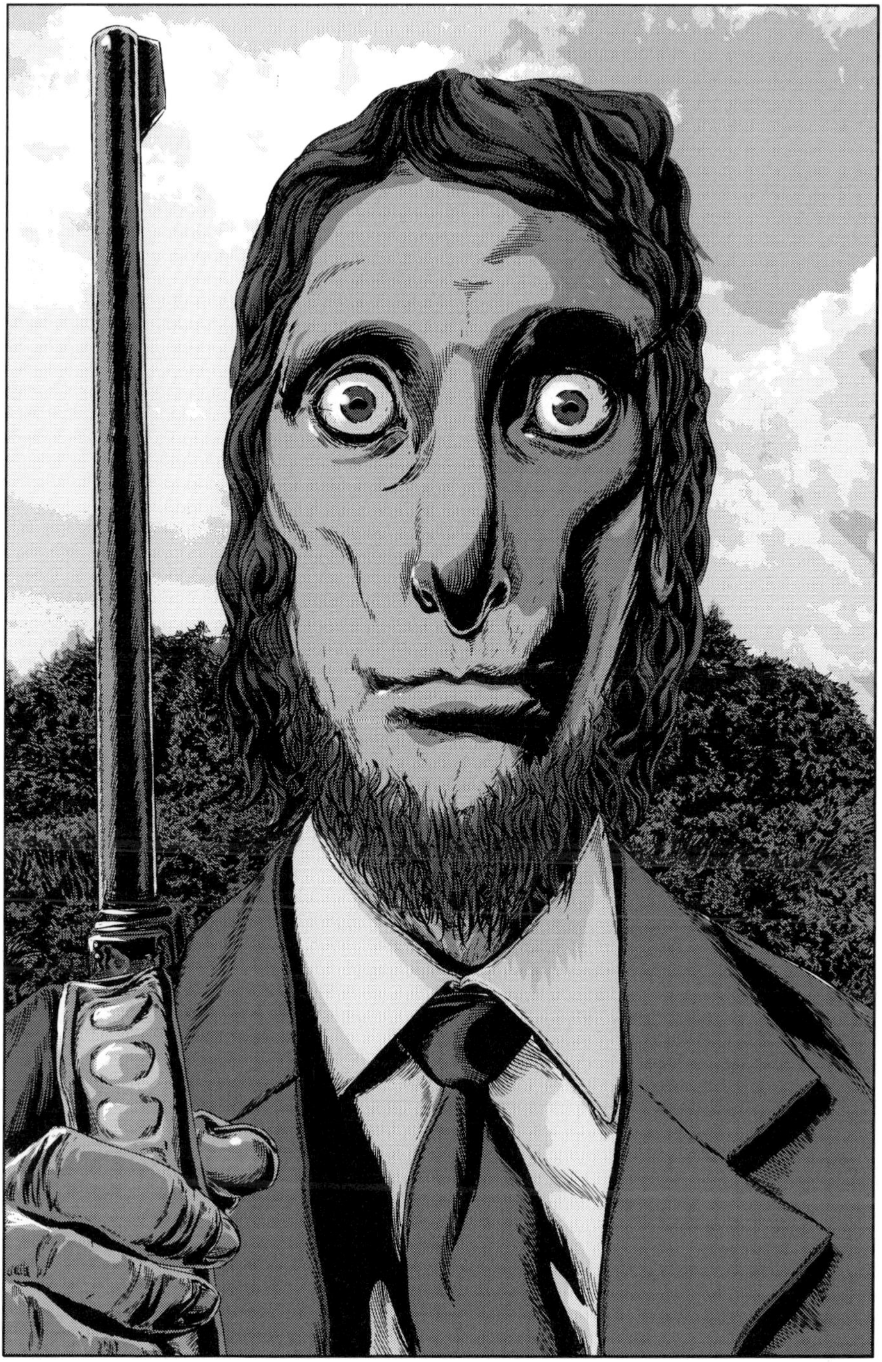

DAS GRAUEN VON DUNWICH

1

ENDE

Der alte Whateley ist tot, die Mutter verschwunden. Die das Geheimnis kannten, sind gegangen. Nur Wilbur ist geblieben und wächst maßlos weiter…

Für seine Mission…

Für die großen Alten, die zurückkehren wollen. Es gilt, das verbotene Tor zur unergründlichen Leere zu öffnen…

Ein Abgrund des Grauens, erzählt vom König der Horrorliteratur.

In Band 2 rufen die Nachtschwalben weiter!

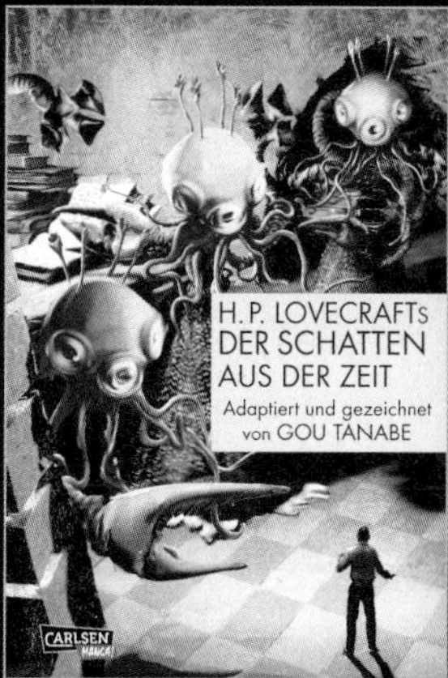

Gou Tanabe/
H. P. Lovecraft
bei Carlsen:

Der Hund und andere Geschichten
Die Farbe aus dem All
Berge des Wahnsinns 1 + 2
Der Schatten aus der Zeit
Der leuchtende Trapezoeder
Cthulhus Ruf
Der Schatten von Innsmouth
Das Grauen von Dunwich

In Vorbereitung:
Das Grauen von Dunwich 2 + 3

Gou Tanabe:
Der Außenseiter
Mr Nobody – Auf den Spuren der Vergangenheit 1, 2 + 3

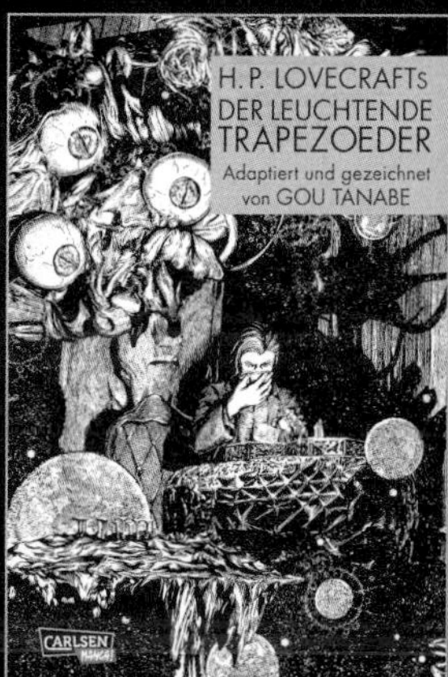

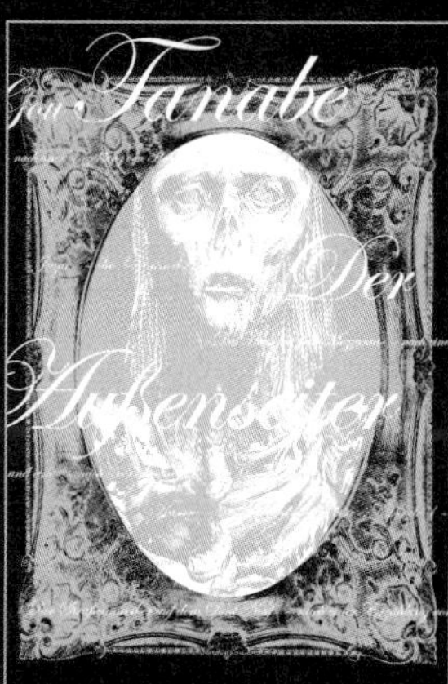

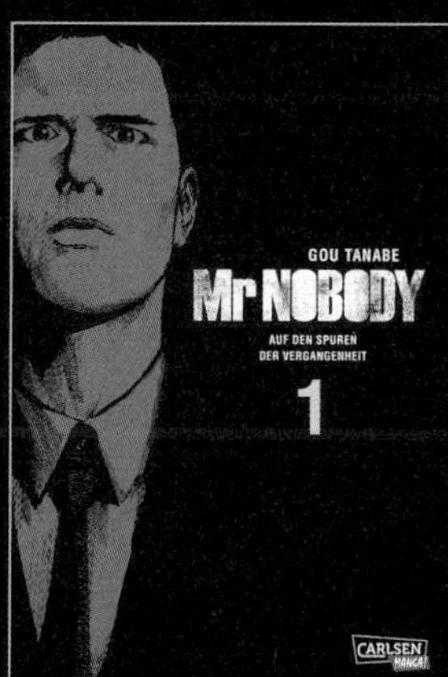

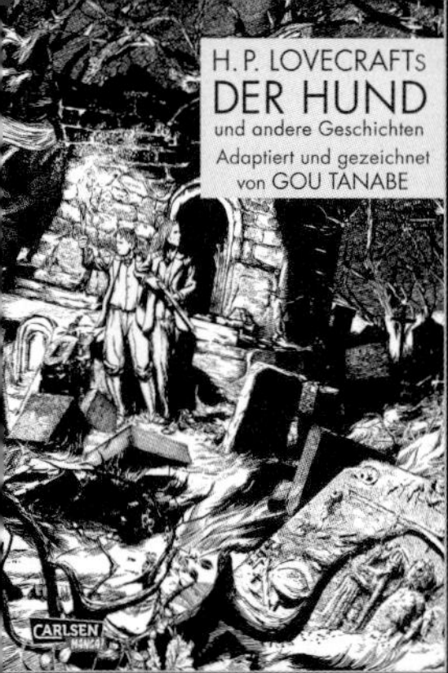
H. P. LOVECRAFTs
DER HUND
und andere Geschichten
Adaptiert und gezeichnet
von GOU TANABE
CARLSEN

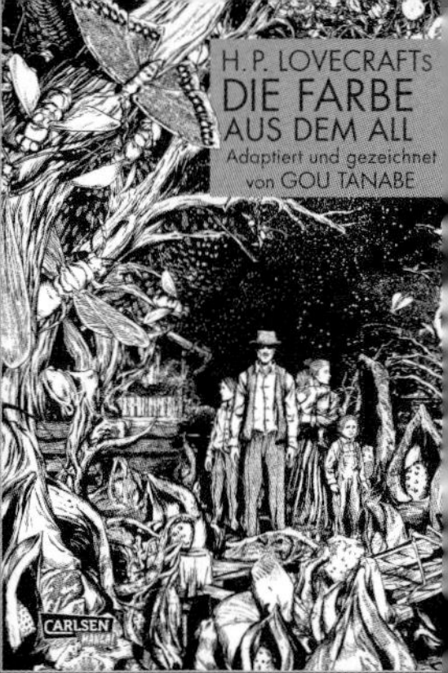
H. P. LOVECRAFTs
DIE FARBE
AUS DEM ALL
Adaptiert und gezeichnet
von GOU TANABE
CARLSEN

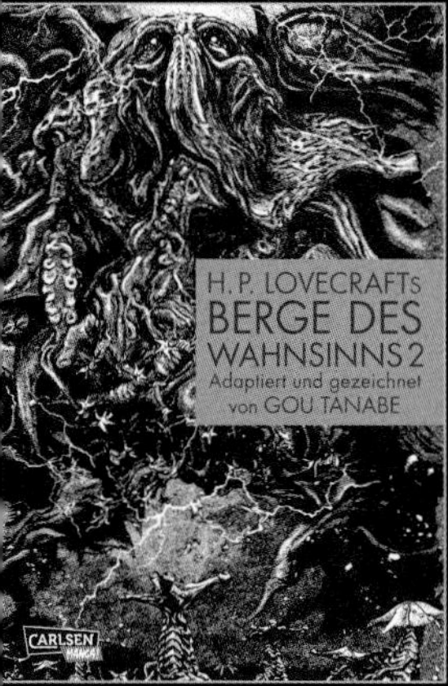
H. P. LOVECRAFTs
BERGE DES
WAHNSINNS 2
Adaptiert und gezeichnet
von GOU TANABE
CARLSEN

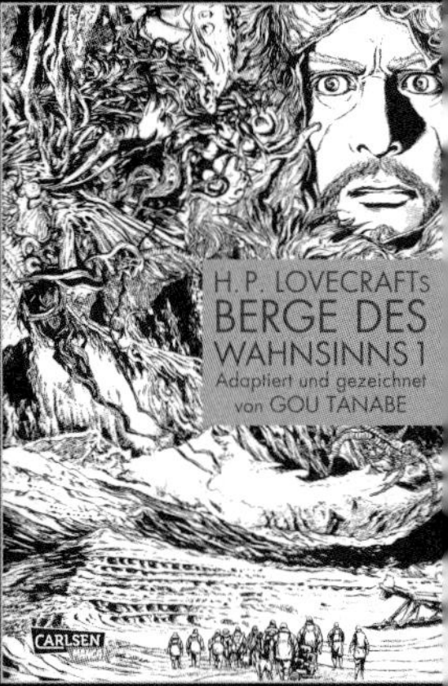
H. P. LOVECRAFTs
BERGE DES
WAHNSINNS 1
Adaptiert und gezeichnet
von GOU TANABE
CARLSEN

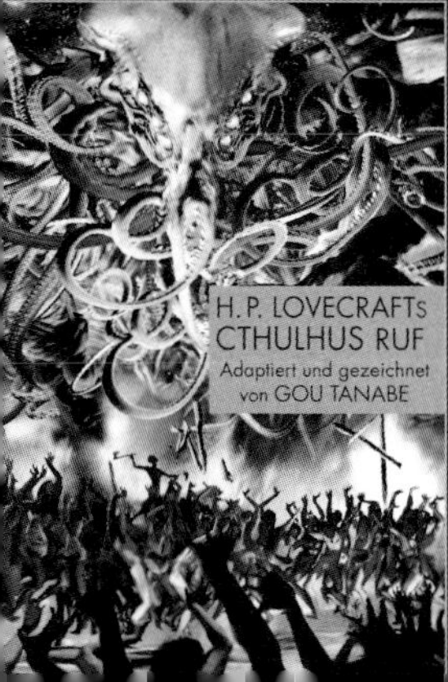
H. P. LOVECRAFTs
CTHULHUS RUF
Adaptiert und gezeichnet
von GOU TANABE

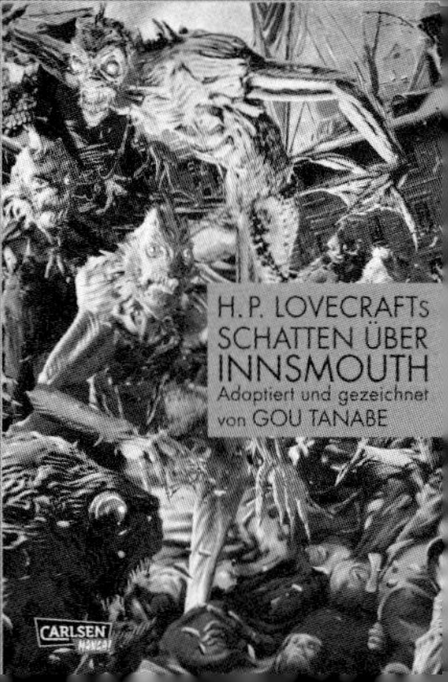
H. P. LOVECRAFTs
SCHATTEN ÜBER
INNSMOUTH
Adaptiert und gezeichnet
von GOU TANABE
CARLSEN

HALT!

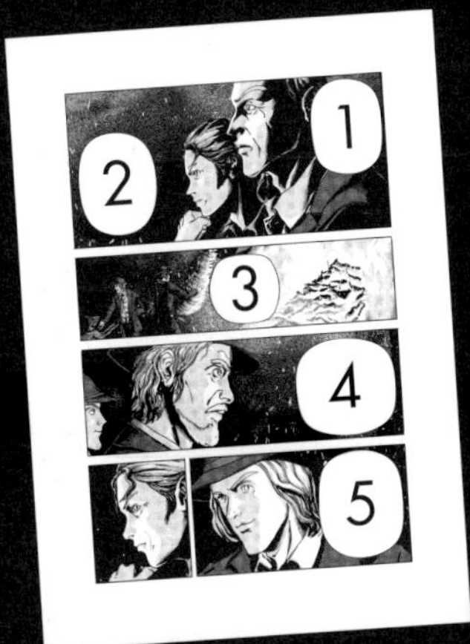

DAS GRAUEN VON DUNWICH ist eine japanische Serie, und in Japan wird von hinten nach vorn und von rechts nach links gelesen. Man schlägt diesen Manga also hinten auf und blättert ihn nach vorn durch. Auch die Bilderfolgen und der Erzähl- bzw. Lesefluss funktionieren auf den Seiten von rechts oben nach links unten – wie in der kleinen Grafik hier gezeigt.

Wir wünschen unheimlich gute Unterhaltung!

CARLSEN MANGA

Völckersstraße 14–20, 27765 Hamburg
Aus dem Japanischen von Jens Ossa

FSC www.fsc.org
MIX
Papier | Fördert gute Waldnutzung
FSC® C002795

DANITCHI NO KAI LOVECRAFT KESSAKUSHU Vol. 1

First published in Japan in 2023 by KADOKAWA CORPORATION, Tokyo.
German translation rights arranged with KADOKAWA CORPORATION, Tokyo through TOHAN CORPORATION, Tokyo.
Redaktion: Petra Lohmann
Lettering: Datagrafix
Produktionsmanagerin: Karen Kollmetz

ISBN: 978-3-551-80112-8

Wir produzieren nachhaltig
• Klimaneutrales Produkt
• Papiere aus nachhaltigen und kontrollierten Quellen
• Hergestellt in Europa